U0567281

张西平 主编

国际汉语教育史研究

第 6 辑

INTERNATIONAL EDUCATION HISTORY OF
CHINESE LANGUAGE

商务印书馆
The Commercial Press
创于1897

《国际汉语教育史研究》编委会

目　　录

特稿

中美文化教育交流的先驱——戈鲲化的时代、生活与创作
…………………………………………………………张宏生（1）
后藤朝太郎《汉语入声地理分布图》（1910）及相关问题
…………………………………………………………李无未（39）

历史研究

罗明坚汉语学习手稿研究…………………………徐茹钰　陈恩维（50）
亚当和夏娃说的是汉语吗？——走近韦布《历史论文：
　　论中华帝国的语言是原始语言的可能性》……………陈　怡（67）

文献研究与翻译

今所见最早英译《女论语》研究……………………………陈　微（80）
《官话语法·引言》节译…………………………巴　赞著　张天皓译（92）

人物研究

美国来华传教士裴德士与近代对外汉语教学……………卞浩宇（101）
译印俱佳，踵事增华——不该被《圣经》汉译史遗忘的台约尔
…………………………………………………………鲍晓婉（111）

词汇语法研究

明治初期经济用语翻译考——以《经济小学》为资料 …… 朱　凤（124）
早期域外汉学家对汉语方言分区及方言语法的认识……… 魏兆惠（137）

国别教育史研究

论法国实用汉学理念的历史实践——以童文献《西汉同文法》
　　为例 ……………………………………………… 范　鑫　卢梦雅（152）

当代中国汉语教育史访谈专栏

1961—1964年教育部出国汉语储备师资访谈（六）……………
　　受访人：姜明宝　访谈人：施正宇　赵　美　彭乐梅　刘佳蕾（165）

中美文化教育交流的先驱

——戈鲲化的时代、生活与创作[*]

张宏生

（香港浸会大学）

摘 要：戈鲲化祖籍安徽休宁，1865 年任职于宁波英国领事馆，其间在填复新开河和签订《北京专约》的事情上，帮助地方政府了解信息，作出了贡献。他在宁波广泛开展诗歌创作活动，具有一定的声誉。他积极为《申报》撰稿，体现出一定的大众传媒意识。1879 年，他应邀赴美国哈佛大学，成为中国历史上第一个在美国高校任教的大学教师。在哈佛大学，他主要教中国语言，但也希望努力传播中国文化，为美国社会带去中国的诗歌精神，而他所撰写的《华质英文》则应该是较早的带有一定教科书性质的英文著作。戈鲲化是中美文化交流史、中美教育交流史的重要先驱，也是中国对外汉语教学学科的重要先驱。他和卫三畏一样，都是美国汉学发展的开创性人物。

关键词：戈鲲化 哈佛大学 语言 文化 教育

公元 1879 年 7 月 3 日，戈鲲化搭乘英国"格仑菲纳斯"（Glenfinlas）号轮船，从上海启程，前往美国，8 月 29 日抵达目的地。[①]自 9 月 1 日起，这位四十一岁的中国学者在哈佛大学开启了预计为期三年的教学生涯。这是中国人第一次受聘到美国的大学去教授中国语言文化，也是一件在中美文化交流史乃至整个中外文化交流史上具有重大意义的事。

---

[*] 本文原作为序言刊发于《中美文化交流的先驱》（凤凰出版社，2016 年），承张西平教授的美意，认为戈鲲化在国际教育史上有着重要的地位，但一般人对他的了解还不够充分，建议再刊发一次，正好我最近对戈鲲化的研究又新有所得，因此就对原文加以修订，刊布在这里。这篇文章最初撰写时，得到友人沈津、钱军、樊书华等教授的帮助，仍记于此，以表感谢。

[①] 据戈鲲化光绪五年（1879）七月二十一日写给杜德维的信，他是五月"十四日起行，至七月十二日安抵美境"。将戈氏所言换算成公历，就是 7 月 3 日起行，8 月 29 日抵达。按，这里和杜德维的说法略有不同。1879 年 7 月 1 日杜德维写给哈佛校长埃利奥特的信中说："戈先生明天将搭乘'格仑菲纳斯'号轮船，启程前往纽约。"王振忠教授认为，这可能是时差换算时出现的差异，我同意这个判断。参考王振忠《戈鲲化的梅花笺》，《读书》2005 年第 4 期，第 101—104 页。

一、戈鲲化的里籍

戈鲲化，字砚畇，一字彦员，生于清道光十六年（1836）。[①]关于他的里籍，有认为宁波人者，如在他逝世的当天和次日，美国波士顿有报纸先后发表文章，或说他是"土生土长的宁波人"，或说他"生于宁波"。[②]这可能是根据他来自宁波而想当然的认定，但这种说法至今仍在哈佛大学广为流传（如哈佛燕京图书馆里悬挂的戈鲲化照片，下面说明即指其为宁波人），因而还有必要作些说明。

戈鲲化在自己的著述中，[③]多次自称"新安"人，这一说法，在章鋆于同治十三年（1874）为戈鲲化《人寿堂诗钞》写的序中得到了证实。据《读史方舆纪要》卷二十八《徽州府》和卷九十《严州府》，三国时吴置新安郡，隋移治安徽休宁县和歙县，宋代宣和三年（1121）改称徽州。黄钰在光绪四年（1878）为该集写的序中称自己和戈鲲化"同里"。查《清史列传》卷五十三《黄钰传》，黄钰正是安徽休宁人。另外，戈鲲化《次韵答同里余右轩太史》之一写道："同住乡关卅六峰，未能笠屐侍游筇。输君先我看明月，为说天都万芙蓉。"余氏也是休宁人，休宁在黄山脚下，三十六峰正指黄山，而天都峰则是黄山最高峰。《赠孙欢伯太守（熹）》："井里叨同病复同。"自注："太守原籍休宁。"《酬同里陈少白巡检（兆赓）六迭韵》之二："行看献策谈经济，不愧吾乡江致虚。"自注："宋休宁人，以乡荐入太学。"如此说来，戈鲲化应是休宁人。[④]事实上，戈鲲化所编《人寿集》，于自己的四首《四十自述》诗下，里籍也正题"休宁"。另外，《人寿堂诗钞》所附歙县人洪照（字晓村）和戈《送晓村贰尹归北野》写道："我亦新安故里人，相逢客里倍相亲。练江舟楫黄山桐，好待同游趁野春。"歙县也在黄山脚下，似乎二人也有同乡的可能。但休宁县和歙县都属于徽州，是新安旧地，这并不能成为戈鲲化里籍非休宁的证据。无论如何，

---

① 关于戈鲲化的生年，《波士顿周日晨报》（*Boston Sunday Morning*）1882 年 2 月 15 日的报道说是 1838 年，在旧版《戈鲲化集》中，我即直接用了这个说法。周振鹤教授根据戈鲲化《人寿集》中的相关记载，指出戈是生于道光十六年（1836）五月，甚是。参考周振鹤《戈鲲化的生年月日及其他》，《中华读书报》2001 年 3 月 21 日，第 11 版。不过，对于戈的生日，周考定为五月初八，即公历 1836 年 6 月 21 日，而邹国义先生则认为不确，应是五月十九日，即公历 1836 年 7 月 2 日。我同意邹先生的意见。参考邹国义《关于戈鲲化生年月日的问题》，《近代中国》（第十四辑），上海：上海社会科学院出版社，2004 年，第 322—328 页。按，我在修订旧版《戈鲲化集》时，又特意核对了一些关于戈鲲化生平的英文记载，发现各有不同的错误，想是当年记者报道时，查核不易，故可能以讹传讹。

② *Boston Daily Advertiser*, February 14,1882. *Boston Sunday Morning*, February 15,1882.

③ 戈鲲化著有《人寿堂诗钞》，编有《人寿集》《华质英文》等，分别有刊本和油印本。前两种藏哈佛燕京图书馆，后一种藏哈佛大学威德那图书馆。

④ 按，戈鲲化母亲于咸丰十年（1860）太平军攻陷常州时自尽殉节，说明戈家居住于常州城内。戈鲲化五世孙戈钟伟与我谈过，他们家祖上是在常州从事盐业和陶瓷生意的，综合判断，戈氏原来当是常州城内的一个徽商家庭，至于戈鲲化祖上到底何时迁居常州，则暂时不得而知。

戈鲲化非宁波人可成定论。①

光绪三年（1877）戈鲲化自序《人寿堂诗钞》曾说："岁乙丑，移砚甬上。"甬是宁波的简称，因境内有甬江流过而得名。另外，鄞县（按，鄞县属于宁波府）陈劢在为《人寿堂诗钞》作序时也说："砚畇游幕江浙间，以能诗名。同治乙丑始来吾郡。"②因而得知，戈鲲化是清同治四年（1865）才来到宁波的。他在这里度过了十四年，自榜其所居为人寿堂，又为击壤轩。

二、戈鲲化在宁波英国领事馆

戈鲲化的家庭情况，由于资料的欠缺，我们现在还不是很清楚。大约他父亲过世很早，母亲在咸丰十年（1860）太平天国攻陷常州时，自尽殉节，受到皇帝的褒奖，入祀节烈祠。③祖母吴太恭人，生于乾隆六十年（1795），卒于同治八年（1869），享年七十五岁。戈氏自幼随祖母长大，诗集中有《大母吴太恭人小祥感赋》等诗，表达了深厚的孺慕之情。

关于戈鲲化来到宁波之前的情况，现有记载也不够详细。从《波士顿每日广告报》（*Boston Daily Advertiser*）1882年2月22日的报道中，我们得知戈鲲化曾获得"硕士"（Master of Arts）。这可能是美国人对他曾经参加过的考试的一种比附性的描述。容闳曾经说，"美国之学士，盖与中国之秀才相仿"④，倘若以此类比，则"硕士"似乎应该相当于举人。但我们现在尚未找到他中举的记录，因此他究竟取得了何种功名，还要再作考察。也许，他只不过中了秀才而已。即使按照他曾经考中过举人来对待，他也并未能得授实缺，只是一个候补的知府（很可能是捐纳所得），于是他也就和许多读书人一样，为了糊口，去做幕僚。戈鲲化开始游幕的时间大概是二十一二岁。其《人寿集自序》说："余弱冠，读书不成，从军幕府。"有资料表明，至少他在二十二岁时，到黄开榜军中做幕僚，干了五六年。⑤黄开榜，湖北施南人，加入湘军，以剿灭捻军起家，官至总兵。同治年间，太

---

① 1919年11月4日，吴宓在其日记中也提到戈鲲化。他说："哈佛大学，当光绪初年，1880—1882曾设汉文一科，聘宁波戈鲲化先生，为正教员。阅三年，戈逝世，其汉文一科遂又废之。……戈系休宁人，曾官至太守，又参军幕。"（吴宓《吴宓日记》，吴学昭整理，北京：生活·读书·新知三联书店，1998年）按吴宓所记，略有失察，戈氏在官职上仅是候补衔，而非实任太守。

② 本文所引戈鲲化诗，除注明者外，并见其《人寿堂诗钞》，见拙编《戈鲲化集》，南京：江苏古籍出版社，2000年。

③ 查光绪《武进阳湖县志》（卷十六）"旌恤志节烈表"，有两戈计氏，一是"同治九年十月初一日江苏巡抚奏第四十七案武进殉难"名单中载："计氏，戈鸿妻。"二是"同治十年三月十三日江苏巡抚奏第五十一案恤武进殉难"名单中载："计氏，戈廷沛媳。"此二戈计氏中，或有一人为戈鲲化之母。

④ 这是容闳从耶鲁大学毕业后，见到母亲，向母亲介绍自己的学业时说的话，见容闳《西学东渐记》，徐凤石、恽铁憔原译，张叔方补译，杨坚、钟叔河校点，长沙：湖南人民出版社，1981年，第28页。

⑤ E. B. Drew to C. W. Eliot, from Ningbo, July 28, 1879, Harvard University Archives（以下简称HUA），UAI.20.877.

平军渡江北征，围天长，黄开榜水陆夹攻，解天长围。其后，又参加了九洑洲、七里河之战，为清政府平定太平天国立下大功。同治十年（1871）卒。事见《清史稿》卷四百二十八本传。但戈鲲化在黄开榜幕中的情形，我们暂时还不了解，他在自己的著作中也只字不提。另外，据前引黄钰的序中，我们知道他"逮庚申毗陵烽燧之变，箧中藏稿尽遭劫烬"。庚申是清咸丰十年（1860），这一年闰三月，太平天国李秀成、陈玉成、杨辅清等会援天京，大破清江南大营，四月，攻占常州、苏州、嘉兴等地。毗陵即常州。由此可知，在太平军攻陷常州时，他可能正随黄开榜驻扎在那里，颇经历了兵燹流离之苦，逃亡时甚至连诗稿都来不及带。此后，他又在黄幕中干了几年，大约在清同治二年（1863）前后，来到美国驻上海领事馆任职，直到二年期满。移居宁波后，他一直在英国领事馆任职，先后达十四年，除了一些文化活动之外，他还介入了当时发生的两件大事，一件是填新开河，另一件是签订《北京专约》。这两件事都与当时担任宁绍台道的顾文彬有关。

顾文彬（1811—1889），字蔚如，号子山，晚号艮盦、过云楼主，元和（今江苏苏州）人。道光二十一年（1841）进士，授刑部主事。先后担任福建司郎中、湖北汉阳知府、武昌盐法道。同治九年（1870），授浙江宁绍台道。顾文彬在宁波生活了六年左右，其间广泛地和当地官员、士绅及其他各界人士交往，戈鲲化也是其中的一个。这些，在其《过云楼日记》和《宦游鸿雪》（即家书）中有所记载。

新开河是宁波存在时间很短暂的一条人工河。道光二十二年（1842），宁波成为通商口岸，并于1844年的元旦开埠，随后，英、美、法等十二国相继在江北岸设立领事馆，江北岸并划出特定区域，供外国人居留。咸丰十一年（1861），太平军欲攻打宁波，外籍人士唯恐其伤害自己的利益，和太平军展开谈判，希望加以阻止，不果。年底，太平军攻陷宁波。次年五月，在清兵绿头勇、民团和英法军的联合进攻下，太平军战败，退出宁波。太平军在宁波，虽然并未对江北领馆区造成损害，但引起了外国人很大的不安。慈溪是宁波府的一个县，与宁波之间的直线距离在十六公里左右。在太平军发动的浙江战事中，慈溪曾两次被攻下。第一次是咸丰十一年（1861）十二月，第二次是同治元年（1862）九月。后者给外国人造成的震撼更大，因为中外联军为打击太平军，从上海调来了一千名"洋枪队"，由首领华尔统帅，进攻慈溪。但在攻城的过程中，华尔却被太平军击成重伤，不久死去。慈溪的一再失守令宁波唇亡齿寒，华尔的战死更让外国人惊恐不安，新开河就是在这个背景下开凿的，正如（同治）《鄞县志》卷六《水利上》所载："国朝同治元年，粤匪再陷慈溪。英人之寓江北岸者虑其西来，约同居民，从铁沙汇起，新开一河，横穿故渠而出白沙，环兵船以守。"铁沙汇在原姚江湾头南边一带，"故渠"指颜公渠。这条河实际上穿过颜公渠，挖通了姚江与甬江，迄于英国领事馆以北的白沙，直线距离仅七百二十米光景，其故址及走向基本上与今庆丰桥的引桥重合。英国人挖掘新开河的作用或主要是防卫江北地区，此河一开，打通今天的新三江口到甬江，英国人所在的江北地区就形成类似一座四面环水的孤岛，因此可做到方志中说的"环兵船以守"。由于这是新开的一条河，因此当时就叫新开河。还有一种说法是，新开河开凿于太平军攻占宁波府城的1861年年底前后，是英国海军上校丢乐德克的主意，目的是让英国军舰一路从外滩三江口南下，出新开河抵达永丰门下，形成两边钳制的攻城态势。

宁波，三面是山，一面是海，三江交汇，潮汐往往能够自海口直扑过来。所以，新开河固然有其战守的功能，但是也造成了祸患，这个祸患的重要表现就是咸潮由白沙东边的甬江入侵新开河东口，再倒灌进颜公渠，导致颜公渠沿岸农田的盐碱化，因而引起了民众的强烈不满。于是，同治七年（1868），当时的宁绍台道文廉就向英国领事馆提出填河复渠的请求。文廉向英国领事馆提议是在同治七年（1868），但此事始议却是在同治四年（1865），戈鲲化《挽张竹坪运同（期安）》："冠盖相逢记昔时，鸠工赴事不遑辞。力图兴复农家利，郑白渠边有口碑。"自注："议填甬江新开河，七年未果。"又戈鲲化《鱼门太守募资和买西人所造新浮桥告成，招饮江北别墅，十七迭韵》："机宜功合贵乘时，难得琴心识子期。从此不劳频唤渡，喜赓红雨绿波诗。"首句自注也说："壬申议填江北新开河。"壬申是同治十一年（1872），上推七年，正是同治四年（1865）。但英方并没有同意，原因可能是，虽然同治三年（1864）清军攻陷天京，宣告了太平天国的失败，但从同治四年（1865）至同治八年（1869），仍然还有太平军零星反抗的信息。英国人心有余悸，生怕反复，因此还要保留这条河。

到了同治十一年（1872），即顾文彬上任后的第三年，情况就不同了。当时，社会局势已经彻底明朗，虽然石达开的余部李文彩率领的零星部队一直坚持到这一年的三月，但对宁波已经没有什么威胁了，所以，当"三县士民再申前请"（同上《鄞县志》），顾文彬又积极加以斡旋时，英国领事馆就不得不予以考虑了，不过其间的过程仍然一波三折。

关于当地士民在新开河一事中发挥作用者，《鄞县志》中只提到了陈政钥和张斯安，但收录在《人寿集》中的童章的和诗，其中有一首："生平饱读圣贤书，海上幽栖亦广居。笑倒张仪扪舌在，为人排解事无虚。"自注："同治壬申岁，填复新开河诸务，咸取决君言。"戈鲲化的《挽张竹坪运同（期安）》一诗自注则说"子山方伯嘱君（张期安）与余同办"，可见戈鲲化确实参与其中。不仅参与其中，甚至还发挥了重要作用。只是二说仅是概括性的叙述，并不具体。这一缺憾，在顾文彬的日记和家书中得到了弥补。

同治十一年（1872）八月二十八日，顾文彬在日记中写道："民人周廷贵遍贴招子，声言是日鄞、慈、镇三邑之民，合力填新开河，英国领事（这时的英国领事已是郇和 [Robert Swinhoe]）不允。余恐酿成衅端，先札饬鄞县姚令于是日前往弹压。至抵暮姚令来禀，已解散无事矣。"①周廷贵四处张贴招子，造成舆论压力，引起英国人的不满，顾文彬认为这是成事不足，败事有余，于是弹压下去。但尽管如此，顾文彬还是顺应民情，并未放弃外交努力。于是在九月三日、四日、五日的日记中，分别有这样的记载："接郇领事照会，因填河一节，已申达彼国驻京大臣。""发详中丞文知咨总理衙，并与郭谷斋信，托其将填河细情转禀中丞，专差赍送，坐脚划船去。与沈彦徵（敦兰）信，并节略三件，皆言填河事。""邀张竹坪来，托其与英领事商办填河事。"这样，从八月底到九月初，中英双方都紧锣密鼓，分别呈报自己的主管机构，终于在这个月的十号，"据姚令面禀，绅士张竹坪等与副领事索公（索礼璧）面商填河一节，索公已允许矣。随即照会英国郇领事，并札宁波府、鄞县，并谕张斯安（竹坪），定于十五日填塞新开河"。

虽然议定九月十五日动工，但顾文彬仍怕出现反复，于是"托曹恺翁函询戈砚畇，得回信云可以照办"（九月十一日日记）。这是戈鲲化（字砚畇）在这件事情中的正式出场。曹恺翁，或即曹秉仁，字士虎，号恺堂，江苏武进人，与戈鲲化有诗歌唱和。戈鲲化当时在英国领事馆任职，可以接触到领事馆高层，他探听来的消息，当然是准确无误。于是第二天更有详细的商议："是日曹恺翁请戈砚畇、杨远香午饭，因邀同面商。据远香云，此河应从东口（按，即白沙）填起，淡泉、砚畇均以为然。"（九月十二日日记）不过，英国领事馆的看法则是要求在西口（按，即铁沙汇）填。

新开河大致是东西向的，其东口接着甬江，而甬江东通大海，随涨潮而来的咸水一般会上溯到三江口，也就是说新开河东口附近的甬江水都是咸的。三江口朝西偏北的一支，经过慈溪，通往余姚，叫姚江，是慈溪农田灌溉的主要河流。由于姚江上游下来的淡水较为丰沛，尽管潮水一天两次涨落，但咸潮却被淡水所阻，所以姚江湾头一带的江水却是淡的，因此，慈溪也就不太会受到咸潮的影响，反而是当地的百姓近千年来开发出了"顶潮纳淡"的农田灌溉技术，非常管用。但新开河却以直线的形式打通了甬江和姚江，中间没有任何阻碍，因此咸潮就可借助涨潮之力而直接侵入颜公渠，甚至向西进入姚江，并对慈溪造成威胁。综合考虑，大家都觉得从东口填，直接把甬江上的口子堵住，一劳永逸，效果更好。但不知什么缘故，英国人却不同意。在顾文彬看来："河形自东至西，现在先塞西口，已除咸潮灌田之患，而东口未塞，尚非一劳永逸之计。"（同治十一年九月二十一日家书）②毕竟，咸潮还是会灌进新开河，至少沿河一带，仍会受到影响。但英国人既然同意填塞西口，主要矛盾已经解决，顾文彬不想节外生枝，可能也害怕夜长梦多，再有变数。况且，他仔细盘算之后，认为即使这样，仍然能够达到原来的目的："欲

① 顾文彬《过云楼日记》，上海：文汇出版社，2015 年，第 198 页。
② 顾文彬《过云楼家书》，上海：文汇出版社，2016 年，第 180 页。

挖通淤塞之内河，必先筑坝，因议于新开河中段横筑一坝，偏近东首，即与填塞东口无异。此坝既筑，永远不开，内河即成淡水河，咸潮亦不能灌入，将来东口以内，每日潮挟沙而来，不能挟沙而去，不过一二年，自然淤成陆地，此不塞之塞也。"（同治十一年十月七日家书）所以，他也就不再坚持一定要填东口。

九月十五日，填新开河正式动工，顾文彬非常高兴，认为"此履任后第一快心事也。前任文道办而未成，余上年即欲举办，屡议不果。近又为周廷贵招贴激怒洋人，几乎决裂。今日居然得手，故倍觉快意"（九月十五日日记）。开工后，九月二十三日，填塞新开河西口合龙，十月四日，西口筑坝也已完工。

从顾文彬的日记和家书记载的情形看，对于此事，他更多是倚重张期安（竹坪），曾明确地说："承办新开河绅士张竹坪，是慈溪人。"（同治十一年九月二十一日家书）《鄞县志》中提到的陈政钥在当地很有声望，应该也发挥了一定的作用，但顾文彬对陈政钥印象不好，可能因此避而不提。至于戈鲲化，或者由于他是英国领事馆的人，不便有太密切的接触，所以在官府和士绅一体的治水工程中，比较难以定位。戈鲲化自己在张期安逝世之后的悼诗中说，这件事是"子山方伯（顾文彬号子山）嘱君与余同办"，因此在具体操作中，对于张期安和戈鲲化，顾文彬或许分别派了不同的角色。前者主要沟通各个方面，处理相关事务，后者则主要了解英国领事馆的想法，并提供意见，供决策参考。而据我的推测，戈鲲化可能还起到了将新开河对百姓生活带来的灾难对英国领事馆详加解释，以及在双方谈判中加以沟通的特殊作用，所以童章才能说出"咸取决君言"这样有分量的话。

显然，填复新开河对百姓生活将起到重大影响，顾文彬在家书中，对此事表示了由衷的高兴："此间填河事，西口已合龙，鄞、慈、镇三邑，民田数十万亩，永绝咸潮侵灌之害。"（同治十一年十月朔日家书）戈鲲化在悼念张期安的诗中也说："议填甬江新开河，七年未果。嗣因子山方伯嘱君与余同办，而君尤为出力。四越月，大功告成，鄞、慈、镇水利赖焉，至今犹有津津道及者。"至于顾文彬特别点出张期安的身份是"绅士"，也有可说者。"自明代起，由于以绅商为代表的社会力量崛起，宁波水利工程组织与管理渐渐倾向于民间。至清代，在乡村形成了乡民、乡绅、地方官员鼎足的水利共同体，在城区则以邻河市民、绅商、地方官员组成治水组织。"[①]为什么要有这样的水利共同体或治水组织？重要的原因之一是，宁波商品经济发达，富庶者较多，商人为家乡捐资做事已经成为传统。填复新开河的费用怎样出？顾文彬在同治十一年（1872）九月二十一日的家

---

① 孙善根《商人治水——20 世纪 20 年代宁波商人水利事业述评》，载《浙东水利史论——首届浙东（宁绍）水利学术研讨会论文集》，宁波：宁波出版社，2016 年。

书中说："塞口经费约须二三千串，暂时由我垫，因一时捐办不及之故，将来集捐仍可归还。"看得出来，这笔费用最后还是要落在以商人为主的民众头上。①

签订《北京专约》一事在同治十三年（1874）。这年的九月二十六日，顾文彬在日记中写道："得戈砚畇密信，据云，佛领事谈起中东和议不成，必出于战，闻东兵有先犯舟山及宁波之信。余即将此信寄黄军门，并嘱其一面飞咨中丞，请调省城南勇来宁防堵，一面将旧船及木排等物齐集镇海口，俟有东兵来犯，即沉船堵塞口子。"佛领事是英国领事馆领事佛礼赐（Robert J. Forrest，一译富礼赐），黄军门是浙江提督黄少春，中丞是当时的浙江巡抚杨昌濬。在九月二十八日的家书中，顾也写道："二十六日有在英领事处作幕之戈砚畇密致一函，伊东英领事佛公告伊云，中东和议不谐，决欲一战，并有先犯定海，次及宁波之信。此信虽亦许谣言，然洋人之信较捷，既有此风声，岂能不亟为筹备？随即通知黄军门，嘱其飞咨中丞，迅调省城南勇两营来宁防堵。"两相对照，可以看出顾文彬对戈鲲化所报之信的重视。

同治十年（1871）十月，一艘琉球宫古岛民的进贡船只在返回那霸时，遭遇台风，漂流至台湾南部，被当地原住民杀死五十四人，加上溺死的三人，全船六十九人只剩下十二人返回琉球。同治十二年（1873）十一月，日本以琉球为自己的属国为由，要对台湾地区兴师问罪。清朝官员与之进行谈判，却毫无进展。因此，同治十三年（1874）三月，日本陆军中将西乡从道率领日军三千多人，向台湾地区进发，在琅峤湾登陆，但战事并不顺利，于是转而谋求外交解决。九月，日本政府委派全权办理大臣大久保利通来到北京，经多轮谈判，最后清政府签订《北京专约》，向日本赔银五十万两，同意日本出兵是"保民义举"，变相承认日本对琉球的保护权，事件乃告结束。这就是此则日记的大背景。

这个时候，中日两国正在谈判。既然是谈判，就有可能成功，也有可能破裂。而日本对台湾地区用兵，也引起了国际的关注，英国政府出于自己的利益就公开表示了不满，英国驻华公使威妥玛（Thomas Wade）正努力居中调停，因此，从英国传来的消息对作出正确判断就显得非常重要。

戈鲲化是主动在宁波英国领事馆打探消息，还是受到顾文彬的委托，史料中并无记载，但以理度之，应该是后者的可能性更大。

宁波有着独特的地理位置，自明代以来，日本朝贡使团由此登陆入境，日本和中国的交往，多通过宁波，明代的倭寇之祸，不少也是在宁波一带。所以，当中日之间的关系紧张，并有兵戎相见之事时，宁波这边自然会感到压力，加以提防。这就是为什么顾

---

① 关于填新开河的问题，学生陈瑞赞、龚宗杰代为查阅了相关资料，宁波地方文史爱好者水银先生也提供了部分咨询意见。

文彬接到戈鲲化的密信之后，得知倘若和议不成，日本可能攻击舟山和宁波，因此，紧急通知浙江提督黄少春，并向浙江巡抚杨昌濬禀报，希望提前准备好万全之策。这些，在他的家书里有着更为详细的描述："宁波为全省海疆门户，明季倭寇从定海窜入，近事则一破于洋人，再破于粤逆，虽招宝山等处天设险要，然守御无人，外侮侵凌，势如破竹。现在虽有提标驻扎，可成雄镇，然兵勇只二千余人，战船只数十只，伏波轮船一只又为闽省调回海口，炮台坍塌未修。现拟于炮台上添设复壁以御开花炮，尚未兴工。大炮可用者只十余尊，不敷应用，非再添数十尊不可。线枪提标练成百杆，定标练成二百杆，我请中丞再添七百杆，凑成千杆，可成一队劲旅。中丞应允，现已派人往广东赶造，然亦非旦夕可成之事。此外兵勇所用鸟枪皆是旧样，并不精，火药购自外国，亦不多。若要防御得力，非大加振顿不可，且非预备数十万饷亦不能办。"（同治十三年六月二十一日家书）"此间镇海招宝山为海口门户，旧设炮台甚多，中丞责成边仲思修理，仲思初意欲照老样修理。所谓老样者，即松坡所云不可用之石炮台。我亦知其不可用，故力主改筑泥炮台之议。现与黄军门商定，改筑复壁炮台（从前军门打仗时所用之样），就旧炮台加筑木桩，木架上盖泥，四围亦用泥遮护，俱有数尺厚，放炮兵丁藏在木架之下，敌人虽用落地开花炮亦不能打入。现已派张委员开工试筑一座，如合用，即照样将旧炮台一律修整。中丞新调黄有功军门带勇两营驻扎奉化地界，又派委员到广东购买线枪一千杆，大炮十尊。我嫌十尊太少，禀请添买数十尊，未知允否。又请在衢、严一带移取大炮数十尊，定海郭镇军亦请添募勇丁修筑炮台。该处为明季倭寇内犯要隘也。"（同治十三年七月十五日家书）只是台湾地区那边仍然没有眉目，"此间防堵一切逐渐上紧，镇海口筑新炮台，又筑垒驻兵，因此人心不免惶惶然，各海口皆然，不能不如此布置。"（同治十三年八月二日家书）事态严重，顾文彬身为宁绍台地区的最高军政长官，自然也要周详地布置武备。

虽然从同治十三年（1874）四月开始，五六个月以来，顾文彬高度紧张，一直在整军备战，但最后，战争并没有打起来。十月一日，顾文彬就得到了和议已成的消息，他在日记中写道："闻中东和议可成。或云东使哦古柏至京，总理衙门与议不洽，哦国钦使从中说和，中国赏给银五十万，作为赏恤琉球难民之需；或云东使因与总理衙门会议不洽，负气出都，意已决裂。恭邸派员至天津将其追回，议给银五十万，先给十万，俟台湾东兵撤退，再给四十万。两说虽有参差，归于和则一也。"在家书中，他更进一步写明，这个消息就是来自戈鲲化："刻又得戈砚畇信，传述佛领事之言云：东使与总理衙门议论不洽，负气出都，恭邸派员至天津将东使追回，议给恤费五十万，先给十万，俟台湾东兵撤尽，再给四十万云云。"（十月朔家书）这个消息，与胡雪岩上海来信相印证，应属可靠，所以虽然顾文彬在没有接到上司的明确指示时，不敢放松，尚有疑惑，但也大致倾向于实有其事，他在家书中写道："查明季倭寇往往有一面议和，一面仍肆扰者。当今局面，我兵尚盛，而日本穷促已甚，当不致如倭寇之狡诈反复。惟暗中有西人把持，恐东人为所钤制，不能自主，或有变局，亦不可知。"（同上）这个"暗中有西人把持"，显然有相当的部分是从戈鲲化的密信中作出的判断。日本的军事行动，触及了列强在华的利益，妥善加以利用，以达到自己的目的，应该也是当时决策的出发点之一。

日本这次对台湾地区用兵，剑锋所指，威胁闽浙两地，是中国近代史上的重要事件之一。对此，史书上已经有了不少记载。顾文彬的日记和家书，从一个侧面为我们还原了当时浙东地区备战的情形，有一些细节很珍贵，特别是戈鲲化作为宁波英国领事馆的属员，及时将相关信息传递出来，为政府作出正确判断起到了重要作用。

从填新开河到签订《北京专约》，这两件事，一件涉及地方水利，一件涉及中日关系，戈鲲化都不同程度地介入其中。他的角色，打一个可能不确切的比喻，有点像是清政府派驻宁波领事馆的情报员，利用自己的特定身份，为政府服务。

三、戈鲲化的诗歌创作

戈鲲化喜欢写诗，在当时也获得了一定的好评。如章鋆序云："新安戈君砚畇，天才踔厉，尤好吟咏。兴之所至，辄濡墨伸纸，顷刻数千百言，空所依傍。是其专主微眇，有真性情以贯之，复得江山戎马之助，以发抒其所见，岂规唐摹宋，务求形似，而神不相属者所能及乎？"黄钰序云："太守之诗，不拘一格，要其历览山川，胸次高旷，情兴所寄，搦管成章，不屑屑以描摹见长，而渊懿醇茂，风华绮丽，靡不毕集，殆震川所云'得西子之神而不徒以其鬘'者乎！"这虽然多为师友之言，或有溢美，但也在一定程度上反映了其创作特色。

从本质上看，戈鲲化是一个非常边缘性的文人，但他却一刻也没有放弃作为一个服膺儒学的知识分子的责任感，即使身在领事馆，他更关注的仍然是中国人民的疾苦。宁波有一座浮桥，为西方人所造，当地凡过桥者，每人需交税四钱，西人一年即可收入万余贯。戈鲲化在领事馆工作，深知其内情，于是建议知府陈政钥募集资金，从西人手中买了下来，从而造福当地百姓。但是，他的深刻观察力又使得他能够把目光投向社会生活的方方面面，从而对民众生活的某些阴暗面也有所揭露，所谓"哀其不幸，怒其不争"。《民有三疾，诗以悯之》之《狎妓》写道："迷津孽浪惨滔天，错认风流凤世缘。梦醒阳台金易尽，空嗟失足误青年。"《纵博》写道："快意豪情莫与京，逢场兴剧藐输赢。牧猪奴戏原轻贱，况破家资业未精。"《嗜烟》写道："短榻横眠趣味多，一灯遑问夜如何。膏肓深入医无术，谁信烟魔胜病魔。"这些，确实都是当时客观存在的社会问题，戈鲲化将其写在诗歌中，说明他和当时的许多有识之士一样，经常考虑有关国计民生的大问题。

戈鲲化近三十岁时来到宁波，此前所作的诗已经全部毁于兵火，现有作品基本上是记载在宁波一地的所见、所闻、所感，在某种程度上可作为宁波地方文献来读，也说明他具有一定的"诗史"意识。他的《久寓甬上，见闻所及，有足喜者，各纪以诗，得绝句八首》《客问甬上风俗之异，因赋四诗答之》《甬上竹枝词》《续甬上竹枝词》《再续甬上竹枝词》《三续甬上竹枝词》等篇，都具有史料价值。如《久寓》诸诗之三云："粤寇猖狂踞郡城，祖鞭先着仗书生。贼闻胆破仓皇走，落地开花炮一声。"记载了同治元年（1862）太平军占领宁波后，清军组织反攻，宁波知府陈政钥募集民团协同，又得到英国军舰的帮助，终于收复宁波。之四云："藏书阁比鲁灵光，劫后牙签半散亡。检点残编珍世守，故家乔木尚苍苍。"则是说经过太平天国之事后，宁波著名的天一阁藏书散失过半，表达了对由于战乱造成祖国文化遭受严重损失的痛惜和思考。再如《客问》之一云："垂鬟女子态娉婷，弱质娇姿正妙龄。都说无才便是德，不教幼读《女儿经》。"写宁波虽然是通商口岸，思想活跃，清代的妇女读书写作也早已不是什么奇事，但宁波一地仍有严重的"女子无才便是德"的传统思想，与这个地方的开放性恰成一个鲜明的对比。《三续甬上竹枝词》之八云："灾生顷刻燎方扬，乡井同心救不遑。龙德常占潜勿用，用之制火效彰彰。"写城市发达之后，人烟稠密，房屋鳞次栉比，防火救火十分重要。于是人们组织起来，以建会的方式，准备好水龙，以备不时之需。凡此，都带有那个时代的鲜明烙印。

另外值得特别提出的是，和那个时代许多知识分子一样，戈鲲化的诗中也表现出面对西方文明传入时的震撼，以及所进行的思考。如《三续甬上竹枝词》之一："琛赆招来海国商，甬江北岸屋相望。分明一幅西洋画，楼阁参差映夕阳。"之二："千里邮程达上洋，轮船一夜快非常。不须艳说滕王阁，风送才人过马当。"之三："印板分明尺素裁，新闻市价一齐开。沿门遍递争先睹，《申报》今朝又早来。"之六："又新街接日升街，纸醉金迷色色佳。要使游人心目炫，东西洋货巧安排。"或言城市建筑，或言邮递速度，或言报纸之重要，或言街市之繁荣，都是西方文明传入后带来的新气象。他的《偶乘火轮车放歌》也是那个时代的一篇佳作。作品先指出，先进的运输工具的创意原是出自中国，而且达到了相当的水准："轩辕皇帝善物物，偶见飞蓬制为车。后来周公众巧聚，指南远服儌任侏。木牛流马辇輼饷，葛相意造此权舆。"但是，这种创意在中国没能得到发展，却被西方后来者居上："中国失传泰西出，曰英圭黎尤杰殊。采煤铸炭实车腹，气之所鼓雷霆驱。"火车构思精巧，坐在车上，真有风驰电掣之感："我今坐向吴淞口，旋转卅幅同一枢。暗设机关夺造化，繄车之人真仙乎。在地疾走轶奔马，在天健行迈踆乌。"但戈鲲化最后的结论却是："然而百利一大害，覆辙每遭肝脑涂。所以圣人摈不用，宇内坦荡有康衢。"这似乎仍然有些保守，但是考虑到他主要是从技术层面而言的，而且揭示的是已经造成和可能造成的事实，所以体现出的仍然是一种开放的气度，和那些不分青红皂白一概骂倒之士终是不同。

上述《三续甬上竹枝词》之三写出了宁波一地读者阅读《申报》的热情，事实上，戈鲲化自己和《申报》的关系就比较密切，他的好些诗作，据初步调查，至少有十余首，都是在《申报》上发表的。《申报》创刊于 1872 年，这种新型的传播工具，给传统诗词的传播和接受提供了新的空间。前曾论及戈鲲化的诗在当时有一定的影响，有一个例子颇能说明这一点。光绪丙子五月九日（1876 年 5 月 31 日），《申报》上刊载了内自讼斋主人和戈鲲化四十生辰自述的四首诗，其中说："鲰生久切瞻韩意，介绍先凭尺幅诗。""何日乘风挂帆席，相逢始信愿非虚。"这位内自讼斋主人和戈鲲化并不认识，虽然《申报》当时已经成为传统文人交往的重要阵地之一，但如此仰慕，恐怕也不是无缘无故的。①另外，戈鲲化也积极参加了《申报》推展的相关讨论，例如种牛痘，其方法从西洋传入中国后，曾有一些老式痘师予以排斥，百姓中也有种种不同的认识。戈鲲化曾在《申报》1875 年 3 月 6 日和 3 月 8 日，连续发表《牛痘引证说》上下二文，从正反两个方面，说明西洋种痘之法的优越。又如 1876 年 7 月，宁绍台道瑞璋派员押送劫犯至上海，返程时，寓于法租界，与巡捕发生冲突，该员被殴至重伤，而法国主审官则对凶手多方包庇，引起中国民众的不满。戈鲲化在《申报》1876 年 7 月 4 日发表《辱委论》一文，斥责主审官违背两国协议，纵容法捕欺凌中国人的恶劣行为。《申报》是当时非常重要的大众传媒工具，戈鲲化利用这个工具，积极介入时事，积极发表见解，可见他思想的活跃与敏锐。

戈鲲化的诗在艺术上的最大特点就是感情真挚，以情取胜。无论是登山临水，描摹风物，还是亲友应接，倾吐心志，都是直抒胸臆，不假雕饰，语言本色，自然清新。正如陈劬为其作序时所评："辞句清新，所谓'清水出芙蓉，天然去雕饰'者也。"如写节物风光，《窗外棠梨小桃》："棠梨郁郁隔窗栽，掩映夭桃满树开。为惜春光慵扫地，落英留与点苍苔。"《中秋》："水晶宫阙玉为堂，对酒吟诗兴欲狂。直到五更虫语静，起看凉影白于霜。"再如写个人情志，《夏至日写怀》："夏至一阴生，消长悟天意。株守非良谋，萍飘岂吾志。黄金得不难，清名污最易。沧海变桑田，笑人枉趋避。"《自嘲》："才庸志大俗情牵，斗酒何妨醉十千。帐下争名空斫地，马前陈策枉谈天。封侯有愿慵投笔，求富无能愧执鞭。莫怪年来信道广，姆隅听罢总茫然。"又如写友朋相接，《招陈绋斋李子仙二君春饮五飞白轩》："天地吾大庐，中有一轩窄。欲问轩何名？名曰五飞白。置酒

---

① 戈鲲化至少在宁波有一定的知名度，他甚至在一定程度上带有《申报》的"特约通讯员"的身份。比如 1876 年 7 月 20 日的《申报》，在"宁郡杂闻"栏里这样写："昨宁波人寿主人来书，谓月之二十四日到有英国兵船一只，船中水师提督偕驻宁之英领事，于二十五日同往奉化之雪窦山游历，闻将于二十七日回来，二十八日开往上海也。"可见他与《申报》沟通的密切。

作主人，开轩招嘉客。嘉客爱飞觞，狂吟不拘格。希夷真酒仙（自注：纫斋善饮），青莲老诗伯（自注：子仙耽饮）。浮蚁须及时，征鸿且留迹。君不见春鸟劝提壶，劳人嗟行役。千金抵得此身闲，九十韶光莫虚掷。"都是如此。晚清诗坛，流派众多，百花齐放。戈鲲化与黄遵宪、梁启超等的经历有相似之处，但却没有追随这些人参加以新名词、新事物入诗的"诗界革命"；宋诗派风靡同光朝，陈衍、郑孝胥、陈三立、沈曾植等名重一时，提倡古雅之风，追随者众多，戈鲲化也没有加入这一潮流。总的来说，他是一个独任性灵的诗人，所以并不去着意追求什么。但也许正因为他和当时诗坛的主流相距太远，再加上受到生活阅历的限制，诗歌的气局不够开阔，也是事实。

至于他本人，在创作上有着精益求精的追求。这一点，不妨将他在《申报》上发表的诗和后来收入《人寿堂诗钞》的同一篇作品作一比较，如《观兵船演开花炮》："一舰大江横，扬威巨炮轰。乍疑天地晦，直使鬼神惊。弹落波能立，花开屿欲倾。迅雷难掩耳，人语寂无声。"原先发表在《申报》第1170号（光绪丙子年正月二十七日，1876年2月21日）时，"乍疑天地晦，直使鬼神惊"作"烟浓天地晦，焰烈鬼神惊"，改稿更加突出了强烈的心理活动，力度更大，确比原来的要好。

以上所说的戈鲲化的诗歌创作，主要都体现在他的诗集《人寿堂诗钞》中。除此之外，他还编了一本《人寿集》，其中收录了一百三十五位诗人对他的《四十生日自述》四首的和作六百多首。这个唱和大约是戈鲲化主动征邀的结果，不过，能够有这么多人参与，而且有些人甚至主动地再三赓和，也足以说明戈鲲化具有一定的影响力。从学术的角度来看，这个唱和集的价值至少可以表现在以下几个方面：第一，可以从一个侧面看出当时文人以诗歌进行交往的生活方式，特别是报纸这种新的传播媒介出现后，提供了更大的便利。通过互相唱和，原来的朋友可以增进感情，陌生人则可以成为朋友。例如，有些参与唱和的人，如延秀和一位自称为"内自讼斋主人"的诗人，原本并不认识戈鲲化，他们都是知道了这件雅事之后，通过写诗来表示和戈鲲化结交的意愿。第二，可以从中了解戈鲲化的交游情况。在这些诗人中，有高级官员，也有低级官员，但更多的是下层的普通知识分子。了解这个交游圈的构成成分，有助于我们为戈鲲化定位。第三，可以从不同侧面了解戈鲲化的生活情形。戈鲲化是下层文人，相关记载并不充分，因此，这些诗人在作品中所提供的一些信息，可以帮助增强对戈的认识。如邓恩锡说他"工文翰，西人礼为上宾"，并"曾为中西解纷"。黄树棠说他"每遇中外交涉事件，力持大局，时论韪之"。童章谈到同治十一年（1872），"填复新开河诸务，咸取决君言"。欧阳世昌则谈到光绪初年，"晋豫奇荒，赤地数千里，饥民数百万，析骸易子而食。赈款维艰，君倾囊得千金以助"。这些都是研究戈鲲化的重要资料。第四，可以通过这些友人，了解戈鲲化的思想。戈鲲化之所以愿意前往被当时不少人视为危途的美国，原因是多重的，不过，考察其交游圈，也能从一个侧面看出其思想基础。比如，在这些唱和的朋友中，李圭曾受赫德委派，赴美国费城参加美国建国一百周年博览会，会后又漫游英国、法国、锡兰（即今斯里兰卡）、新加坡、中国香港等地；王咏霓曾随许景澄游历法、德、意、荷、奥、英、美、日及中东、东南亚、中国香港等处，凡历时三年；朱和钧曾至檀香山，查勘华民入监诸事，又随郑藻如出使西班牙。中国老话说，不知其人，视其友。戈鲲化这些朋友的漫游，有的在他赴美前，有的在他赴美后，但他们具有一定的全球视野，却是可以肯定的。戈鲲化在与他们交往的过程中，彼此当然也会互相影响。

四、鼐德关于在哈佛设立中文讲席的设想及其实施

汉学研究在西方很早就起步了。自十六世纪至十九世纪，这一学科突飞猛进。特别是到了十九世纪，法国的法兰西学院和东方现代语言学院、英国的牛津大学和伦敦大学、德国的柏林大学、俄罗斯的喀山大学、荷兰的莱顿大学等，都先后设立了汉学讲座。相比之下，美国的汉学研究就开始得比较晚，一直到十九世纪末才有所酝酿。在这一过程中，哈佛大学以其特有的气魄走在了前列，而鼐德则是促成这一计划的最重要的人物。

鼐德（F. P. Knight），生于美国马萨诸塞州波士顿。早年来中国营口经商，创办了旗昌洋行。自 1864 年起，除担任美国驻营口领事外，还兼任瑞典、挪威、法国、荷兰、德国、日本等国驻营口的领事或副领事。1877 年 2 月，在中国已经生活了十五年的他根据自己多年的生活体会，针对美国在华商务和传教事业的需要，致信哈佛大学校长查尔斯·W. 埃利奥特（Charles W. Eliot），提出了募集一笔钱在该大学建立中文讲座的建议，其目的是通过学习中文，培养一些年轻人，为他们将来在中国政府供职提供条件，增强他们在中国进行商业贸易的能力，使他们具有促进两国贸易往来的眼光。达到这一目的的方法则是从中国聘请一两位土生土长的中国人，来哈佛大学担任中文教师，使得那些愿意到中国来发展的人在动身之前，就能够掌握必要的知识，具有一定的能力。[①] 接到鼐德的信之后，埃利奥特非常重视，他以一个教育家的远见，敏锐地认识到，这一计划将为那些到中国从事领事、律师、工程以及商贸等工作的青年人提供良好的机会，因而立即召开了校董会，达成共识后，随即给鼐德复信，表示了最热烈的支持。[②]

但是，鼐德的这一计划虽然得到了哈佛大学的热烈赞同，却由于太具有创意，因而在国际汉学圈子里，以及一些曾经或正在和中国发生关系的人士中引起了争论。争论的

---

① F. P. Knight to C.W. Eliot, from Boston, February 22, 1877, HUA, UAI.20.877.

② C. W. Eliot to F. P. Knight, from Boston, March 10,1877, HUA, UAI.20.877.

焦点是：外国人学习汉语是应该在本国学，还是应该到中国学。

支持蒲德的人认为，外国人如果在来中国之前就能学习一定的中文，通过日积月累，慢慢体味，会为日后的生活打下稳固的基础，并在到达中国以后，获得学习的激励，从而实现快速进步。持这种观点的有在华德国著名汉学家穆麟德（Paul Georg von Mollendorff，1848—1901），英国外交官禧在明（Walter Caine Hillier，1849—1927）、达文波（Arthur Davenport，1836—1916）、固威林（William M. Cooper）及北京同文馆总教习丁韪良（William A. P. Martin，1827—1916）等。反对蒲德的人则认为，年轻人到中国之前，应该全面学习各种知识，打好基础，因为中文太难了，如果在美时就开始学习，一方面是没有合适的语言环境，另一方面是课业太多，没有充足的时间，结果可能是什么都学不好，事倍功半。因此，还是应该到中国以后，在富有经验的老师的指导和热心的朋友的帮助下，花两三年的时间进行专门学习。持这种观点的有中国海关总税务司赫德（Robert Hart，1835—1911）和中国海关税务司杜德维（Edward Bangs Drew，1843—1924）等。另外，当时在中国的美国人马士（Hosea Ballou Morse，1855—1934）则表示了谨慎的态度。马士是哈佛大学毕业生，来华后，先在上海修习了三年汉语，任天津海关帮办，后陆续在北京、上海、北海、淡水、龙州、广州等地海关税务司任职，曾著有《中华帝国对外关系史》三卷和《东印度公司对华贸易编年史（1635—1834）》五卷。马士认为，蒲德的方案能够在哈佛得到实施应该祝贺，倘能引致一两位英美学者来担任中国哲学的讲座教授，则更佳；但同时，他也不无担心，生怕这种开设在美国的中文班不如预计中的好，学生可能学不到有用的知识以应付来到中国后将要遇到的难题。[①]

在纷争如潮的情况下，蒲德表现出了难能可贵的"择善固执"。他坚定不移地相信，在哈佛大学设立中文教学会取得成功，因而即使遭到如赫德这样的权威人物的非议，也毫不动摇。其实，他当时所面临的压力还不仅是对这一讲座的设立与否的争论，筹款的成功与否也是这一计划能否顺利实现的重要因素。蒲德的筹款目标是一万美元，其中八千美元用于老师三年的薪水，二千美元作为来回路费。筹款应在三年中完成。但是，就在蒲德正在为他所找到的老师送行时，又出现反复。他接到埃利奥特校长的电报，上写"筹款失败，取消合同"八个字。这对他是一个巨大打击。蒲德此时已经和老师签好

---

① Paul Georg von Mollendorff to F. P. Knight, from Shanghai, July 15, 1879, HUA, UAI.20.877. Walter Caine Hillier to F. P. Knight, from Shanghai, January 28,1879, HUA, UAI.20. 877. Arthur Davenport to F. P. Knight, from Shanghai, November 17,1879, HUA, UAI.20.877. William M. Cooper to F. P. Knight, from Ningbo, November 21, 1879, HUA, UAI.20.877. William A. P. Martin to F. P. Knight, from Beijing, September 8,1879, HUA, UAI.20.877. Robert Hart to F. P. Knight, from Beijing, August 4, 1879, HUA, UAI.20.877. Edward Bangs Drew to C. W. Eliot, from Ningbo, July 28,1879, HUA,UAI.20.877. Hosea Ballou Morse to F. P. Knight, from Beijing, September 2,1879, HUA, UAI. 20.877.

了合同，情形正如背水一战，有进无退。一方面，他仍然相信那些原先同意捐款的商人，相信他们在重新考虑了方方面面的情况后，会履行原来的诺言；另一方面，他也做了最坏的打算，万一筹不到预计数目的款项，他准备自己承担一部分，甚至有这样的思想准备，即以自己在波士顿的财产作为保证，来提供第三年的费用。所以，鄘德可以说是在极其困难的情况下，咬紧牙关，坚持了下来，终于促成这一计划的顺利实施。在这个世界上，想做成一番事业难免要遇到种种挫折，但机会不仅垂青有准备的人，也垂青那些坚韧不拔的人，他们的成功就是因为能够把自己置于再坚持一下的努力之中。①

　　更加难能可贵的是，鄘德不仅有宏伟的设想，而且有实干的精神。他对哈佛大学开设中文班的每一个细节，对戈鲲化将要展开的工作的每一个步骤都细加过问，考虑得非常周到：第一，他根据自己的体会，建议使用威妥玛教材，由于这种教材不易找到，他甚至愿意把自己个人的和自己兄弟的书都捐出来；第二，他关心戈鲲化在剑桥的住宿问题，在一时解决不了的情况下，可以考虑让戈氏一家住在自己兄弟的家；第三，他生怕哈佛的中文班没有足够的学生，因而打算说服一两位在哈特佛德任职的中国人，把他们的孩子送往哈佛而不是耶鲁上学，以便很好地修习母语；第四，他为戈鲲化准备了一些中文班必需的书籍和一些汉学家论述中文学习的著作，以便戈氏在美国能够顺利开展工作；第五，为了使身在异国他乡的戈鲲化能尽快适应，他准备请求著名的汉学家卫三畏前往哈佛，帮助筹备中文班；第六，为了显示哈佛中文班的重要，他甚至要求总税务司赫德为在这个班结业的学生提供合适的职位。鄘德以他的远见卓识和细致工作，使得哈佛的中文班得以顺利开设，值得在中美文化交流史上大书一笔。②

五、戈鲲化赴美始末

　　对于在哈佛大学设立中文讲席一事，不仅鄘德沉浸在自己的宏伟设想之中并为之不懈努力，不仅汉学家如穆麟德、外交官如禧在明、同文馆教习如丁韪良等都大力支持，而且引起了与中国缔约的欧洲各国的注意，中国和外国在华的新闻媒介也对此事给予了高度评价。③然而，当这一方案开始付诸实施的时候，鄘德却发现，要想在中国找一位

---

① F. P. Knight to C. W. Eliot, from Shanghai, July 1, 1879, HUA, UAI.20.877. F. P. Knight to C. W. Eliot, from Shanghai, July 15, 1879, HUA, UAI.20.877.

② F. P. Knight to C. W. Eliot, from Shanghai, May 4, 1879, HUA, UAI.20.877. F. P. Knight to C. W. Eliot, from Shanghai, May 27, 1879, HUA, UAI.20.877. F. P. Knight to C. W. Eliot, from Shanghai, July 1, 1879, HUA, UAI.20.877. F. P. Knight to C. W. Eliot, from Shanghai, July 15, 1879, HUA, UAI.20.877.

③ F. P. Knight to C. W. Eliot, from Shanghai, July 1, 1879, HUA, UAI.20.877.

符合要求而又愿意远渡重洋的人，并不是一件容易的事。毕竟，那是一个太遥远的国度，不仅与中国人安土重迁的习惯不合，而且去和西洋人打交道也使人心存疑惧。

哈佛大学的态度无疑是积极的。作为美国历史最悠久的大学，发展到十九世纪下半叶，哈佛的系科更加齐全，实力更加雄厚。中文教学在美国的高等教学中还很罕见，探讨到底在美国开设这一教学的余地有多大，无疑极具挑战性，也为哈佛的进一步发展开辟了空间。所以，当时的校长埃利奥特多次同鼐德讨论人选问题，并委托鼐德全权代为物色。鼐德虽然极为热心，可一方面他的中文说得不够好，另一方面他与中国各方面的联系也还不够广泛，因此，尽管总税务司赫德对他的方案颇有微词，他还是想办法求得了赫德的帮助。税务司是鸦片战争之后中国和西方诸强签订不平等条约的产物。随着最早通商的上海、宁波等五个口岸设立税务司，其后通商的各个口岸也陆续跟进，都受总税务司领导。由于有这层便利关系，赫德就把这件事全权委托给宁波税务司杜德维。赫德之所以选中杜德维，而不是其他人，也是有深意的。杜德维生于 1843 年，毕业于哈佛，和母校感情深厚，对母校的事情一定会尽力去做；同时，他自 1865 年即来到中国，并长期在中国任职，是一位老资格的中国通，也有能力去做。[①]

不过，和赫德一样，杜德维一开始对这件事也是心存疑忌。他认为，如果是为了在中国生活的实际需要，那么应该选择在北京学中文，而不是在剑桥。在北京学，由于具有良好的学习环境，边学边练，效果是事半功倍；而在剑桥学，由于哈佛的课程太重，会使学生因耗费太多精力而影响对其他课程的修习。这种疑忌，直到他投身其中并出色地物色到了合适人选后，仍然存在。但是，杜德维并没有顽固地坚持己见。和赫德等人不同的是，作为哈佛大学的毕业生，他真诚地为哈佛的利益着想，为哈佛的发展前景考虑，因而他寄希望这一举措能够实现在哈佛设立一个中国学的教授职位。他甚至为戈鲲化在哈佛教授中文准备了一份备忘录，其基本要点是：（1）用威妥玛的《语言自迩集》作为教材，因为该教材适合学习北京官话；（2）学生要做到"勤劳"和"反复练习"，忍受"单调"和"疲劳"；（3）以三四个人一个班为好，若学生人数较多，则应分成两个班。[②] 这些，无疑都是非常内行的，肯定会体现在哈佛的办学思路中。

杜德维最终能够找到戈鲲化，和他的经历有关。1877 年年末，杜德维从福州改任宁波税务司。1878 年上半年，他即接受赫德的委托，代为寻找合适人选，但进展并不顺利。显然，他初来乍到，还不熟悉情况。所以，1878 年 7 月，尽管埃利奥特校长按捺不住焦

---

① 杜德维对中国的熟悉以及他在中国的工作状况也表现在，他在中国任职多年，一直深受下属的爱戴。离任回国时，他的中国下属曾按中国的方式，给他写了记述恩德的对联："心德及人，中外咸歌惠爱；口碑载道，苍生共沐恩膏。"前写"杜税务司大人荣旋之喜"，后写"沐恩辕下 ×××（共八人）同顿首拜"。该联现藏哈佛燕京图书馆。

② F. P. Knight to C. W. Eliot, from Shanghai, July 28, 1879, HUA, UAI.20.877.

急的心情，又一次给哈佛的这位校友直接写信，催促此事，但仍然没有结果。直到九个月以后，即 1879 年的 4 月，杜德维才高兴地给埃利奥特回信，声称找到了合适的人选，这就是戈鲲化，杜德维在宁波的中文老师。①

戈鲲化当时在英国驻宁波领事馆任职。我们知道他说一口南京官话；② 我们知道他以前曾在美国领事馆任职，对西洋特别是对美国有一定的了解，任职宁波期间还教过一位英国学生和一位法国学生；③ 我们知道他在领事馆中，善于同西方人打交道，深得中外双方人士的好评；④ 我们知道他对西方的新事物和新观念持一种开放的态度，并不守旧。⑤ 这四点可能是杜德维选中戈鲲化而戈鲲化亦愿意接受的重要原因。除此之外，我们还知道，宁波曾在康熙年间就是中国四个对外通商港口之一，1844 年开埠以后，更是当时重要的对外口岸，和外国贸易来往频繁，人们的思想比较开放。宁波的对外交流也一直很活跃，早期传教士自美国浸信会的玛高温（Daniel Jerome MacGowan）于 1843 年来到宁波，其后又有英国女传教士爱尔德赛（Aldersay）、美国浸信会的罗尔梯（Edward Clemens Lord）、美国长老会的丁韪良等先后来到宁波，进行传教、办学，并传播西方文化。如丁氏在宁波居住近十年，学会了中国官话和宁波方言。他不仅参与了将《圣经》译为宁波方言的工作，而且于 1854 年出版了用中文撰写的宗教读物《天道渊源》。他还在宁波南门办过两所男塾，每所招收二十名左右学生。⑥ 另外，当时宁波为了配合西学的传播，出版事业非常兴盛。1845 年，美国长老会在传教士柯理（Richard Cole）的提议下，将印刷所从澳门迁到宁波，命名为"华花圣经书房"（The Chinese and American Holy Class Book Establishment），随即大量出版各种书籍杂志。据统计，从 1844 年到 1860 年，传教士在宁波出版的书籍杂志计有 106 种（其中一种为书房建立前所出版），其中与教会有关的有八十六种，涉及各种科学、历史、文化知识的有二十种。⑦ 这种社会环境对戈鲲化的思想显然不能没有影响，他能选择被时人视为畏途的美国之行，与此也不能没有关系。还有，戈鲲化的不少友人都有出洋的经历，这或许对他也有影响。

---

① E. B. Drew to C. W. Eliot, from Ningbo, May 3, 1879, HUA, UAI.5.150. E. B. Drew to C. W. Eliot, from Ningbo, July 28, 1879, HUA, UAI.20.877. 另见杜德维履历表，藏哈佛燕京图书馆。

② E. B. Drew to C. W. Eliot, from Ningbo, July 28, 1879, HUA, UAI.20.877.

③ *Boston Daily Advertiser*，February 15,1882.

④ 《人寿集》所载黄树堂和戈鲲化《四十自述》诗有句："魏绛和戎一纸书，便教中外各安居。"注："公每遇中外交涉事件，力持大局。"又附录夏献钰之诗，有句云："帷幄运筹严体制，调停中外靖兵戎。"注："君于某案，守正不阿，中外悦服，口碑道载。"

⑤ 《人寿集》所载沈景修和戈鲲化《四十自述》诗有句："地圆久辟前人说，蠡测惭予腹笥虚。"注："承以地球仪见赠。"中国传统上一直误认为是天圆地方，可见戈鲲化不仅自己接受了西方的自然科学思想，而且在朋友中作了宣传。

⑥ 参看熊月之《西学东渐与晚清社会》，上海：上海人民出版社，1994 年，第 167—168、308 页。

⑦ 同⑥，第 169—171 页。

　　杜德维曾经说过，戈鲲化愿意到美国去，是由于他在上海的一家媒体发表了指责某些官员的言论害怕报复，因而要出去避祸。[①] 杜德维说得不具体，但我们知道，戈鲲化与当时的宁波太守宗源瀚有过节。据秦宝珉《温处兵备道外舅宗公行状》云："（宗源瀚）治平为浙中第一，上官贤其才，徙治宁波，而公之治严阅五载矣。其去也，有泣下者。严民野而朴，宁则负山傅海，商贾走集互市来，豪猾间作。戈鲲化者，为英领事治文书，谲觚锋出，奸利山集，官莫敢迕。谒公，严绝之，戈度无可奈，作飞书肆谣诼。富人某，约公输财而阴悔，戈又嗾之走都中贵人螫其事，而某抚军方以长兴狱过公，浮言胥动，令多格。公怒曰：'事不可为矣，吾能为木偶人耶！' 牍南北洋大臣、督抚言其状，去戈，不则去官。戈诇知，惊曰：'此公何咄咄逼人，吾不可以恋此。' 乘夜挈妻子浮海去。江督侯官沈文肃公览牍，击节曰：'好风骨，能如是乎！' 然颇有诧为多事者矣，年余，领事饮公酒，出一小象，公：'谁何？' 领事笑曰：'公不识耶？逐客耳，久为美利坚人矣，倘许其归乎？' 公笑不答。"[②] 又谭廷献《宗源瀚墓志铭》："（宗源瀚）徙宁波，剧要负山面海，通商交涉。豪猾戈鲲化，影附英吉利领事，主文，积奸利病民，公杜干谒，乃步流言，啮螫当轴。公屹不动。牍上督抚、南北洋大臣，戈愕咍不敢抗，挈孥浮海去，西人目之为逐客。"[③] 不知杜德维说的是否就是宗源瀚，不过看起来戈鲲化的出洋确实与此人有一定的关系。只是，戈鲲化去结交作为地方官的宗氏，不得接待，就如此愤恨，似乎不合常情；同时，他作为英国领事馆的文员，竟然能够对一个太守造成如此威胁，也有点奇怪。宗源瀚《颐情馆诗抄·续抄》中有一首诗，题为《予莅宁数月，值权局滋事，〈申报〉指摘叠至。〈申报〉者，华人为西人执笔，据衣冠败类、市井讹言以报事者也，幕中诸君，不能无不平意，诗以解嘲》，诗中说："下车尝虑治无方，九十耆宿语意长。" 自注："莅事三月后，张铁锋先生谓余曰：十余年来，吾乡风俗人心日下，非君整顿不可。"[④] 他对《申报》如此痛恨，重要原因之一，应该是常有鄞人在《申报》上发表文章，议论宁波之事，颇有对其不利的言论，如《宁郡杂闻》《详述宁郡近事》《论宁郡匿名揭帖事》《论知府一官兼及宁波事》《人言可畏》等。前引秦宝珉《温处兵备道外舅宗公行状》记载，戈鲲化对宗曾 "飞书肆谣诼"，谭廷献《宗源瀚墓志铭》也说戈鲲化 "乃步流言，啮螫当轴"，或者就是暗示，《申报》上的这些文章和戈鲲化有关，这也可以印证前述杜德维 1879 年 7 月 28 日致埃利奥特校长信中所提到的戈鲲化对自己愿意赴美的解释。当然，并无证据可

---

① E. B. Drew to C. W. Eliot, from Ningbo, July 28, 1879, HUA, UAI.20.877.

② 秦宝珉《大浮山房诗文抄》，1985 年影印清刻本，第 71—72 页。

③ 缪荃孙《续碑传集》（卷三十九），第 20b 页，沈云龙主编《近代中国史料丛刊》（第 985 册），台北：文海出版社，1973 年。

④ 《清代诗文集》编纂委员会编《清代诗文集汇编》（第 727 册），上海：上海古籍出版社，2010 年，第 339 页。

以说明那些文章真是戈鲲化写的，但戈鲲化觉得自己受到威胁却完全有可能。至于《温处兵备道外舅宗公行状》中说戈"乘夜挈妻子浮海去"云云，那显然是夸大其词了。不过，详情如何，还要进一步研究。[①]

六、戈鲲化在哈佛和剑桥

1879年5月26日，美国驻牛庄领事蒲德在上海总领事馆代表哈佛大学校长埃利奥特和戈鲲化签订了任教合同（后又于同年6月26日签订了补充合同）。合同规定，哈佛聘请戈鲲化前去教授中文，自1879年9月1日起，至1882年8月31日止，共计三年，每月支付薪金200美元，来往旅费（包括随同人员）亦由校方负担。至于在哈佛的课程设置、学生人数、教学时间、教学方法等，则由校方根据具体情况，统一安排。[②]

1879年7月，戈鲲化夫妇和五个孩子、一个仆人、一个翻译，[③]带着不少和中文教学有关的书籍，从上海乘船前往美国，开始了一种全新的生活。到达波士顿之后，先是临时住在哈佛校园外面一处住所，可能就是梅森街10号，后来搬到剑桥街717号。[④]

戈鲲化的到达，对于美国人来说，也是一件新鲜事，时任哈佛图书馆名誉馆长的约翰·兰登·西布利（John Langdon Sibley）就将此事记录在他的日记里，认为戈是在美国教中文的第一人。[⑤]甚至《纽约时报》也专门进行了报道。该报1879年8月30日刊登了《哈佛的中国教授》一文，提到戈鲲化一家的到达，"给这个单调乏味的小城带来一阵骚

---

① 《清史稿》列传二百三十九《宗源瀚传》可能是根据《温处兵备道外舅宗公行状》及《宗源瀚墓志铭》写的："宗源瀚，字湘文，江苏上元人。……调宁波，通商事繁，有戈鲲者，素豪猾，为英国领事主文牍，积为奸利病民。源瀚发其罪状，牒上大吏及南、北洋大臣，逐鲲海外。"这里的戈鲲显然是戈鲲化之误。其中说是由于宗氏向上司的举报，使其被逐到海外，好像是官府的主动行为，则肯定是不准确的。关于戈鲲化与宗源瀚之间的关系，多谢戈钟伟先生的意见。他查了不少文献，提出了一些思考，尽管其中的细节尚待进一步还原。

② 见合同文本。HUA, UAI.20.877。

③ 据《戈鲲化先生及其家人》一文介绍，这位翻译的名字叫 Chi Tin Sing，见 *The Elk County Advocate*, PA, December 4, 1879。

④ 按，相关记载提到戈鲲化来到剑桥后，先是住在哈佛校园外的一处住所，但没有具体说明。我发现，在1880年3月30日写给卡迪斯的一封信中，戈鲲化注明自己的地址是梅森街10号，这或者就是他的第一个住处，确实离哈佛校园不远。如果这个推测成立的话，则他从1879年8月底到达剑桥之后，在梅森街住的时间也不短。我所见到的戈鲲化写给卫三畏的信共三封，第一封写于1880年8月16日，地址已是剑桥街717号，说明他这时已经搬了家。我曾试图探访其故址，但已不存。比起梅森街，那个地方确实是远了不少。

⑤ John Langdon Sibley's diary, HUG 1791.72.10. 原文是："This is the first man ever in the country to teach the Chinese language."（这是有史以来第一位在本国教授中文的人。）按，1847年，福建人林鍼曾"受外国花旗聘，舌耕海外"（周见三《西海纪游草·跋》，载钟叔河主编《走向世界丛书》（第6辑），长沙：岳麓书社，1985年，第57页），在美国生活了大约一年半的时间，杨国桢《我国早期的一篇美国游历记》就明确说其是"赴美教习中文和游历"，"是应聘到美国教习中文的"（《文物》1980年第11期，第89页），但他在自己的《西海纪游草》中几乎没有涉及这方面的内容，因此不知他这个"教习中文"性质如何，也许只是私人性质的。

动"①，并记述了在哈佛设置中文教授的由来及其目的。《纽约时报》其后还进行了跟踪报道，比如 1879 年 11 月 25 日就对戈鲲化来到哈佛后的情况作了介绍。宾夕法尼亚州的一家报纸更是刊登了《戈鲲化先生及其家人》一文，用了大半版的篇幅，记述了作者两次造访戈家以及戈氏夫妇和两个女儿一次回访的经历，其中对戈家的陈设、每个人的穿着、翻译和戈鲲化之间的关系等都有描述，特别是用了相当的笔墨描写了戈鲲化的太太。在这位作者的笔下，戈太太的身材较一般美国女性矮些，小脚，留着长指甲，乌黑的头发向后梳着，额头宽广，眼略小，鼻稍低，嘴稍阔，风度优雅，和蔼可亲，说话时表情非常生动。她对来到美国居住，非常满意。②从其中描写的细致程度来看，戈鲲化一家来到美国，在当时确实具有相当的新闻性。这些报纸也大多同时刊登了戈鲲化及其家人抵美后拍的一些照片，以使读者对这位来自中国的学者有更直观的认识。不用说，戈鲲化的到来，更是哈佛校园中的一件大事。1879 年 9 月 25 日，哈佛校报《哈佛红》(*Harvard Crimson*) 的记者在戈鲲化的家里对他进行了一次采访。采访以实录的形式刊登出来，内容包括戈鲲化对剑桥的总体印象、对自己住所的看法、对信仰的态度以及他携带的中文教材等。从中我们得知，戈鲲化一家来到剑桥后，当地人对他们非常关注，甚至在家里，也不时感到窗外投来的好奇目光，戈鲲化对此还有些不适应。另外，戈鲲化也明确表示自己不会到教堂做祷告，他坚持自己的儒家信仰。记者特别提到戈鲲化的随行翻译抽鸦片烟的细节，也是满足了当时西人对中国的一种想象。还有，他订了多份校报，其中的一份打算送给大清皇帝，这一记述也很有趣。从这次访谈中，我们可以确认，戈鲲化初来美国，确实是不谙英语，因此需要借助译员来和记者沟通，不过，那位译员显然也只会讲"洋泾浜"英语，记者的实录，给我们还原了当时的情境。③

对于戈鲲化来说，美国完全是一个崭新的世界。他来到美国后，主动接受新事物，努力学习英文，很快就由原来的不谙英文，发展到能比较随意地和人们交谈，甚至可以翻译自己的文章和诗歌。

哈佛大学中文班预定于 1879 年秋季正式开班，计划每周上课五天，每天教师授课一小时，学生自学二至三小时，任何有兴趣的人都可以报名，但那些对中国文史哲感兴趣的人，希望到中国任职、经商、传教的人更受到特别的欢迎。校内学生免费，校外学生则每学年收学费 150 美元。④可是，在十九世纪下半叶的美国，中国还是一个比较模糊

①　*New York Time*s, August 30, 1879.
②　*The Elk County Advocate*, PA, December 4, 1879.
③　段怀清教授对《哈佛红》上有关戈鲲化的记载写有专文，承他见示，非常感谢。
④　"Ko Kun-hua and the Chinese Class at Harvard," *The Daily Graphic*, November 23,1879, Ko Kun-hua, General File, HUA,UAI.20.877.

的概念，所以尽管鼐德的愿望非常好，尽管哈佛对开设中文班很热心，却没有什么人愿意学习中文。戈鲲化来到哈佛以后，在相当长的一段时间里，班里只有一个学生。这个学生其实是一位教授，名叫 George Martin Lane，戈鲲化给他起了一个中国名字叫刘恩。刘恩 1823 年出生于波士顿的查尔斯城（Charlestown），幼年时移居剑桥。他 1846 年毕业于哈佛，1851 年在德国的哥廷根（Gottingen）大学获得博士学位，随即被聘为哈佛大学的拉丁语教授（University Professor），1869 年任"波普"讲座教授（Pope Professor），1894 年被哈佛授予荣誉法学博士（LL.D）和荣誉"波普"讲座教授（Pope Professor Emeritus），随即在这一年退休，三年后逝世。刘恩任哈佛大学的拉丁语教授达 43 年之久，逝世之后，《美国语言学杂志》（*The American Journal of Philology*, Vol, XVIII, No.3）称他为"美国最伟大的拉丁语学家"[①]。出于对语言的敏感，也出于对新事物的追求，这位当时已经颇负盛名的拉丁语教授找到戈鲲化，愿意随他学中文。这件事一定极大地鼓舞了戈鲲化，不仅二人之间有了深厚的友谊，而且两个家庭也来往频繁。[②]当然，刘恩来学中文也帮助了戈鲲化，因为他来美国时，几乎一点儿也不懂英文，现在正好趁此机会向对方学习。事实也正是如此，戈和刘恩一直在互相学习，他们可能是较早的具有换学性质的一对。光绪七年（1881），戈鲲化专门写诗赠给刘恩："未习殊方语，师资第一功。德邻成德友，全始贵全终。"感谢刘恩使自己这个异国人能够掌握英文，而且三年来不间断地加以指导，所以戈鲲化称他为自己的老师。诗中还引用孔子的话，称赞了刘恩高贵的品德。赠诗非常郑重地写在一个黑底绿花的小笔记本上，前面是中文原诗，其后是英译，还有非常详细的英文注释，因为诗中用了许多典故或成语。最后，戈鲲化还标出了平仄，以让他的朋友了解中国诗的吟诵方式。中英文都是由戈鲲化十四岁的大儿子戈忠抄写的，从那一手漂亮的手写体来看，这位在美国上了将近三年学的少年，已经学会了不少东西。[③]这样的赠诗方式，也出现在戈鲲化与埃利奥特校长和卫三畏的交往中。

戈鲲化在哈佛的学生最多时曾达到五个，[④]据说他授课时总是穿清朝官服，以表示中国传统的师道尊严。他的教学以其丰富的内容、充分的准备和高度的技巧深受好评。他曾将美国的学生和过去在宁波教过的英法学生作过比较，认为在学习效果上，美国有些学生要强得多。两年多下来，至少已有一名学生能够流利地说中国官话了。这个学生可

① George Martin Lane, HUA.

② 据记载，戈鲲化逝世后，有一天，刘恩的儿子到位于剑桥路 717 号的戈家去探望，在门厅里和戈鲲化的儿子不期而遇。戈鲲化的儿子对他说："我知道你来干什么，你想和我妈妈结婚。"如此看来，两家一定有一些不同寻常的事发生。参见 W. A. Jackson to Harvard Archives, February 12,1953, HUA.

③ Ko Kun-hua, HUA.

④ 关于这一点，记载不一，也有资料说是三个。

能是汤克斯。阿尔弗雷德·汤克斯（Alfred Tonks），波士顿人，生于1858年。高中时就读于波士顿拉丁学校，1879年考入哈佛大学，1883年毕业。毕业后，先后在菲兹堡铁路公司（Fitchburg Railroad）、阿加西斯博物馆（Agassiz Museum）、柯克伍德军事学校（Kirkwood Military Academy）、圣马修学校（St. Matthew's School）等处任职或任教。1905年曾参加过"北阿拉斯加探险行动"，负责鹰河附近的矿产勘测和开采工作。1911年12月23日因感染肺炎而去世。《1883届哈佛毕业生30周年（1883—1913）第6份报告》（Class of 1883 of Harvard College［Thirtieth Anniversary 1883-1913, Sixth Report］）一书对汤克斯有这样的介绍：他"毕业时获得了中文学习优秀奖"（Honorable Mention in Chinese）。从这个记载看，哈佛对于开展中文教学非常重视，不仅有一系列周到的安排，而且还设立了奖励措施，以鼓励学生充分投入对这个新学科的学习（这一奖项的设立在西方大学的中文教学史上应该是较早的）。由于汤克斯在校时间和戈鲲化正好重叠，而且当时哈佛只有戈鲲化一人是中文教师，因此，汤克斯应该就是中文班戈鲲化教过的学生。[①]能够教出这样的学生，无疑使戈鲲化很有成就感，而校方对他也非常礼遇。1880年，他曾盛装出席哈佛毕业典礼，作为嘉宾，被校长郑重介绍给全校师生。

十九世纪中叶，容闳在美国完成自己的学业以后，深感现代教育对于国家富强的重要作用，经过不屈不挠的努力，使得清政府接受了他的建议，分批向美国派遣了一百二十名十二至十四岁的幼童，去学习现代科学文化。在戈鲲化居住的新英格兰（New England）地区，就有不少来自中国的幼童，甚至他的班上也有一个中国学生。[②]这个中国学生当然是学习自己的母语，大约是监管官员由于该生正好在当地读书所作的安排，希望幼童在学习西方思想文化的同时不至于对中国的语言文化产生隔膜。戈鲲化当然很赞成清政府的这种开放精神，可是到了1881年，所有的幼童和官员都被召回国，这使一直努力学习新事物，而且认为这种学习对中国深有裨益的戈鲲化很受刺激，因而心中对

① 在1883年2月23日的哈佛校报《哈佛红》上，有这样的记载："哈佛83届毕业生，也是戈鲲化教授教过的一位学生阿·汤克斯（A. Tonks），已获美国驻日使团聘用，将赴日本。"这个A. Tonks应该就是Alfred Tonks，不过，《1883届哈佛毕业生30周年（1883—1913）第6份报告》中却没有他在驻日使团工作的记载，也许是他曾接到这个聘用，但最终并未成行。

② 该生名叫丁崇吉（Ting Sung Kih），浙江定海人，1873年十四岁时来美。参看勒法吉（Thomas Edward La Fargue）《中国幼童留美史》，高宗鲁译注，台北：华欣事业文化事业中心，1982年，第179页。其事迹又见丁志华《第一个担任海关副税务司的中国人——忆父亲——"留美幼童"丁崇吉》，《徐州师范大学学报》（哲学社会科学版）2005年第3期。

清政府的这种行为深感遗憾。但是，和当时其他知识分子对此体现出的感情激烈震荡[①]不同，他始终把这种感情埋在心里。[②]这又反映出他思想中传统的一面。事实上，他来到美国时已经四十多岁了，思想基本定型。二十世纪二三十年代，哈佛大学的中国留学生曾编写了一本《哈佛大学中国留学生简史》，其中记载了戈鲲化刚到美国时的逸事。1879年秋，他带着妻子和孩子以及一个仆人，在剑桥安顿下来之后，不久，人们惊奇地发现，他们的仆人住在二楼，而他们全家竟住在阁楼上。对此，他解释道：尊卑有别，怎么能让仆人住在自己的头上呢？[③]这反映了中国文化在他身上打下的烙印之深，所以尽管在美国生活了近三年，他的思想并不激烈，他给人的印象仍然是一个典型的东方人，只是并不拒绝接受新事物。他在哈佛任教始终就是这样一种形象，让不少人见识了一个来自东方的、教授东方语言文化的教师的风采。戈鲲化的儿子戈鹏云 1913 年 7 月 14 日在上海进行演讲时，也对他们家在美国的生活有所回忆："余之先君为美国哈佛特大学掌教时，至中历新岁之日，美人争来道贺，自朝至暮，门庭若市，踊跃热闹，即在中国度元旦，亦不过如是。其时华人之居其土者，只此一家，而能若是，固在平日交际，不使人轻慢所致耳。"[④]

七、以文化传播为重要使命

戈鲲化是作为语言教师被聘任的，相关的文献也一再提到，他到哈佛去，是教语言，而不是教文学，但他显然并不完全满足于这个角色。他的文化自豪感决定了他更想做一个文化传播者，而不仅仅是语言教师。他选择的载体是诗，因为在中国，诗的地位一直很高："可以兴，可以观，可以群，可以怨。"[⑤]诗的形式是非常民族的，民族的精神也是诗的。因此，他在任何场合，几乎都忘不了吟诵、讲解诗。在当地，不少人都对他的这

---

① 如黄遵宪听到留美学生半途而废的消息之后，非常悲愤，写有长篇五言古诗《罢美国留学生感赋》，钱仲联注此诗，曾对此事有精要描述："同治末年，湘乡曾国藩奏请派幼童出洋留学。议成于 1870 年，使丰顺丁日昌募集学生。翌年，适吴川陈兰彬出使美国，遂命香山容闳率学生同来，以高州区谔良为监督，新会容增祥副之，即唐绍仪、梁诚、梁敦彦、容揆、欧阳庚、侯良登、詹天佑、郑兰生等辈。此为中国学生留美第一期。各生初到时，清政府在千拿得杰省之核佛埠购得一室，为留学生寄宿舍。光绪七年，改派南丰吴惠善为监督。斯人甚好示威，一如旧日之学司。而其装模作样，则有过之无不及。故当接任之后，即招各生到华盛顿使署中教训。各生谒见时，均不行跪拜礼。监督僚友金某大怒，谓各生适异忘本，目无师长，固无论其学难成材，即成亦不能为中国用。……是以具奏，请将留学生裁撤。署中各员窃非之，但无敢言者。独容闳力争，终无效果。卒至光绪七年，遂将留学生一律撤回。"时嘉应黄遵宪憾甚，赋《罢美国留学生感赋》一首，述其事颇详。"钱仲联《人境庐诗草笺注》（卷三），上海：古典文学出版社，1957 年，第 109 页。

② *Boston Daily Advertiser*，February 17,1882.

③ "Chinese Students at Harvard"，HUA.

④ 《戈鹏云演说》，《神州日报》1913 年 7 月 16 日。

⑤ 《论语·阳货》，《四书集注》本。

一特点印象深刻，也是把他当作来自中国的诗人看待的。戈鲲化逝世后，他在美国结识的朋友卡迪斯（Benjamin R. Curtis）回忆自己曾有一次邀请他参加"纸莎草"（Papyrus）俱乐部的聚会，在起立致意并用英文作了自我介绍后，他随即拿出一份手稿，用中文抑扬顿挫地吟诵了上面的一首诗。这引起了听众的极大的好奇心，一致以热烈的掌声要求他再来一次。戈鲲化于是再次站起来，背诵了一首自己创作的诗之后，就优雅地鞠躬退席了。这种风度，倾倒了其他与会者。[①]1882年1月到2月，在戈鲲化逝世前的几个星期，卸任回国后的杜德维应邀在波士顿连续六天作关于中国的专题讲演，戈鲲化出席了第四场即2月1日晚举行的那一场。他很愿意以中国人的身份向美国人介绍中国文化，于是他先后吟诵了孔子的一段话，宋人的一首描写家庭的诗，以及他自己写的一首赞美春天的诗。[②]由此看来，戈鲲化不仅自己喜欢诗，而且强烈地意识到诗的价值，他是有意识地在美国致力于中国文化的传播，要把诗的精神带到美国。[③]

最有代表性的是他所编的一本《华质英文》（*Chinese Verse and Prose*），这可能是他用于介绍中国文化，尤其是中国诗词的教材。戈鲲化在序言里介绍自己的编写目的时说："前年余膺哈佛特书院之聘，杭海而西，以华文掌教之余，学英语，习英文。娵隅右梵，庶几似之。继与诸博雅讨论有韵之文，彼亦慕中国藻词之妙。只因书不同文，方心圆智，未能遽凿破浑沌。屡索余诗，爱取《人寿堂》旧作四首，又至美后所作十一首译示之，并附诗余尺牍各一。译竣，墨诸版，用副诸博雅殷殷切问之意云尔。"在《华质英文》的例言中，他不厌其烦地介绍了中国诗歌（包括词和尺牍，二者选得不多，仅各一篇，但尺牍多用骈文，所以他所讨论的仍然是韵文）的特殊形式："一、律诗须调平仄，其八句中，第三、四、五、六等句，并须对偶，如虚实平仄之类。用韵在一、二、四、六、八句末字，惟首句韵不论。五、七言如之。""二、绝诗有五言，有七言，截律诗之半也。或截前四句，或后四句，或中四句，抑或首尾各二句。""三、古诗不甚拘平仄，句法亦可短长。或数句换韵，或通体一韵，或隔句对偶，或通体对偶，总须意格高古为佳。""四、

---

① Benjamin R. Curtis: "Kun-Hua Ko," *Boston Daily Advertiser*, February 22, 1882.

② *Daily Morning Traveller*, February 2, 1882.

③ 另外，戈鲲化这么喜欢在公众场合诵诗，也引起我别一种联想。从现有记载看，戈鲲化是用中文吟诵自己的诗的，可是，他面对的听众多半并不懂中文。显然，他相信，诗歌的吟诵过程本身就可以传达一些信息。类似的情况在戈鲲化的同时代人王韬（1828—1897）身上也出现过。王韬《漫游随录》记载在他英国游历时，常在友人家中或公共聚会上应邀吟唱朗诵中国诗词，如："司蔑氏，巨富家也，折简招赴华筵，男女集者几百人。"他在这次聚会中"曼声吟吴梅村《永和宫词》，听者俱击节"。又一次，理雅各主持演讲，王韬"吟白傅《琵琶行》并李华《吊古战场文》，音调抑扬宛转，高抗激昂，听者无不击节叹赏，谓几于金石和声，风云变色"。参阅王韬《漫游随录图记》，济南：山东画报出版社，2004年，第137、149页。段怀清评论说："每逢此时，不知是疏忽，还是出于故意，王韬大多没有交代那些拊掌赞叹的坐者是如何听懂他所吟诵的那些中国诗词的。"参阅段怀情《传教士与晚清口岸文人》，广州：广东人民出版社，2007年，第33页。不过，也许王韬和戈鲲化一样，认为通过吟诵的声情，理解并不是问题。

词韵与诗韵异，而别有一定平仄。有小令、中调、长调，格多于诗。""五、尺牍应酬之类，多用骈文，有平仄对偶而不拘韵，但比联落脚字如平声，下句末字须平起；比联落脚如仄声，下句末字须仄起，不得紊乱。""六、无论诗词尺牍，下笔要典要雅，多读唐宋名大家诸篇自得之。"这些都是最基本的知识，所涉及的只是形式，尤其注重的是节奏、韵律和音乐性，这对于很难体会中国古典诗歌意境的美国人来说，确实是一个适当的选择。因为，英文诗也自有其特殊的声律传统，从形式方面入手，有利于在比较的基础上了解中国诗的特殊性，这比空洞地谈"立意"要现实得多。他所选的每一首诗都注出了平仄，说明他特别注意让读者了解作品的音乐性。另外，以前的诗词选本，不论是哪一种类型的，都选的是大家名家的名篇佳构，如供孩童学习的《千家诗》等，但戈鲲化所选的却都是自己的作品。这样做，或许是出于两个目的：一是向美国人证实自己的诗人身份；二是方便教学，因为是自己写的，就可以谈创作动机、创作过程、创作甘苦等。不管怎么说，当那些在异质文化中长大的学生读到这些古朴的诗作，发现短短几句竟然要用好几页的篇幅来加以注释时，那种新鲜感一定是非常强烈的（而这种为自己的诗作注的形式，也很有趣）。这本书完全是手抄，汉字部分是工工整整的小楷，英文部分是漂亮的手写体，当时可能印了若干份。① 如果这本书真的是教材的话，我们现在还无法估计它对美国人了解中国、研究中国，尤其是研究中国古典文学有多大的作用，甚至不知道是否真的在课堂上使用过，但即使是从中美文化交流的角度来看，它也有极大的意义。

　　还应该提到戈鲲化和卫三畏（Samuel Wells Williams）的关系。卫三畏是中美关系史中的一个重要人物，他1812年出生，二十多岁就到了中国，此后长期在中国传教或任职，曾任美国驻华使馆参赞。他曾为外国人写过好几本有关怎样学习汉语的书，如写于1844年的《英汉对话专用词韵府》（An English and Chinese Vocabulary in Court Dialect）等。1877年，他结束在中国的工作，回到美国，随即受聘于耶鲁大学，成为中国语言文学教授。1846年，他参加了美国东方学会，1881年成为该会的会长。在美国，他是第一个由美国人出任的中国语言文学教授，其出版于1848年的《中国总论：中华帝国的地理、政府、教育、艺术、宗教及其居民概观》，试图把中国文明作为一个整体去研究，也是美国最早的汉学研究著作。② 卫三畏对戈鲲化一定不会陌生，因为从蒲德和杜德维等人的信中，我

① 我看到的这一份是1917年2月杜德维赠送给哈佛大学的。限于各种条件，该教材不可能对中国文学作全面介绍，但从目录看，除了诗之外，戈鲲化还特别列有诗余和尺牍两类，则似乎也有一定的文体意识，可惜今存本有缺页，我们已经无法得知其原貌了。

② Frederick Wells Williams, *The Life and Letters of Samuel Wells Williams*, Chapter III, New York and London, 1889. Wilmington, Del.: Scholarly Resources, 1972.

们可以得知，大家都很希望卫三畏能够帮助哈佛中文班顺利开办，[1]戈鲲化也就理所当然地在出国前就已知道了这位美国同行。因此，戈鲲化来到美国以后，一定很快就结识了卫三畏。对于戈鲲化来说，他很高兴能在美国碰到一个洋人同行，而且这么精通中国学问。他也很感谢卫三畏，因为卫三畏送给他的英汉辞典，使得他在学习英文中少走了不少弯路。他曾经用"凿壁偷光"的典故来形容自己和这本辞典的关系。"凿壁偷光"典出《西京杂记》卷二："匡衡勤学而无烛，邻舍有烛而不逮，衡乃穿壁而引其光，以书映光而读之。"显然，他是自比匡衡，而把卫三畏的辞典比作能够帮助自己克服学习困难的助力。戈鲲化来美之后，就颇想做一些诗歌的翻译工作，在这方面，他或者也得到了卫三畏的帮助。1880年8月16日，在致卫三畏的信中，他说："如果您以前已进行过汉诗英译或英诗汉译，请惠寄一份，以为参考。"他提到自己现在正对此种工作甚感兴趣，因此，"你在这一方面的成果将给我以帮助"。也许，《华质英文》的翻译就有卫三畏的指点。同样，卫三畏肯定也很高兴能认识戈鲲化。因为他在耶鲁获得这个教职以后，也很希望能和一个中国学者互相切磋，得到帮助。1881年的暑假，戈鲲化曾利用休息时间，从波士顿来到耶鲁大学的所在地纽黑文（New Haven），到卫三畏的家中拜访，希望能够商讨一些学术问题，可惜卫氏恰好因事外出。同年12月20日，戈鲲化致信卫三畏，除对暑假中的未遇表示遗憾外，还希望和卫三畏在圣诞节假期间，相会于耶鲁。随信他还寄去一首诗，写在一个黑底绿花的小本子上，一切格式也都和赠刘恩的那首相同。诗这样写道："皇都春日丽，偏爱水云乡。绛帐遥相设，叨分凿壁光。"不仅赞美了卫三畏的品格和学问，而且点出了两个人所处的位置和关系。[2]卫三畏和戈鲲化之间一定有了深厚的友谊，所以在戈鲲化逝世的当天，刘恩就致信卫三畏，向他通报这个悲哀的消息。[3]限于现有文献，我们一时难以找到更多的有关二人交往的材料，但戈鲲化和卫三畏之间可能有某种交流、合作的计划或意向，却大致可以推知。他们二人的交往在中美关系史，尤其是中美文化史和美国汉学发展史上，都是重要的一笔。直到今天，耶鲁和哈佛仍然是美国汉学研究的两大重镇，而在一百多年前，正好这两个学校先后设立了中国语言（文学）教席，更巧的是在这两大名校执教的中文教师，一个是美国人，一个是中国人，而且两个人之间的关系非同寻常，这其中的意义至今仍然没有被学者们所充分认识。

---

[1]　F. P. Knight to C. W. Eliot, from Shanghai, July 1, 1879, HUA, UAI.20.877. E. B. Drew to C. W. Eliot, from Ningbo, July 28, 1879, HUA, UAI.20.877.

[2]　Ko Kun-hua to Samuel Wells Williams, from Harvard, December 20, 1881, Yale University Archives, Ms. Gr. 547.

[3]　E. B. Drew to Samuel Wells Williams, from Cambridge, February 14,1882, Yale University Archives.

八、戈鲲化的身后事及其评价

尽管戈鲲化关于汉语教学和文化传播有着许多雄心勃勃的计划，可惜"千古文章未尽才"，他在哈佛的任期还没有满，就于 1882 年 2 月由于感冒转为肺炎，虽经医生两次上门诊治，但终于不起，于当月 14 日下午，在剑桥的家中逝世。事情发展至此，恐怕他的亲朋好友、同事以及他本人都始料不及，因为他在 2 月 2 日还参加了杜德维的中国问题演讲会，生病期间还对校长一再表示对耽误课程的歉疚以及提出进一步搞好教学的设想。赴美前夕，好友陈兆赓赋诗相送，他曾写《答陈少白巡检（兆赓）》一诗："抟风偶尔到天涯，寄语休嫌去路赊。九万里程才一半，息肩三载便回华。"① 瞻念前程，是那样豪气万丈，可是三载回华的愿望竟然没有实现，带着事业未竟的遗憾，他在异国他乡走完了自己的人生旅途。

戈鲲化逝世后，哈佛大学为他举行了遗体告别仪式。仪式由哈佛大学神学院院长埃里福特牧师（Rev. C. C. Everett）主持，参加者有除戈鲲化的家人外，还有校长埃利奥特、拉丁语教授刘恩、中国海关税务司杜德维、来自哈特福德中国幼童出洋肆业局的容闳等，以及哈佛的教职员和众多学生。之后，埃利奥特校长和刘恩等四人还联名写了一封倡议书，为戈鲲化的太太和孩子募捐，因为按照合同，如果戈鲲化不幸在任职期间逝世，他的太太和孩子们将被送回上海，而回国后，如何维持一个七口之家的生活，并保证孩子们有良好的教育，也显然是一个不得不考虑的问题。② 另外，戈鲲化的逝世在波士顿也引起了震动，当地的一些报纸特别是《波士顿每日广告报》（Boston Daily Advertiser）用了大量篇幅登载此事。以下是人们对他的一些感受和评价（大意）：

> 他确实承担了重要的工作，并取得了成就。他是一位教师，不仅教部分人说中文，而且使所有与他接触过的人都获益匪浅。他给我们的一个启示是，一个真正的绅士和学者，不管走到哪里，不管穿什么衣服，过什么生活，其素质都不会改变。他给我们的另一个启示是，有些事情，如人类之间的兄弟般的关系，我们认为已经学会了，其实还早得很呢。他使我们感受到了我们从未感受到的东西，即人性都是相同的。

> 他不仅带给我们的街道一抹东方色彩，甚至东方式的壮观，而且带来了东方式的和谐。他的脸上溢出高贵的尊严，他浑身都笼罩着安详，他看待事物从不带有过

---

① 见戈鲲化编《华质英文》。
② 按照合同，戈鲲化可以带五个孩子和他同行，但募捐倡议却说他有六个孩子，他的第三个儿子戈惠是来到美国后生的，在戈鲲化逝世后不久即夭折。

分的好奇心,他甚至对一个外国人有时会感到的尴尬也无动于衷。这些都使我们感到,我们在向他展示文明的同时,也应该向他学习。他使我们懂得了什么是一个富有声望、内涵深刻的学者,何以他在中国享有如此的尊严。我们也明白了,他代表着一种历史和文明。当他和我们在一起时,彼此的关系比想象中的更为平等。

生活在美国社会,他按照美国人的方式行事;而回到家中,他就能让客人感到是来到了中国。这一点在许多方面都有体现。他很愿意学习《圣经》,也很尊敬《圣经》,但他知道该接受什么,也知道怎样用自己本国的哲学和宗教语言加以表述。

在剑桥的三年中,他的优雅的风度、谦恭的举止,他的个性,给所有接触过他的人留下了深刻的印象。①

七年后的 1889 年,卫三畏的儿子为他的父亲写传记,也提到了戈鲲化。其中说:"至今剑桥人还总是提到他的优雅的性格和可贵的品质。"②戈鲲化的口碑以及他留给当地的印象,使得他在中美文化交流史中留下了闪光的一笔。③

戈鲲化去世后,募捐委员会陆续募集了约四千美元,作为这个六口之家日后的用度。值得提出的是杜德维。他不仅受哈佛大学委托,护送戈鲲化的遗体及其家人回国,而且到中国后,仍然对戈鲲化的一家细心关照。他帮助他们在上海找房子安家,为孩子们联系教会学校,安排对捐款的使用事宜。④

虽然戈鲲化在哈佛的使命令人遗憾地过早结束了,但他的名字却永远写在了哈佛大学的发展史上,他在哈佛大学开设中文班的尝试,作为哈佛大学汉学研究的起源,也是一个里程碑式的事件。现在的哈佛燕京图书馆以其丰富的中文(还有日文)藏书,成为西方世界中声名卓著的书林重镇,而戈鲲化在哈佛大学使用的若干中文书籍,正是这个图书馆的馆藏之始。因此,他那身着清朝官服的全身照,至今仍悬挂在燕京图书馆门厅里,提醒每一个造访之人饮水思源。至于哈佛大学探讨东方文明的兴趣,则从那个时候

---

① 散见于前引 *Boston Daily Advertiser* 各篇中。

② *The Life and Letters of Samuel Wells Williams*, p. 452.

③ 顺便可以提及的是,当时的中国留学生也给美国人留下了很好的印象,如耶鲁大学校长朴德(Porter)曾写一长函给清政府总理衙门,痛陈召回留学生之不当,略谓:"贵国派遣之青年学生,自抵美以来,人人能善用其光阴,以研究学术。以故于各种科学之进步,成绩极佳。即文学、品行、技术,以及平日与美人往来一切之交际,亦咸能令人满意无间言。论其道德,尤无一人不优美高尚。其礼貌之周至,持躬之谦抑,尤为外人所乐道。职是之故,贵国学生无论在校内肄业,或赴乡村游历,所至之处,咸受美人之欢迎,而引为良友。凡此诸生言行之尽善尽美,实不愧为大国国民之代表,足为贵国增荣誉也。盖诸生年虽幼稚,然已能知彼等在美国之一举一动,皆与祖国国家之名誉极有关系,故能谨言慎行,过于成人。学生既有此良好之行为,遂亦收良好之效果。美国少数无识之人,其平日对于贵国人之偏见,至此逐渐消灭。而美国国人对华之感情,已日趋于欢洽之地位。"见容闳《西学东渐记》,第 108 页。

④ E. B. Drew to E. W. Hooper, August 10, 1882, HUA, AUI.20.877.

就已具备了可能性，并且或明或暗地延续下来。于是，在戈鲲化去世二十二年后的 1904 年，阿奇博尔德·库利奇（Archibald C. Coolidge）终于在哈佛大学开设了第一门有关近代远东历史（中国史是其中最重要的部分）的课程——"1842 年以来的远东历史"。第一次世界大战之后，哈佛的汉学研究更是突飞猛进，先后有多人开设中国历史、中国哲学、中国艺术等课程。二十世纪二十年代以后，著名中国语言学家赵元任、著名中国文学专家梅光迪先后应邀到哈佛教授中文，继续了他们的前辈戈鲲化所做的事业。发展到 1928 年，随着哈佛—燕京学社的建立以及后来哈佛大学东亚语言与文明系的成立，哈佛大学的汉学研究日益发展，不仅傲视北美，而且在世界范围内也屈指可数。这一切的源头，都应该追溯到戈鲲化。

比起后来享有盛名的中国早期留美学生容闳，[①] 作为第一个出国到美国大学任教的中国学者，戈鲲化的身后是寂寞的，一百多年来，他的名字几乎不为世人所知。这有它可以理解的理由，因为戈鲲化的生命过早地结束了，他还未来得及把他在美国的所思所得带回来，在中国的社会转型中发挥作用。但是，在中西文化交流史中，他的美国之行所体现出来的意义，无疑应该给予充分的评估。近百年来，中国总的趋势是文化输入，为了富国强兵、扶危救亡，中国一代又一代的知识分子努力向西方寻找思想武器，基本上形成了文化引进的局面。但是，随着文明的进一步发展，随着多元文化格局的形成，有识之士已经越来越认识到，中国文化也是全球现代化中的一种重要的资源，也可以为人类和平、社会发展作出贡献。甚至有人提出以东方文化救西方文化之弊的主张，所以对东方文化的学习和研究在西方发展得非常迅速。按照这一思路向前推，一百多年前的戈鲲化正是文化输出的先行者，他将古老的中国文明及其价值带到美国，给正在高速发展的资本主义文明提供了另一种价值参照，使人们看到了文化共存及其互补的重要性。今天，当我们面对二十一世纪在讨论地球村以及全球价值的时候，重新检讨和认识十九世纪末戈鲲化所做的工作，其意义将是不言而喻的。

九、戈鲲化的长子戈朋云

戈鲲化有六个孩子：三个儿子，三个女儿。三个女儿的基本情况不明。[②] 长子戈忠，生于同治六年（1867）。次子戈恕，生于同治十一年（1872），曾从余弼学。戈鲲化在《华

---

① 容闳是较早毕业于美国大学的中国留学生，他自己是这样说的："以中国人而毕业于美国第一等之大学校，实自予始。"容闳《西学东渐记》，第 22 页。

② 张凤《戈鲲化——哈佛大学的首位中国教师》介绍三个女儿之名分别为南兰、南芳、南叶，文载《中华读书报》2000 年 11 月 22 日。

质英文》中曾经提到"三子惠叔甫"，1881 年生于波士顿的剑桥。[①] 这个小儿子在戈鲲化逝世后不久，于 1882 年 3 月 8 日夭折，遗体被运回中国。[②]

前面曾经提到，戈鲲化逝世之后，他的全家被送回中国。由于资料所限，我们对其后的情况所知甚少。只有其长子戈忠的情况，由于种种机缘，还能够有所了解。

戈忠，字朋云，以字行。清同治六年（1867）农历夏五月生于浙江宁波鄞县天封桥。他的童年一直在宁波度过。光绪二年至四年（1876—1878），中国北部持续出现大旱灾，晋冀鲁豫陕诸省景况惨烈，史称"丁戊奇荒"。戈鲲化以长子戈忠、次子戈恕的名义，向灾区捐献了一大笔钱，兄弟二人因此被朝廷封赏为官。[③]

1879 年，戈朋云的生活出现了重大转折。这一年 9 月，其父戈鲲化受美国哈佛大学之聘，来到该校任教，戈朋云的人生也因此揭开了重要一页。来到波士顿以后，十三岁的戈朋云在剑桥上学读书，充分感受了异国文化的不同。

1882 年 2 月，戈鲲化病逝于美国。5 月，戈朋云随全家扶柩回国，并定居于上海。由于美国友人杜德维等人的关照，戈朋云在上海就读于林乐知（Young John Allen）创办的中西书院。中西书院创建于 1881 年，其宗旨是中西兼通。[④] 戈朋云学习刻苦，林乐知对他评价甚高，认为他"既勤奋又聪明"[⑤]，甚至把他当成自己的孩子一样看待。[⑥] 后来，经由林乐知推荐，戈朋云到北京去读书。

光绪二十年（1894）中日甲午海战，中国海军损失惨重，次年更签订不平等的《马关条约》。戈朋云作有《伤时诗》十四首，记载这一事件。组诗继承白居易新乐府的传统，体现了"歌诗合为事而作"的精神。如第五首："沙场岂无路，胡为迟不前。相对新娇宠，

① *Warren Sheaf*, February 23,1882.

② *Salt Lake Daily Herald*, March 9, 1882.

③ 为了应对"丁戊奇荒"这场大灾难，清政府采取了多种赈济之法，捐纳是其中的一种。据研究，"在光绪'丁戊奇荒'中，为了赈济数千万嗷嗷待哺的饥民，清政府只好允许重开捐纳，而且由捐资格发展为捐实官，从知县、知州到知府、道员，均可用捐输银钱的方式买到。光绪三年七月，在曾国荃的奏请下，清政府发给他虚衔实职空白执照各二千张，他除了在山西就地捐外，还派人到商贾富足之区如天津、上海、汉口、宁波各处及皖、湘、闽、粤、桂、川、浙、赣各省设捐输局，按捐输数量的多少，分别给捐者不同的官衔和官职"。《人寿集》载欧阳世昌和戈鲲化四十自寿诗，第四首有"十年俭羡清修积，慷慨倾囊尽济贫"句，自注："晋豫奇荒，赤地数千里，饥民数百万，析骸易子而食。赈款维艰，君倾囊得千金以助。"戈忠和戈恕二人的官职，应该就是这样得来的。至于戈鲲化的"太守"衔是否也与此有关，还待考察。

④ 中西书院对西学的课程设计是，"第一年，认字写字、浅解词句、讲解浅书；第二年，讲解浅书、练习文法、翻译字句；第三年，数学启蒙、各国地图、翻译选编、查考文法；第四年，代数学、格致学、翻译信件；第五年，天文、勾股法则、平三角、弧三角；第六年，化学、重学、微分、积分、讲解性理、翻译诸书；第七年，航海测量、万国公法、全体功用、翻译作文；第八年，富国策、天文测量、地学、金石类考。对中学的课程设计是，"讲文、五经、赋诗、尺牍、对联和书法"。熊月之《西学东渐与晚清社会》，第 617—618 页。

⑤ 杜德维致胡珀信，《戈鲲化集》，第 314 页。

⑥ 戈朋云儿媳谈戈朋云，见 2002 年 4 月 3 日戈朋云曾孙戈钟伟致作者信。

欲行又流连。征粮高北斗，分抵歌酬钱。士则阍奴耳，鼓以催花焉。今晨急锋警，局促而赴边。上马未醒巫山梦，谵语出门心茫然。"自注："此章叙某分统无状也。某总兵曾以征捻匪投谒吴大澂，愿效力。吴大澂倚重之，檄其分统劲旅，以为前锋。某募兵江北，行次淮扬，以所挟军需，征歌选舞，纳名妓郭月容为箧室。吴既不自知兵，而又所任非人，岂不殆哉！"中日战端初升，吴大澂自愿请缨，带兵上阵，无奈书生大言，不谙军旅，甫一接战，即遭惨败。戈诗即从一个侧面写此事。当时以诗词方式描写中日之战的作品不少，可见戈朋云和众多的爱国知识分子一样，为国家、民族深深地忧虑。

光绪三十一年（1905），戈朋云创立中国较早的演说会"公忠演说会"[①]，随即积极活动于上海，在近代诡谲多变的历史舞台上一展身手，特别在反对美国政府排华的斗争中发挥了重要作用。宣统元年（1909），戈朋云在南京筹备南洋劝业会，发起成立家庭教育研究会。

戈朋云幼承家学，早年在国学上下了不少功夫，十二岁时，即著有《字学寻源》三十六卷，[②]这为他以后的文化生活打下了一定的基础。他可能曾一度在京师大学堂任教。据其《舟进大沽》一诗序："戊戌行新政，光绪帝创建京师大学，西总教员丁韪良博士为管学大臣，孙家鼐相国聘予任教务，盖重予人格，足为国人师表也。时学部未设，直以京师大学督率全国学校。……予荷三邀，遂携家赴职焉。"不久即因故离去，其《京师大学同俦为余设祖赋此志感》一诗有这样的描写："玉酺复珠羹，所惜是离筵。一语能契合，请即死君前。都垣并马后会稀，惊沙遮道怨纷飞。折辩直教侯贵下，已教朱门惊布衣。多君爱以德，相思天南北。别后新伦音，传侬佳消息。"但具体情形还待再考。[③]

1911 年辛亥革命爆发，戈朋云非常兴奋。他辞去九江炮台的任职，回到上海，专门从事社会进化的有关活动，为强固国基而奋斗。为此，他特制了一项礼冠，名为"堂皇"，专门用于公开演讲的场合。其《咏堂皇》二首云："不复趋时尚，从头要自强。更教秦镜里，心影并堂皇。""出入持风化，从容上讲坛。堂皇斜不得，彼此正相看。"前有小引，云："民国成立伊始，予制衣，粗仿汉制，更创制特用之冠。冠成视之，似脱胎于冕形（泰西博士冠较之互有殊同，此可相对别树一帜），因取冠冕堂皇意，即名之曰'堂皇'，冠之以宣讲德治，其亦君子之所以尊其瞻视乎？"[④]由此看来，他在一开始，和许多人一样，仍

---

① 见《戈朋云先生演说词》，载李佳白（Gilbert Reid）主编《尚贤堂纪事》第 8 期，1917 年。
② 《人寿集》中有谢廷驹和戈鲲化《四十生日自述》四首，第四首有"书香已起承家学，搜尽源流一字贫"二句，自注："哲嗣伯元明经，年十二，著有《字学寻源》三十六卷。"又，欧阳世昌和戈鲲化《四十生日自述》四首，第四首有"双雏今已起家声"句，自注："长君十二龄通《说文》。"
③ 戈诗见其诗集手抄本。据北京大学中文系傅刚兄代为查阅，那时京师大学堂的教员名单中没有戈朋云，或者当时档案资料尚不完备，又或者当时的档案材料后有遗失，也未可知。
④ 戈朋云《家庭教育必要》卷首，作者自印本。

然是把辛亥革命视为民族革命，所以很关注服饰，但从他一再强调的"自强"来看，他对民族的危亡、社会的发展有着较为深切的认识，迫切地以开启民智为第一要务，因而投身于社会活动之中。

戈朋云在近现代中国的历史舞台上，留下了自己的身影。其主要活动内容大约有以下数端：

第一，积极从事演讲活动。演讲之事虽然古已有之，但严格说来，只是在进入现代社会之后，才真正成为一种具有社会性的活动。有识之士深感开启民智的重要，因此特别注重发动群众，于是演讲事业也蓬勃发展起来，其中的先驱之一就是戈朋云。戈朋云在光绪三十一年（1905）建立了公忠演说会。所谓"公忠"，就是表示忠于四万万同胞，而不是忠于一家一姓。公忠会建立后，一度曾被禁止，据后来恢复时的报道说："二十三日午后，公忠演说会假南市新舞台行恢复典礼，台上悬'再世重因'四字。二时许，振铃开会。戈朋云君布告开会缘由，复追叙该会曩之发起，及嗣被前清大吏周馥倾覆之情形，又声述此次恢复后之进行，及对时局之若何补助。梅竹庐、陈重远、褚博溥、梁干臣、丁文龙、严忧热、陆联魁诸君演说，或言该会尝受异常艰苦，而卒能恢复为堪庆；或以公忠须忠于四万万同胞全体，勿作私忠忠于一人，为人人之勉。且各发抒种种济时卓见，莫不动人听闻，掌声屡起。时已五时，戈君申谢各团体及各个人莅会盛意，并相期此后遇公，彼此不分畛域，互助以维大局。遂振铃闭会。"略见公忠会的宗旨。

戈朋云凭着自己的爱国热情和中西兼通的学识，以演说为基本手段，参与了近代中国的不少重大事件。

1840年以后，美国西部大开发，前后总计有超过三十万的华工参与其中，作出了重大贡献。可是，随着1870年以后美国发生经济危机，美国资产阶级为转嫁矛盾，把责任归于华工，不断制造虐待、排斥华工的事件，推行种族歧视政策。1904年，清政府希望能够修改《限制来美华工，保护寓美华人条约》，遭到美国政府的断然拒绝，因而激起全国人民的极大义愤。1905年，以上海为中心，发起了抵制美货的运动，得到全国各大城市的热烈响应。在这一事件中，戈朋云表示了极大的热情。1905年7月20日，他和曾铸等人在上海商务总会举办的集会上发表演说。8月以后，由于清政府的压力，运动的领导者曾铸等人相继退缩，但中小资产阶级、手工业者和爱国知识分子中仍有不少人坚持斗争。8月18日，以戈朋云为首的公忠演说会联络文明拒约社、四明同乡会等召开谈话会，学、商、工三界到会者八十六人，其中七十六人签名赞成将抵制美货的运动进行到底。8月31日举行力维抵制大会，到会者千余人，戈朋云报告会议宗旨，朱连魁、吴跻人、俞国桢、姚义门、连慕秦、周廉生、冯仰山、沈兆鹏、王清甫、顾维精、尹鹤林次第演说。清政府禁止抵制美货的上谕发布以后，公忠演说会等团体集会如故。所以，9月以后，以戈朋云为首的公忠演说会实际上成为上海同时也是全国的抵制美货运动的中坚，戈朋云也体现出巨大的号召力。[①] 当时，公忠演说会的组织不断扩大，上海附近的南汇，以及浙江的乐东、新市、埭溪等地都成立了支会。他们印行并到处寄发《敬释谕旨》一文，解释抵制不违背谕旨，并派人到各地辅导成立组织，展开宣传。当时新成立的抵制组织有上海工商界的和平社、西厨帮的义愤社、商业求进会等，此外尚有江南拒约社、宜兴同舟拒约会、海盐文明拒约社等。上海各行业如蜜饯、银炉、信业、玉业、竹业、五金业、漆业等继续集会。商业求进会甚至邀请戈朋云为大公正。逸事大王郑逸梅曾经记载了这次运动中戈朋云在上海四明公所的一次演讲，其文云："初登台时，轻描淡写的说上几句话，随口出声，嗓子并不高，或许座位较后者没有听出来，就是听清楚的也以为平平庸庸，毫无奇警之句。可是细细辨味，他所说的，却似文章的总冒，作开发下文的章本。于是一句紧一句，声音也一句响一句。说到紧要关头，声色俱厉，使听客的四肢百骸，完全兴奋起来。好像演讲者一颗热烈的心，要从他腔子里跳跃而出。起初漠然的，至此没有个不瞿然注视他，似乎他是发电机，听客都通了电流一般。"[②] 抵制美货运动反映了中国人民民族意识的进一步觉醒，表现了对国家主权与独立、民族地位与尊严的强烈要求，在中国近代史上具有重大意义，而戈朋云的表现，则为这次运动添上了浓墨重彩的一笔。

抵制美货运动尚未完全平息，上海又出现了大闹会审公堂案。事情的起因是这样的：1905 年 12 月 8 日，广东籍已故官员黎廷钰的妻子黎王氏经上海回广东，工部局捕房认为其所携人口中有拐骗者，遂将其拘捕，送往会审公廨。中国官员关䌹之认为证据不足，拟判押公廨女所候讯。英国副领事德为门则违反会审章程，要求由捕房带回，被关拒绝。结果由争执而争斗，巡捕强行将黎王氏押往西牢。这种蛮横强暴的行径，激起了上海各界人民的强烈反对，自次日开始，就掀起了集会抗议的热潮，戈朋云当然也积极参与其中。这次事件，虽然由于清政府的妥协退让，最后以失败而结束，但上海人民的爱国热情在中国近代史上却值得大书一笔，而戈朋云也以自己全身心的投入，展现了一个爱国者的形象。[③] 在事件中，他的演讲才能得到了极大发挥，郑逸梅记载在徐园的演讲情形说："后来关䌹之和会审西官大闹公堂，他又仗义在徐园演讲，作有力的援助。巡捕房派了许多武装巡捕包围他，他不屈不挠，侃侃而谈。巡捕奈何他不得，结果把他说的全上海的商铺，都闭门罢市，居然关䌹之在公堂上争得了主权，大大的有面子。从此凡开什么禁烟会咧，

---

① 见中国社会科学院近代史研究所近代史资料编辑部编《近代史资料》1956 年第 1 期，北京：知识产权出版社，2006 年；参看《拒俄运动、抵制美货与民族主义涌动》，见熊月之编《上海通史》（第三卷），上海：上海人民出版社，1999 年。

② 郑逸梅《上海最早之演讲家戈朋云》，《联合晚报》1946 年 6 月 29 日，第二版。

③ 参看《拒俄运动、抵制美货与民族主义涌动》。

女子天足会咧，光复时的剪辫会咧，他总是声泪俱下的演讲，收着很大的效果。"①

戈朋云的演讲知识丰富，说理透辟，很有鼓动性，总是极受欢迎。1897年，美国传教士李佳白（Gilbert Reid）在北京创设宗教文化团体尚贤堂，不久迁往上海。辛亥革命后，尚贤堂每隔一段时间总要举行公开演讲，戈朋云的演讲总是人们关注的热点。对此，《尚贤堂纪事》曾有详细记载，从中可以得到这样的印象：首先，戈朋云作为上海著名的演说家，其地位已经得到公认；其次，戈朋云的演讲受到公众的普遍欢迎；再次，戈朋云所演讲的题目都是有关于社会和人心者，有着现实的针对性。正是由于在这些社会事件中的出色表现，所以，郑逸梅尊他为"上海最早之演讲家"②。

第二，提出"开门尊孔"说。二十世纪初年的中国，各种思潮并存，如何对待儒家思想，往往成为政治斗争的重要一环。1906年清政府进行教育改革，即把尊孔作为教育的重要宗旨之一。辛亥革命推翻了清朝政府，中华民国临时政府立即否定了原来忠君、尊孔的教育方针，引起了清朝遗老的极大不满，认为失去了中华民族的精髓。以康有为为代表的尊孔思潮为袁世凯恢复帝制提供了思想资源，后者非常敏感地意识到尊孔读经有助于维护其统治，于是也将其意识形态公开化。1913年6月22日，袁世凯发布《饬照古义祀孔令》，当时的教育方针也把"法孔孟"③作为重要的部分。这些，曾受到资产阶级革命家的强烈批判，如章太炎发表《驳建立孔教议》，明确指出："近时有倡孔教会者，余窃訾其怪妄。"④

这一场斗争，当时引起很大的关注，不少思想家都或直接或间接地发表了意见。戈朋云也不例外，不过他所倡导的"开门尊孔"又有自己的思考。

所谓"开门尊孔"，就是以开放的态度、与时俱进的立场来对待孔子。戈朋云指出，孔子为"圣之时者"，因而"欲其道德灵活通行于时，为强国之动机"⑤。这一观点，当然也是其来有自，早在战国时代，孟子就已经指出："孔子，圣之时者也。孔子之谓集大成。集大成也者，金声而玉振之也。金声也者，始条理也。玉振之也者，终条理也。"⑥孟子指出孔子能够顺应时代潮流，体现时代精神，体系充实完整，品质伟大崇高，⑦戈朋云的论述即从这一思路发展而来。首先，他指出应该继承孔子的因时变改的思想："孔子周游

---

①　郑逸梅《上海最早之演讲家戈朋云》。

②　同①。

③　见《颁定教育要旨》，载舒新城编《中国近代教育史资料》（上册），北京：人民教育出版社，1981年，第253页。

④　《雅言》第1卷第1期，1913年12月。

⑤　《尚贤堂纪事》第7期，1916年。

⑥　《孟子·万章下》。

⑦　参看程千帆师等《杜诗集大成说》，载程千帆师等《被开拓的诗世界》，上海：上海古籍出版社，1990年，第1—24页。

列国，适周，得百十二国书，问礼于老子，是则在今日固当广涉世界各友邦，搜罗种种科学以研究，人有片善，无不就而虚心求之，断不以从人之所长为可耻。"① 提倡根据时代变化而加以创新。其次，他从自己的观察出发，指出儒学的思想资源可以和西方文化互补："予有眼光敢预说，将来儒教赴欧美讲道，必获赞许者繁众。""吾道必有大行于欧美诸大邦之一日。"②

特别应该指出的是，和不少人注重学理的探讨不同，戈朋云非常重视对儒学实践性的发挥。比如孔子在社会生活中主张"恕"："夫子之道，忠恕而已矣。"什么是恕？推己及人曰恕。可是，如何解释，却有很大的空间。戈朋云认为，"个人私事，合于可恕者，亦当恕之。否则直勿恕。恕人之不当恕者，害有四焉：一、自我自开招侮之门也。二、他人转将受此影响，以我不能先制其侮之尝试也。三、于我侮者之自身亦极不利，彼将谓人甘忍侮，我不妨一任暴性，及其结果，必获大凶。四、使天地间之公理屈而莫得伸。"因此，他指出："恕不可以过，过犹不及。"③ 如孔子之诛少正卯，他赞其"不顾其方居位而遭人谤"，其魄力非"今儒所能见及"。因此，他又特别谈到，孔门道德，可以概括为仁智勇，三者之中，尤以勇为孔门所特有。孔子曾说过，仁者必有勇，但没有把勇单独提出，戈朋云强调这一点，是为了以孔门之勇，推动社会进化。所以他指出："今日之国，欲舍此（按指勇）而立于世界狂澜烈竞中不为之倒，难矣。"④ 可见，他的关于孔子的论述，都有着现实的考虑，不一定是对历史上的孔子发表见解。考虑到中国自进入近代以来，内忧外患，国势衰弱，这些论述应该有着强烈的现实针对性。

第三，注重家庭教育的理念。近代以来，在整个社会关于富国强兵的大讨论中，有识之士无不对教育给予极大的重视。从龚自珍、魏源到康有为、梁启超、严复、王国维，都把兴教育、育人才置于社会改良或社会改革的总体考虑之中。戈朋云也是这一潮流中的一分子。

关于中国的教育，他持有很大的信心，也非常乐观。固然，他也承认中国的教育状况远远不及欧美，但把中国本身加以历时性的比较，则有很大的进步。他认为，国家的强盛要看教育，教育的核心在于道德，道德的体现在于节操风骨。⑤ 在戈朋云的教育思想中，

---

① 《尚贤堂纪事》第 13 期，1922 年。

② 京师大学堂创立时，诸外籍人士曾有礼敬孔子之事，戈朋云有《六国士人礼孔圣志》一诗，云："孔圣受敬六国士，创典吾为儒史笔。纪历光绪二十四，戊戌冬仲十九日。"（自注："欧美人士莫不闻知孔夫子之名也，京师大学始立，开课，美国丁韪良总教习率英法德俄日诸国各有其宗教之教习，诣孔殿前，三免冠，三鞠躬，袭使臣来华觐见之仪，庄敬严肃为空前，非可偶然之举。余适与其盛，因实志之。"）也是出于这种心理。见其诗集手抄本。

③ 《尚贤堂纪事》第 7 期，1916 年。

④ 同③。

⑤ 同③。

最核心的部分是对家庭教育的阐述。

在儒家传统中，家庭教育是非常重要的一个方面，这和儒家对个人与家庭、社会、国家之间关系的看法有关。孔子认为，修己才能"安人""安百姓"[1]。孟子进一步提出："人有恒言，皆曰'天下国家'，天下之本在国，国之本在家。"[2] 于是，在儒家的教育思想中，就形成了这样的看法："欲治其国者，先齐其家。""其家不可教，而能教人者无之。"[3] 而"齐家"的一个重要保证，就来自教育子女。从现有资料看，西周时已经很重视家庭教育了。魏晋南北朝时期，家庭教育得到蓬勃发展，很大程度上弥补了官学的不足，当时出现的不少诫子书或家训都与此有关，其中最著名的就是被誉为古今家训之祖[4]的颜之推的《颜氏家训》。其后经过历朝历代，家庭教育的思想越来越系统，方法也越来越具体。如宋代朱熹提出："古者小学教人以洒扫应对进退之节，爱亲敬长隆师亲友之道，皆所以为修身齐家治国平天下之本，而使其讲而习之于幼稚之时，欲其习与知长，化与心成，而无扞格不胜之患也。"[5] 适应着这一目的，朱熹为儿童制定了非常详细的行为准则，即《童蒙须知》。元代郑太和等著有《郑氏规范》，继承宋代司马光的《涑水家仪》、南宋赵鼎的《家训笔录》，制定了一系列的家规，其中关于家庭教育的占相当大的部分，成为宋元时代最完善的家规。清代朱用纯的《朱子治家格言》以格言的形式写成，虽然篇幅不大，但简易可行，是清代影响最大的家教读本。其中，如"黎明即起，洒扫庭除""一粥一饭，当思来处不易""狎昵恶少，久必受其累；屈志老成，急则可相依"[6] 等，至今仍流播人口。

进入近代社会以来，中国的内忧外患更加严重，有识之士对家庭教育更为关注，其内容也更带有时代的特色。如康有为在其《大同书》里设计了由育婴院、小学院、中学院和大学院组成的学校体系，学前教育对"养儿体，乐儿魂，开儿知识"[7] 非常重视。梁启超所设计的学校体系和他的老师基本相同，但他特别强调了儿童教育。严复提出德智体全面发展的观念，强调家庭教育不仅要"增广知识"，而且要"开瀹心灵"[8]，而父母的以身作则非常重要。

从以上叙述可以看出，中国古代以迄近代的思想家都非常重视家庭教育，几乎都把家庭教育置于其整体教育思想的重要方面。戈朋云的家庭教育思想承接诸前辈而来，同时又

① 《论语·宪问》。
② 《孟子·离娄上》。
③ 《大学》，朱熹《四书集注》，台北：台湾文化图书公司，1991年，第9页。
④ 陈振孙《直斋书录解题》卷十《杂家类》，上海：上海古籍出版社，1987年，第305页。
⑤ 朱熹《题小学》，《四部丛刊》本《晦庵朱文公文集》（卷七十六）。
⑥ 朱用纯《朱子治家格言》，谢恭正注译，台南：台湾文国书局，2004年，第2—4页。
⑦ 康有为《大同书》己部《去家界为天民》第3章《育婴院》，北京：古籍出版社，1956年，第210页。
⑧ 严复《论今日教育应以物理科学为当务之急》，《严复集》（第2册），北京：中华书局，1986年，第280页。

注入了自己的思考，既有传统儒学的鲜明烙印，也有西学影响的时代特色。不过，由于他对这一问题的集中关注，不仅具有历史的追溯，而且具有现实的关怀，在当时别具一格。

戈朋云认为，教育由三个部分组成：家庭教育、学校教育和社会教育，其中家庭教育应该列为第一位，因为"人生小幼，精神专利，长成以后，思虑散逸，固须早教，勿失机也"①。他甚至认为，家庭教育是振兴社会、挽救世风人心之本，其意义又不仅是教教小孩子而已。民国以来，社会进步有目共睹，但为什么没有给人民带来真正的幸福？据戈朋云看，这是因为"每有事虽进步，而被行之之人之品性上习惯上有失所累，致事亦未由见其效果"。而要求得见其显效，必须使得人们建立良好的品性，革除恶劣的习惯。在这方面教育成人是治标，教育儿童则为治本。因为成人某些品性的积重难返，往往就是幼时未能获得完善的家庭教育所致。②为此，他撰有《家庭教育必要》一书，对家庭教育进行了系统论述。这应该是中国教育史上较早的一部讨论家庭教育的专著，其特点是：（1）寓理论于实践之中，注重操作的层面。如从父母一方来说，他列举了四十条教育之法；从儿童一方来说，他列举了十七条应戒除之弊。（2）认为家庭教育的目的在于国家强大，民族复兴。具有非常深的忧患意识，和前代某些人仅从世代清白相承的角度看待家庭教育不同，③而和当时不少有识之士互相认同。（3）在东西方文化的互动中进行家庭教育。一方面，他坚持中国文化本位说；另一方面，他也引入了一些西方观念，如自由说、自立说等。他的有关家庭教育的思考也具有一定的超越性，不仅涉及了社会改变，也涉及了文化改变。比如，他认为，"英人曾谓，印度当新旧交变之际，旧社会之旧道德既废，而新社会之新道德未来，其情状反较往者不若。此与今日我国之现象仿佛。第印度为亡国后之情状，而我国则方在奋兴，将大有为于世界，不可不急为匡正，而急为提倡此家庭教育也"④。在旧的东西被摧毁、新的东西还没有建立的时候，戈朋云认为社会的急务在于教育，而家庭教育又是教育的核心，这是希望从根本上做起，其目光是远大的。

从以上叙述可以得知，戈朋云确实是在现代中国社会发展中展现出一定影响的人物，他的西学背景无疑起到了一定的作用。我们在前面曾经说过，戈鲲化没有来得及把他在美国的所思所感带回来，以在中国社会的转型中作出自己的贡献，现在我们不妨这样说，他的一些愿望，或许在他的儿子身上部分得到了实现。

---

① 颜之推《颜氏家训·勉学》，上海：上海古籍出版社，1992年，第15页。
② 戈朋云《家庭教育必要·自序》。
③ 如清代教育家汪辉祖说："世济其美，昔贤所荣，不特名公巨卿也，业儒力田之家，世世清白相承，亦复不易。数传十百人中，有一不肖子，即为门第之辱。因由积之不厚，亦因教之不先。故欲后嗣贤达，非教不可。"《双节堂庸训》（卷五），乾隆五十九年刊本。
④ 戈朋云《家庭教育必要》，第2页。

后藤朝太郎《汉语入声地理分布图》（1910）及相关问题*

李无未

（厦门大学中文系）

摘　要： 后藤朝太郎《汉语入声地理分布图》（1910）与小川尚义《台湾言语分布图》（1907）是东亚最早研究中国语言与方言的地图。追寻其原因，欧洲语言地理学的传入使得日本学者研究语言的意识发生了重大变化，日本学者将欧洲语言地理学理论应用到了东亚语言研究实际中，从而演化出东亚方言地理学理论。赵元任等中国学者后来在理论与研究手段上取得更大突破，与日本学者的方言地理学理论构成了东亚汉语方言地理学的壮丽图景。

关键词： 后藤朝太郎等　中国语言与方言地图　东亚　汉语方言地理学　意识

一、后藤朝太郎《汉语入声地理分布图》（1910）

日本学者后藤朝太郎《文字研究》①第三篇"音韵之部"第五章《中国古韵 -k、-t、-p 沿革及由来》（简称《沿革》）以其理论意识浓郁、技术手段先进引起了当时汉语方言研究学术界的广泛注意。《沿革》是后藤朝太郎在东京大学文科大学本科学习时的毕业论文，完成于1907年，呈现了后藤朝太郎汉语入声共时存在的地理分布的理论观念，其研究理论与方法值得特别关注，这应该是东亚最早的汉语方言入声地理学研究论文之一。②

《沿革》最为突出的贡献就在于以地理语言学的理论与方法，研究了汉语中古音 -k、

---

　　* 本文系国家哲学社会科学基金冷门绝学研究专项学术团队项目"东亚汉语音韵学史文献发掘与研究"（项目编号：21VJXT014）、国家哲学社会科学基金重点项目"东亚《韵镜》学史文献发掘与研究"（项目编号：20AYY017）及厦门大学人文社会科学重大项目（培育）"东亚汉语音韵学史（多卷本）"课题（2020）成果之一。

　　① 后藤朝太郎《文字研究》，东京：成美堂，1910年。
　　② 李无未《后藤朝太郎（1910）汉语复辅音、入声地理分布说及音韵目录》，第四届汉语史研究的材料、方法与学术史观国际学术研讨会论文，南京，2020年，第1—19页。

-t、-p 入声韵尾字在北京官话消失的情况，然后，引出 -k、-t、-p 入声韵尾字在其他方言存在形态的情况。如何表现这种存在形态？后藤朝太郎一改历史语言学研究的常态，而是从其地理分布入手，闯出了一条新路，这在当时的东亚是开风气之先的。

　　具体来看，后藤朝太郎比较全面地描写了汉语入声"共时"存在的基本形态：在浙江以南，入声是存在的，比如厦门，"整然留存"。厦门之外，广东安南也存在正确的入声。广东安南"法"字特殊，读为 fat，而不是 fap，朝鲜音 fop。如何解释这种现象？他举了甲柏连孜（G.V.D.Cabelentz）的解释：在中国语里，若是语尾音有 p、m，而它的语头音也是唇音的时候，那么，这个 p、m 往往归于 t 或者 n。后藤朝太郎沿着这个思路，认为语头语尾都是双唇音的音，在中国方言中很少见到。如果见到，往往看到的是发生异化（dissimilation）的音变。所以，"法"，在汕头读 hwap，厦门读 hwat，台湾闽南话读 hoat；还有"梵"，应该读 fam，汕头读 hwam，广东读 fan，台湾闽南话读 hoan；"凡""乏"也是一样。福州虽然也有入声，都归于 -K，为何如此？他认为，-T、-P 两者都被 -K 的类推作用所吸收了。在地理上同属于浙江而临近福州的温州却找不出入声形态，是由于有山脉隔断交通使然，存在消失的倾向；上海的入声是福州式的，有 -K 入声，是喉头的闭锁音，是由于海陆交通使然。朝鲜的入声也有讹乱的，比如 t 用 l 来替代；日本有一些汉字音入声是讹乱的，入声后面要加一个音表示，已经看不见入声的形态了，比如"乐（ra）""格（kak-u）""急（kip-u）"等字。当然，也有一些是可以找到的，比如"六（rok）""纳（nap）""合（kap）"等。他称之为"逆同化"现象。[①] 对此，猪狩幸之助《汉文典》有解释。

　　对汉语入声地理分布的观察，仅仅用语言表述、描写，后藤朝太郎认为还远远不够，必须采取一种比较切实可行的先进的技术手段才行，由此，我们看到，他运用了"语言地理分布图"形式加以表述，就十分清楚了，方言地理意识凸显出来。于是就有了《汉语入声地理分布图》。

　　后藤朝太郎《入声音 -k、-t、-p 现状分布地图》[②] 十分重要，连同原文，1931 年被中国学者闻宥（1901—1985）以"中国入声之地理的研究"为题翻译刊载。闻宥肯定了后藤朝太郎利用方言地理学的理论与方法研究中国汉语入声的地理分布及性质，解释其入声的时间层次特点。其方言地理学手段与方法在当时的中国学者看来非常新颖，具有明显的方言地理学理论意识，突破了历史语言学理论与方法的局限，十分引人注目。闻宥在"后记"中称，其翻译的原文文献来源是《中国古韵 KTP 沿革及由来》一节，与《文

---

　　① 后藤朝太郎《文字研究》。
　　② 同①，第 774 页。

字研究》相关章节内容基本一致。[①] 这也是中国学者研究《文字研究》（1910）之始，由此可以看出，闻宥是较早发现后藤朝太郎《文字研究》成果所具有的汉语音韵学史价值的，对研究中日汉语音韵关系史具有重要意义。

二、小川尚义《台湾言语分布图》（1907）

利用方言地理学理论研究汉语方言并绘制地图，与后藤朝太郎同时的，还有东京大学博言科教授上田万年的学生小川尚义。小川尚义1907年发表了《台湾言语分布图》。[②] 应该说，这是东亚学者最早的研究中国台湾本地方言与民族语言的地图之一。

小川尚义《台湾言语分布图》对后世学者影响很大，成为许多汉语方言学者关注的对象。林熊祥等纂修的《台湾省通志稿》（1950—1964）中的"人民志语言篇"是由台湾大学教授吴守礼编撰的，转载了小川尚义的这个《台湾言语分布图》。[③] 洪惟仁《台湾方言之旅》（1992）对《台湾言语分布图》有所介绍，评价甚高。[④]

李仲民《地理语言学的实践》（2014）认为，《台湾言语分布图》详细绘出漳州、泉州、客家各方言在台湾地区的分布情形。此图究竟依据什么资料绘制而成，现在已无法得知，或许是经由粗略调查并参考籍贯分布图而制成。拿此图与今日对台湾地区语言分布调查的研究成果来比较，仍多相符。可见此图展现出当时台湾地区语言的分布实况，可信度是相当高的。时至今日，在进行台湾地区的语言地理调查时，仍多以此图作为参考依据，或作方言消长的对比依据，可见其重要性。此图为彩色地图，并且标示出经纬度、比例尺。就地图的制图来说，这是一张标准的"普通地图"。[⑤]

在中国台湾地理语言学的研究者看来，《台湾言语分布图》是张语言地图。但若从地理学的角度来看，此图不折不扣属于"人文地理"的语言分布图。此图表现的语言分布内容十分丰富，总体来看，有两个部分：一个部分是民族语言在台湾地区的分布；另一个部分是汉语方言在台湾地区的分布。但该图也有一个问题，即具体的语音、词汇、语法等语言要素内容的描写还没有做，所以还只是一个比较粗略的语言分布图。后来一些学者对此图进一步加以补充与修订，力图使之更加完善。比如李仲民（2014）提到：小川尚义、浅井惠伦《原语による台湾高砂族传说集》中的附图《台湾高砂族言语分布

---

① 后藤朝太郎《中国入声之地理的研究》，闻宥译，《岭南学报》1931年第2卷第1期，第19—34页。
② 小川尚义《日台大辞典》，台北：台湾总督府，1907年。
③ 林熊祥等《台湾省通志稿》，台北：台湾省文献委员会铅印，1950—1964年。
④ 洪惟仁《台湾方言之旅》，台北：前卫出版社，1992年。
⑤ 李仲民《地理语言学的实践》，台中：一切智智国际文创有限公司，2014年。

图》（1935），是近代最早出现最为详尽的台湾地区民族语言分布地图。图中列出泰雅（Atayal）、赛德克（Seedeq）、赛夏（Saisiyat）、布农（Bunun）、邹（Tsou）、卡那卡那雾（Kanakanavu）、沙阿鲁阿（Saaroa）、鲁凯（Rukai）、排湾（Paiwan）、卑南（Puyuma）、阿美（Amis）、雅美（Yami）共十二种（清代所谓的"生番"）；噶玛兰（Kavalan）、巴宰（Pazeh）、邵（Sao）共三种（清代所谓的"化番"）；凯达格兰（Ketagalan）、道卡斯（Taokas）、巴布拉（Papora）、猫雾（Babuza）、胡安雅（Hoanya）、西拉雅（Siraya）共六种（清代所谓的"熟番"）（町埔族），共涉及族群语言二十一个。前十二种族群的分布区（"生番"区）以土黄色标示，和汉民族分布区（白色）相区别。最值得一提的是，这幅语言分布图以"方言特征图"的方式绘制。此图应是中国台湾第一幅"方言特征图"，不但为研究台湾地区民族语言的分布保存了珍贵的资料，而且在研究台湾地区民族的族群分布上，也相当有参考价值。此外，丁邦新《台湾语言源流》之《台湾各县市闽南语分布图》（1980）、洪惟仁《台湾汉语方言分布图》（1990，2003 修订）都有所深化与拓展。[①]

三、小川尚义、后藤朝太郎绘制汉语方言地图成因

二十世纪初的东亚，既具有明确的汉语方言地理学意识，且能够绘制出汉语方言地图的学者寥寥无几。尝试绘制汉语方言地图的工作只有后藤朝太郎、小川尚义获得了成功，他们达到了前所未有的学术水准，开拓出汉语方言研究的新途径，取得了十分突出的成就，走在了世界汉语方言地理学研究的前列。但为何后藤朝太郎、小川尚义能够创造出奇迹？这是需要进一步解释的。显性的原因肯定应该有：

首先，欧洲语言地理学的传入使得日本学者研究语言的意识发生了重大变化。关于欧洲语言地理学的形成，一些学者已经有所论述，比如李仲民提到，现代地理语言学的兴起在十九世纪中、晚期。地理语言学于此时出现，与欧洲近代语言学的发展息息相关。欧洲近代语言学的发展到了十九世纪，历史比较语言学无论在研究方法和研究理论上都已渐趋成熟，也成为当时语言学研究的主流。青年语法学派关于"语音变化没有例外"的理论影响也很大。

1876 年德国文克尔（Georg Wenker）为了证实"语音变化没有例外"的理论，开始在德国西部杜塞尔多夫城（Düsseldorf）周围的莱茵（Rhine）地区调查方言。1881 年公布了第一批德国北部和中部的方言地图，共有六幅。后来他放弃了这个计划，而致力于

---

① 李仲民《地理语言学的实践》，2014 年。

进行整个德国语言的全面调查。文克尔得到政府的帮助，拟订了四十个测验语句，大多由学校教师译成四地以上的德语地域方言。这样就能够在一幅地图上给任何一个语言特征标明不同地方的差异，显示地理上的分布。调查结果显示，地方方言同古老的言语形式的关系很复杂，并不如标准语那样规则，很显然，二者不相一致。同一个音变现象（例如 [k]→[x]），在不同词里的变化情况的地理分布是不一样的，也就是说反映不同词的音变的同语线往往是不重合的（例如 "maken" 和 "ik" 这两个词里的 "k" 的读音的同语线就是不一致的）。这种现象否定了青年语法学派 "一种语音变化会以同一方式影响所有的词" 的理论。

德国舒哈特（Hugo Schuchardt）反对音变规律学说。他在 1866—1868 年认为方言之间并没有一个明显的界线，"方言" 的分布领域无法确定，语言成分的混合是常态，没有混合过的语言是不存在的，变异是语言的本质，这个理论叫作 "地理变异论"。舒哈特的学生席业隆（Jules Gilliéron，1856—1926）在其思想的影响下，展开了对法语方言的调查研究。他专门训练了一位名叫艾德蒙（Edmond Edmont）的调查者，以地理语言学的方法进行法国方言的调查。他们花费四年时间记录了法语区域（法国和相邻的比利时、瑞士、意大利的边缘地带）的六百三十九个点（村庄），调查方式是利用 1 500—2 000 条的调查表（guestionnaire），点与点的距离是以脚踏车一天大约所能行驶的距离为依据，一处只调查一人。之后的语言地图集是由席业隆设计和绘制的，于 1896—1926 年间以《法国语言地图集》之名出版。在这一研究过程中，他发现几乎每一个词都有自己独特的同语线，因而提出了 "每一个词都有它自己的历史" 的口号，否定了青年语法学派 "语音变化没有例外" 理论。

日本的方言地理学是日本语言地理学的一个重要组成部分，但它是如何传入日本的？一些材料表明，语言地理学（日文原文为言语地理学）是十九世纪末从欧洲输入来的。东条操《方言研究小史》说，新村出是上田万年的弟子，写过一篇文章，叫《上田先生与方言调查》。在这篇文章中，新村出回忆起，他在东京大学听上田万年学术讲演，以及上田万年讲方言课时，用很长时间介绍德国学者パウル（Paul，保罗）的《言语史原理》（1965）中的方言分化论情况，涉及了语言地理学的内容。后来新村出、保科孝一等调查方言、认识方言，自觉不自觉地实践保罗的理论。① 保罗《言语史原理》成为语言地理学理论进入日本的起始。

保罗《言语史原理》第二章《语言的分裂》谈到：由有机自然类推，语言变化与分化、相互从属关系之个体分化，以适当的系图比喻，发现 "方言之差异，所能看见达到

① 东条操《方言研究小史》，《方言学概论》，东京：武藏野书院，1962 年，第 7—8 页。

渐次阶段——突出本来特质状态——语言的分离——人工语与文学语：无限增大方言差异"等问题。这当中，"邻接地域之交通和相互影响，产生差异，以及后发生变化"之论述，① 是典型的语言地理学内容，突出了地理要素对促使方言分裂所发挥的极大作用。此书对上田万年及其弟子的方言地理学意识观念的影响，并不亚于甲柏连孜的《语言学》（1891）与《汉文经纬》（1881）。难怪东条操谈日本的方言学起始，要从保罗《言语史原理》对上田万年及其弟子的影响谈起。

石黑鲁平《国语教育の基础としての言语学》（1929）谈语言研究史，专门列《パウル（Paul）以后至现代》一节称赞保罗《言语史原理》体现了新的语言学革命精神。又说，上田万年教授通过精读此书，传播其学术思想意识，使日本语言学界理论意识学术水平大为提升，进入了一个新的境界。语言学理论意识大潮为之大变。② 说明保罗《言语史原理》对日本主流语言学界影响至大，当然也包括保罗的语言地理学意识。

柴田武《方言论》（1988）对比较语言学与语言地理学的区别有所论述：语言地理学，有的又称之为"地理语言学"。语言地理学是十九世纪欧洲一批学者从批判比较语言学理论发展而来的。比较语言学是依据过去到现在诸语言之比较，揭示其近亲缘关系的"系谱"之学，是语言史研究的一种方法，目的是找到诸语言之间严格的音韵对应关系（音韵法则），当然"不许有例外"。基于此，推定分裂之语言本来的祖语状态。因此，蕴含着语言是一个"自然有机体"的思想。而语言地理学与之相反，其音韵法则、语言变体，即语言整体应该发生变化，这才应该是规则的。由其投影可见，地理分布并非是同一模样的。德意志的 Wenker，G. 是一个信奉音韵法则的学者，他通过制作德意志语言地理图发现，各区域方言音韵分布模样都是相异的。③

E. コセリウ著，柴田武、W. グロ - タ - ス共同翻译的《语言地理学入门》（1981）对欧洲语言地理学的发展、演变及其涉及的主要问题进行了概括介绍。④ 我们可以从中得到语言地理学的基本知识。

欧洲语言地理学对日本语言学研究意识的影响很大。应用于方言学研究，形成了多个学术流派，其中最具影响力的是著名的方言地理学理论流派。

其次，日本学者将欧洲语言地理学理论与方法应用到了东亚语言研究的实际中去，先行先试，取得了卓越的学术成果，从而演化出方言地理学理论，这肯定会对小川尚义、后藤朝太郎产生直接影响，构成了他们非常鲜明的方言地理学意识。比如日本国语调查

---

① 保罗《言语史原理》，福本喜之助译，东京：讲谈社，1965 年，第 36—40 页。
② 石黑鲁平《国语教育の基础としての言学学》，东京：明知图书株式会社，1929 年，第 47 页。
③ 柴田武《方言论》，东京：平凡社，1988 年，第 67—68 页。
④ E. コセリウ《语言地理学入门》，柴田武、W. グロ - タ - ス译，东京：三修社，1981 年。

委员会发表的《音韵分布图》（1903—1907）就是当时影响很大的成果之一。《音韵分布图》与《音韵调查报告书》《口语法调查报告书》《口语分布图》，以研究日本口语实际分布状态描写为出发点，建立了地理语言分析研究模式，是世界范围内东亚方言地理学研究的重要成果之一。

《音韵调查报告书》列有"与《音韵分布图》绘制相关注意事项"十条，主要有：（1）与分布图"取调"事项相关的内容二十九条，将每一条所载事项分割为两三张图表示，或者把两三条事项合并成一张图表示；另外抽出动词活用部分的语音，制作了三张图表，参照第一部（长音）第九号《口语法取调事项》第一条的报告。（2）以地图轮廓形式粗略地正确表示郡县及其他位置。（3）各地方调查报告不明部分及其缺失部分暂时存疑，对冲绳县发音及地图有所表示。（4）语言种类，因为社会阶层所受教育不同，存在区域发音差别，如此复杂的情况，很难每一个都表现在地图上，只能以图表形式来表现其差别形态。其发音存在程度上的差别,也有制图者根据自己的主观看法有所取舍。（5）在色彩标识之下，注明"此发音稀少"，表示语音数量稀少之意。另外，同一个词语，其发音表现了多数人的情况；另外还存在着少数人发音之情况。各地方方言报告书，就此有所说明。（6）地图的标题，写上《ア列长音二音分布图》《イ列音エ列音变换分布图》《ウォ音分布图》等。为了便于概括，写上各地方言或者是咨询项目之例，调查还是存在着拘泥于少数之语的情况。其他，仅顾及一般出现的情况，比如发音就是如此。虽然作者尽力在地图上表现发音面貌，但因为依据的是少数人的发音情况，只得到了学者类推的结果，令人感到遗憾。（7）担任各府县调查者、整理者的概括方法，以及确立区域的方法等，就依据府县着色，或者一样，或者多样，明示发音存在的差异。（8）同一个府县，部分报告或者概括报告两类，前者基于发音分布而确定着色，后者则作了补充缺漏的着色。（9）同一个地方的报告，因为调查者的不同而得出的观点相异，本会根据整理者的看法而加以适宜的判定，予以着色。（10）想要看《发音分布图》的人，先按照目录，参照取调事项本条，由图上显示的可知市郡等各区域位置及各区域发音差别的详细情况；预备各府县明细地图，需要再参考《音韵调查报告书》。[①]

由其"注意事项"提示，我们明白了这样的一些道理，即第一次进行如此大规模的方言调查，许多具体方式都是探索性质的，前无古人，从选择项目、区域标识、境界线到着色，每一道程序都要顾及，非常烦琐。因为是东亚语言学的第一次，就显得格外谨慎小心，最终，完成了历史上从未有过的壮举，这是集体智慧的结晶！

《音韵调查报告书》之《音韵分布图》有二十九图。由《音韵分布图》目录可知

---

① 国语调查委员会（文部省）编《音韵调查报告书》（1905），日本书籍国书刊行会,1986 年复刻版,第 1—3 页。

二十九图分别是：（1）《国语之ア列长音二音分布图》；（2）《国语之イ列长音二音分布图》；（3）《国语之ウ列长音二音分布图》；（4）《字音之ウ列长音二音分布图》；（5）《国语之エ列长音二音分布图》；（6）《字音之エ列长音二音分布图》；（7）《国语之オ列长音二音分布图》；（8）《字音之オ列长音二音分布图》；（9）《"逢フ""买フ"等波行四段活用动词的终止连体法发音分布图》；（10）《"食ヒ""强ヒ""用ヲ"等动词活用法之发音分布图》；（11）《"食フ""吸フ""逢フ"等波行四段活用动词终止连体法发音分布图》；（12）《"追フ""思フ""醉フ"等波行四段活用动词终止连体法发音分布图》；（13）《イ列音エ列音变换分布图》；（14）《イ列音ウ列音变换分布图》；（15）《エ音变化分布图》；（16）《イ（ye）音分布图》；（17）《ウィ（wi）音分布图》；（18）《ウエ（we）音分布图》甲；（19）《ウエ（we）音分布图》乙；（20）《ウオ（wo）音分布图》甲；（21）《ウオ（wo）音分布图》乙；（22）《波行活用动词未来形之发音分布图》；（23）《复合语中动词"合フ"转呼分布图》；（24）《复合语中"ア"音转呼分布图》；（25）《ガ行鼻音（ng）分布图》；（26）《语头及其复合语中ガ行鼻音（ng）分布图》；（27）《"カ""クヮ"分布图》；（28）《"ジ""ヂ"分布图》；（29）《"ヅ""ズ"分布图》。①

　　新村出与大槻文彦在国语调查委员会编制《音韵分布图》过程中作出了突出的贡献，发挥了极其重要的创新性主导作用，其中，"东西语法境界线图类"理论的提出与实践性研究，成为国语调查委员会编制《音韵分布图》及《口语法调查报告书》的重要依据之一。后人对新村出与大槻文彦的方言地理学贡献时刻铭记着，并认为他们取得了最具创造价值的理论性探索成就。竹田晃子对此进行了全面总结，同时，也以今人眼光去看《音韵分布图》及《口语法调查报告书》，力图找出新村出与大槻文彦学术意识的差异。②

　　德川宗贤曾指出："这个地图从1904年开始考虑，能够见到的是日本方言东西对立实态的客观展示，即境界线地图的第1号。"③竹田晃子对此指出了一些疑点，主要是新村出1904年之前对此研究的未发表成果、音韵项目、复数图问题。与大槻文彦《东西语法境界线概要图》（1904）进行比较，得出了结论：国语调查委员会对双方研究内容有所补充。当时，新村出担当音韵和口语法两个分布图，并进行悉昙书和抄物文献语音语法情况调查，论及音韵变化情况。其次，吸取研究日本语祖语成果。另一方面，以大槻文彦标准口语法制定为目标，制成《口语法》《口语法别记》，并相应改订《言海》的部分内容。

---

① 国语调查委员会《音韵分布图》，东京：书籍株式会社，1903—1907年，第2页。
② 竹田晃子《新村出自笔〈东西语法境界线概略〉成立再考——依据新村出和大槻文彦三张地图为本》，《岩手大学人文社会科学学部纪要》第98号，2016年，第129—145页。
③ 德川宗贤《新村出自笔"东西语法境界线概略"解说》，《新村出自笔〈东西语法境界线概略——古代东语区域对照〉》别册，东京：岩波书店，1993年。

如此，双方的研究加上新村出之图里的"口语法境界线"，显示出音韵及"东国语"之基本情况。也采取大槻文彦之图表划定的"口语法境界线"之形状，表现了《东西语法境界线图》类别相异的特点。①

　　无论怎么说，新村出与大槻文彦等学者都是日本方言地理学的先驱，也正是有了他们的开拓，才成就了《音韵分布图》二十九图的学术辉煌，并开启了东亚语言研究的方言地理学新时代，这是毫无疑问的。《音韵调查报告书》之《音韵分布图》二十九图制作对东亚学术理论的学术史意义也十分重大，这是东亚最早的方言地理学研究尝试之一，开辟了新的语言研究途径，为东亚语言学研究走向科学化奠定了坚实的基础。德川宗贤、W.A. グロ-タ-ス合编的《方言地理学图集》（1976）是一部日本方言地理学图集汇编，最先印出了《口语分布图》，列在"古典的方言地图"里，以表明国语调查委员会在日本方言地理学史上的开拓性研究地位。②

　　《音韵调查报告书》之《音韵分布图》二十九图制作也积累了相当多的理论探索经验，这些理论探索经验十分珍贵，最为重要的是，启发后来者进一步探索日语之外的语言研究方言地理学问题，由此，小川尚义、后藤朝太郎以成型的东亚方言地理学理论作为指导，进一步研究汉语方言地理学问题，就有了前期的理论与实践的准备工作保障。这是至为重要的。

四、后藤朝太郎《汉语入声地理分布图》的意义

　　从日本国语调查委员会《音韵分布图》二十九图，到小川尚义《台湾言语分布图》，再到后藤朝太郎《汉语入声地理分布图》，这是一个连续统，内在联系紧密，不可分割。

　　今天审视后藤朝太郎《汉语入声地理分布图》的学术史价值，我们认为主要是：

　　其一，《汉语入声地理分布图》走出了以印欧语、日本语为中心的方言地理学思考模式，这在日本方言地理学研究史上是一次飞跃、一个突破。无论是文克尔，还是新村出与大槻文彦，以印欧语、日本语为中心的研究，观念上的局限性还很突出，还很难顾及汉语方言的地理学研究。

　　其二，《汉语入声地理分布图》也走出了小川尚义《台湾言语分布图》背后的"日本殖民方言地理学"意识，超越了狭隘的民族意识，是一次比较自由的纯学术研究行为。小川尚义的研究科学性较强，这是毫无疑问的，但不可否认的是，其研究的初衷还是贯

---

①　竹田晃子《新村出自笔〈东西语法境界线概略〉成立再考——依据新村出和大槻文彦三张地图为本》。
②　德川宗贤、W.A. グロ-タ-ス合编《方言地理学图集》，东京：秋山书店，1976 年。

彻伊泽修二、上田万年的殖民主义语言教育政策。

其三，《汉语入声地理分布图》在研究理论与方法上也有所作为，应用于汉语方言地理学研究，打破了条块分割，寻求形式上的区域语音特点的做法，在方言地理分布关系上的"交叉""接触""叠置"等复杂性研究上下了功夫，初步实现了汉语方言地理学的个性化研究方式。一些学者认为，早期的中国汉语方言特征图，首推赵元任、丁声树、杨时逢等在《湖北方言调查报告》里的六十六幅地图。此书作为中央研究院历史语言研究所专刊，1948 年出版。《湖北方言调查报告》方言地图，主要设置了《参考地图》《特点地图》《特字地图》《词类地图》《湖北方言综合地图》。① 其第二十图"入声韵尾"就很有特色，可以与《汉语入声地理分布图》相比较，特点突出。

后来，陆续出版的调查报告和方言论著里也附有一些方言特征图。第一部汉语方言特征地图集是王辅世在 1950 年完成的《宣化方言地图》。但也有学者指出，中国学者的汉语方言地图，大多是方言调查报告的附属内容，编制的主要目的往往是为了说明当地方言分区情况，真正按地理语言学的要求调查、编制的方言地图极少。大部分汉语方言地图都是直接或间接地为语言分类（方言分区）服务的，很少用于地理语言学其他方面的研究。② 而一百一十年前的《汉语入声地理分布图》语言地理学意识十分明确，就是在今天，也是十分先进的。

其四，平面的共时汉语方言入声地理分布，蕴含着立体的历时汉语方言入声地理分布变化形态。在索绪尔结构主义语言学尚未传入东亚之时，就具有了这样的意识，说明后藤朝太郎的思考是具有前瞻性的。吕俭平认为，汉语方言地理学研究，进行方言分布格局形成与共时分布类型研究的时候，应当从自然地理、人文地理等方面进行解释，但同时，也要注意其历史演变的研究。③《汉语入声地理分布图》历时与共时结合，在当时的历史条件下，做到了入声地理分布格局描写与解释合理化，前瞻意识显露无遗。这是极为可贵的。

以今人的视角考察后藤朝太郎《汉语入声地理分布图》，很显然，其存在时代的局限性。比如：

其一，受时代局限，当时所调查的方言点数量还是太少，更多的区域方言入声存在状态当时还不清楚，这需要后人进一步补充。曹志耘主编《汉语方言地图集·语音卷》④

---

① 赵元任、丁声树、杨时逢等《湖北方言调查报告》，中央研究院历史语言研究所专刊，1948 年。

② 曹志耘《老树新芽：中国地理语言学研究展望》，《语言教学与研究》2002 年第 3 期；吕俭平《汉语方言分布格局与自然地理、人文地理关系》，北京：中华书局，2019 年，第 2 页。

③ 吕俭平《汉语方言分布格局与自然地理、人文地理关系》，第 14—16 页。

④ 曹志耘主编《汉语方言地图集·语音卷》，北京：商务印书馆，2008 年。

表明，930 个方言点保留入声，[①] 这就大大扩展了研究的范围。此后，各省展开的"语保"一期、二期成果丰硕，也伴随着方言地图的制作，呈现形式更加细化。

其二，受时代局限，当时所调查入声实际存在形态还有缺憾，更多、更细致的区域方言入声问题有待发现。后来学者调查成果越来越深入，比如《吴徽语入声演变的方式》[②]《晋语中古阳声韵今读入声》[③] 等。

其三，受时代局限，当时历时与共时结合、活的方言材料与历史文献结合还很不够，后人在这方面付出了艰辛的努力，已经有所突破。比如入声的演变研究，像许多学者所做的《中原音韵》入声是否消失以及演变过程、与现代方言结合研究，越来越深入。

其四，受时代局限，当时的研究理论与手段还很落后，后人在理论意识与研究手段上实现了新的突破，使得汉语入声地理分布问题研究获得了新的飞跃。日本金泽大学 2007 年就建设了"汉语方言地理信息系统"，中国与此相关的研究也很多，比如潘悟云国家社科基金重点项目"汉语方言计算机处理系统"（2009），以及国家社科基金重大项目《基于严格语音对应的汉语与民族语关系字研究》（2013）等，都力图在理论与研究手段上取得更大突破，为研究汉语入声提供了先决条件。

不以今律古，不以古薄今，研究东亚汉语方言地理学史也是如此。无论如何，可以看到这样一个事实，即历经一百一十年的《汉语入声地理分布图》的魅力仍然持久不衰，很显然，我们过去很少关注它，并且对它的历史意义认识不足，由此这也就留下了很多的遗憾。今天，我们对它重新加以认识，弥补这种缺憾，从学术史来看，还是很有必要的。

①　项梦冰《保留入声的汉语方言》，《贺州学院学报》2014 年第 4 期，第 25—32 页。
②　曹志耘《吴徽语入声演变的方式》，《中国语文》2002 年第 5 期，第 441—446、479 页。
③　曹瑞芳、李小平《晋语中古阳声韵今读入声》，《方言》2020 年第 3 期，第 263—272 页。

罗明坚汉语学习手稿研究

徐茹钰　　陈恩维

（广东外语外贸大学中国语言文化学院）

摘　要：罗马耶稣会档案馆所藏《通俗故事》和《千字文》（Jap.Sin.I.58a）、《诗韵》（Jap.Sin.II.162）、《尺牍指南》（Jap.Sin.II.161）手稿，是研究早期来华传教士汉语学习的重要文献，但其使用者和使用情况一直不明。文章通过对上述手稿的内容和形制的研究，考订它们是第一位来华耶稣会士罗明坚所使用的汉语学习材料，并具体研究了罗明坚逐步掌握汉语听说读写能力和学习中国文化的过程。

关键词：罗明坚　汉语　学习材料

杜鼎克（Adrianus Dudink）在整理罗马耶稣会档案馆的中文书籍和资料时，最早注意到"一类有趣的手稿"，"不涉及基督教信仰的传播，而是传教的重要工具，即汉语的学习和写作"。他还提到"有两份葡语、汉语词汇对照表（I.197 和 I.198），其中 I.198 由罗明坚和利玛窦编撰，另一份为汉—葡辞典（I.197）。《通俗故事》（I.58a1）是一本中文练习手稿，首页有鲁子秀（不太了解，可能是一位耶稣会传教士）的名字，此后附有一本 1579 年的《千字文》（I.58a2）；另一个练习文本是《通鉴总论》（I.40/1）。还有一本学习汉语书信写作的册子（II.161）和一份汉语韵词表（II.162，不完整）"①。这些手稿究竟是供什么人使用的呢？张西平最早注意到了韵词表（II.162）（题为《诗韵》）和书信体册子（II.161）（题为《尺牍指南》）的纸张、装帧，与罗明坚（Michele Ruggieri，1543—1607）所作《中国诗集》（II.159）一致，进而推断此两本手稿为罗明坚所使用，②但未研究其内容以及使用情况。笔者在上述研究基础上，结合新发现的文献，考订了四种罗明坚使用的汉语学习材料内容、体例和使用情况，以图管窥早期来华传教士汉语学习之最

---

①　Adrianus Dudink, "The Japonica-Sinica collections I-IV in the Roman Archives of the Society of Jesus: An Overview," *Monumenta Serica* 50(2012): 508-509.

②　张西平《欧洲早期汉学史——中西文化交流与西方汉学的兴起》，北京：中华书局，2009 年，第 51—52、67 页。

初历程，推动世界汉语教育史相关研究。

一、《千字文》拉丁译本

罗马耶稣会档案馆馆藏文献 Jap.Sin I.58a，[①]分为前后两部分。第一部分为《通俗故事》（I.58a1, T'ung-su ku-shih），第二部分为《千字文》（I.58a2, Ch'en-tzu wen）。手稿封面上有拉丁文说明："Est Liber exercitiorum alicujus S.J. patris qui primo anno didicit linguam sinicam monstrat laborem intensissimum et methodum illius temporis. I. Lingua vulgaris per historiuntulas. II. 1 000 caracters pueris addiscendi cum notulis Latinis P.S.J."[②]（这是一部某个耶稣会神父第一年学习汉语的练习书，其中显露出十分勤奋的功夫和当时的学习方法。（1）通过逸事介绍白话；（2）带有拉丁语注释、供小孩子学习的一千个字的课本。）手稿各页底部有连续的阿拉伯数字页码，但两部分的字体、纸张明显不同，且第二部分《千字文》原有汉字页码。由此可见，二者最初是单独成书的，但为同一位耶稣会神父的汉语练习书，所以编订在一起了。那么，这位耶稣会士是谁呢？我们先从其第二部分《千字文》拉丁译本的译者说起。

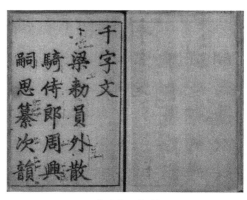

图 1 《千字文》第 1 页

第二部分《千字文》，刻本，正文竖排，共二十三页，每页八行，每行六字。第一页列出文献标题"千字文"，接下来标注了作者和刊刻者姓名："梁敕员外散骑侍郎周兴嗣思纂次韵，明迪功郎莆阳林国宁书"（见图 1、图 2）。正文每字上方空白处有手写的一个或多个该汉字的拉丁文译词，下方则为该字之罗马注音（见图 2），有时也会出现注音在上而译词在下的情况，显示此

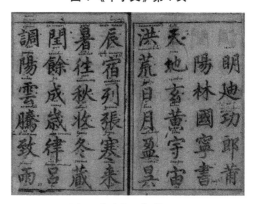

图 2 《千字文》第 2 页

①　参见罗马耶稣会中文图书数字化网页，http://www.sjweb.info/arsi/japsin.cfm，访问日期：2022 年 5 月 11 日。

②　Albert Chan, *Chinese Books and Documents in the Jesuit Archives in Rome: A Descriptive Catalogue: Japonica-Sinica I-IV*. New York: M.E. Sharpe, 2002, p.12.

手稿体例并不严整，是一份供平常使用的练习文本。文末落款"万历己卯端阳刻于闽省三山精舍"，并钤有"致吾草堂"和"迪功郎印"两枚印章。显然，这个《千字文》拉丁文译本，是在 1579 年的福建林国宁刻本的基础上，经一位正在学习汉语的耶稣会士手写罗马注音和拉丁译文而成，是一个刻本和写本复合的手稿。

关于这份文献的作者，柏理安（Liam Matthew Brockey）指出："1579 年福建印刷的汉语入门书《千字文》保留至今，在每页的页边空白处注有罗马注音符号和拉丁语翻译。鉴于该省沿海的地理优势与珠江三角洲有着密切的贸易关系，且是印刷业的中心，这本书可能是罗明坚或利玛窦购买的。"[①] 他的这一推测有一定道理，但是并没有说明罗马注音符号和拉丁译文是谁所留，也没有确定购买者是罗明坚还是利玛窦。其实，这本《千字文》是罗明坚翻译和注音，也是他寄到罗马耶稣总会的。1581 年 11 月 12 日罗明坚在澳门写给麦尔古里亚诺（P. Everardo Mercuriano, 1514—1580）神父的信中说："我尽力学习，托天主的庇佑，目前我已认识一万五千中国字，逐渐可以看中国书籍了；且于一五八一年我曾到广东省会广州小住，曾翻译这本中文小册子（不知他翻译的为何书），兹只给您寄去一本，使您可以知道中国字的写法，同时对中国人的智慧与能力有所了解，并也晓得天主如何使这外教民族深悉伦理道德，以及如何教育他们的子女去实行。"[②] 译者罗渔先生特意标注"不知他翻译的为何书"，显然没有注意到罗明坚在接下来的部分介绍了该书的内容：

> 这个民族似乎没有天主的观念与第一以及最高原因的观念，他们把一切归于"天"；天为他们是最高最大的，是他们的"老天爷"（原文作"父"），一切万物无不由"天"而来。他们敬"地"，称它为"慈母"，因为一切生活必需品皆由它而生；他们认为这个世界是由偶然而形成，其中所有之一切皆由"命运"或"天命"所支配，善恶将有上天奖赏或惩罚。他们叩拜他们的国王与巡抚等官吏，生死都不例外；他们也有圣哲，从事吃斋刻己的功夫，至论妇女，有出家终身不嫁的；对贞操非常重视，如有违犯，将遭受重罚……他们叩拜帝王与其大臣，如叩拜神灵一般，老百姓没有城堡可以抵抗他们。[③]

上述对于中国人观念与道德的介绍和评论，与《千字文》的内容相契合，而不见于

① Liam Matthew Brockey, *Journey to the East (The Jesuit Mission to China, 1579-1724)*. London: Harvard University Press, 2007, p.249.
② 利玛窦《利玛窦全集 4》，罗渔译，台北：光启文化事业、辅仁大学出版社，1986 年，第 431 页。
③ 同②，第 432—433 页。

《三字经》。如关于天地的论述出自"天地玄黄，宇宙洪荒"；关于奖罚的观念，出自"祸因恶积，福缘善庆"；关于忠君的说法，出自"资父事君，曰严与敬。孝当竭力，忠则尽命"；关于圣贤的看法出自"景行维贤，克念作圣"；关于妇女贞洁的观念，出自"女慕贞洁，男效才良"。[①]显然，鉴于寄出《千字文》拉丁译本只有字面直译而让人难以理解其中内容，所以罗明坚随信对其内容加以撮要介绍。此外，罗明坚在1583年2月7日致总会长阿桂委瓦（P. Rudoifo Acquiviva，1550—1583）神父的书信中再次提及此书："托天主的庇佑，我已经开始学看中文书籍了。去年我曾寄去一本中文书，并附有拉丁文翻译，从它神父您可以知道中文的情形。"[②]《千字文》拉丁文译本，既有刻印的汉字，又有手写的注音和释义，可以让西方读者一举了解汉字的形、音、义，从而得以"知道中文的情形"。显然，他说的便是这本带有罗马注音符号和拉丁译文的《千字文》。另外，罗明坚《中国诗集》中《天主生旦十二首》其九第三、四句"守真宜志满，逐物意移虚"[③]，直接出自《千字文》"守真志满，逐物意移"一句，也间接说明了他的确曾深入研读过《千字文》。

　　从这份《千字文》中文化负载词的拉丁文翻译来看，也可证明其为罗明坚所译。1591—1593年间，罗明坚完成了"四书"拉丁文译本（现藏罗马国家图书馆，Fondo Gesuitico，[3314] 1185），内容包括《大学》《中庸》《论语》《诸贤名言》《孟子》五部分。[④]笔者从中选取了十五个文化负载词进行比较（见表1）：首先，罗明坚《中庸》拉丁文译本手稿中对"善"的翻译使用"bona"一词，"君子"译为"vir bonus（善良的人/好人）"，《千字文》中"善"（福缘善庆）字采用"boni"一词，其中与"善"近义的还有"嘉"（贻厥嘉猷）、"佳"（并皆佳妙）二字，分别对译为"bonas""bona"，与"善"为同根词；《中庸》手稿中"诚"字采用"veritas"对译，《千字文》中"诚"（笃初诚美）已辨认不出，但是"真"（守真志满）为其同根词"veritates"，同为真诚之意；《千字文》中"圣 sanctus"（克念作圣）、"贤 sapiens"（景行维贤）、"神 spiritus"（心动神疲）与《中庸》手稿中"圣

①　李逸安译注《三字经·百家姓·千字文·弟子规》，北京：中华书局，2009年，第135—144页。

②　利玛窦《利玛窦全集4》，第446页。

③　罗明坚《中国诗集》，现藏罗马耶稣会档案馆，题名为 Itinerandum Sinice factum，馆藏号为 Jap.Sin.II.159，https://archive.org/details/JS-II-159/JS-2-159?view=theater#page/n0/mode/1up，访问日期：2022年5月11日。以下所有引自《中国诗集》的作品，均只在正文中注明由陈绪伦标注的序号，不再出注。

④　拉丁版《大学》《中庸》《论语》已由麦克雷（Michele Ferrero）整理。Michele Ferrero, *Il primo Confucio latino: Il Grande Studio, la Dottrina del Giusto Mezzo, I Dialoghi, trascrizione, traduzione e commento di un manoscritto inedito di Michele Ruggieri SJ (1543-1607)*. Roma: LAS, 2019.

人""知（智）""神"拉丁文译词基本一致。① 其次，在罗明坚《大学》的拉丁文译本手稿中，"定而后能静，静而后能安"句中"静 quietus"字② 与《千字文》中"静 quietus"（性静情逸）、"息 quiescit"（川流不息）基本相同。再者，其《论语》拉丁文手稿中"子曰：《诗》三百，一言以蔽之，曰：思无邪""夫子温、良、恭、俭、让以得之"两句中分别使用"思考（meditor）""温和（amabilis）"意译其中的"思""温"二字，①《千字文》中的"思meditare"（容止若思）、"和 amicus"（上和下睦）与之为同根词。最后，罗明坚《孟子》拉丁文手稿中"心"常使用"cor"和"anima"二词，④《千字文》中"性静情逸，心动神疲"中"心""性"二字皆用"cor"一词；拉丁文版《孟子》中"恻隐"常用"misericor"和"dolitus"两词，⑤《千字文》中"仁慈隐恻"中的"慈（misereri）"与之同义。另外，《千字文》译本中"四大五常"一句的"五常"二字旁有画线指向文本上方的空白之处，写着"5 veritas"对译"五常"一词，而在拉丁文版《天主圣教实录》中也用"veritas"对应"信"，可见在核心词汇翻译上，二者基本一致。据此，我们可以断定，这份《千字文》的拉丁译文出自罗明坚。

从注音系统来看，也可知其出自罗明坚手笔。罗明坚曾编纂了历史上第一部欧汉字典《葡汉辞典》。该辞典共 198 页，自 32 页至 156 页属葡汉对照词表，分葡语条目、罗马字注音和汉语条目三栏（仅第 33a—34a 页分四栏，第四栏为意大利语翻译），⑥ 其中第

---

① 《中庸》拉丁文译本中相关字词释文出自：善（上焉者虽善无征，无征不信，不信民服从：Luae priores reges sapientes statuerunt licet ea bona sint non tum monumentis sunt consignata）；君子（君子之中庸也，君子而时中；小人之中庸也，小人而无忌惮也：Vir bonus semper in medio consistit; contra vir malus semper extra medium est; quia malus vir nihil cavet neque reformidat）；诚（诚者物之始终，不诚无物：Veritas ergo et finis et principium est actionum omnium, quod si absit actio nulla sit）；圣（百世以俟圣人而不惑，知人也：Cum vero post saeculum sanctus advenerit; et eadem confirmaverit, ex hoc intelliget ea esse humanae rationi conformia）；知（舜其大知也与：Magna fuit Sciunii regis sapientia）；神（质诸鬼神而无疑，知天也：Nam cum spiritus sibi patefacta comprobaverint. Iam ex hoc manifestum erit ea esse conformia supernae voluntati）。Michele Ferrero, *Il primo Confucio latino: Il Grande Studio, la Dottrina del Giusto Mezzo, I Dialoghi, trascrizione, traduzione e commento di un manoscritto inedito di Michele Ruggieri SJ (1543-1607)*, *op.cit.*, pp.96,56,88,98,56,96。

② 静（定而后能静，静而后能安：consistens, quiescit; quietus securus est）。Michele Ferrero, *Il primo Confucio latino: Il Grande Studio, la Dottrina del Giusto Mezzo, I Dialoghi, trascrizione, traduzione e commento di un manoscritto inedito di Michele Ruggieri SJ (1543-1607)*, *op.cit.*, p.24。

① 思（子曰：《诗》三百，一言以蔽之，曰：思无邪：Tercentorum sententia versuum hoc uno dumtaxat verbo continetur recta meditare）；温（子页曰：夫子温、良、恭、俭、让以得之。夫子之求之也，其诸异乎人之求之与：Confucius amabilis, facilis, officiosus, frugi, non elatus denique erat animo, ob eam causam frequens ad eum plurimorum fiebat concursus）。Michele Ferrero, *Il primo Confucio latino: Il Grande Studio, la Dottrina del Giusto Mezzo, I Dialoghi, trascrizione, traduzione e commento di un manoscritto inedito di Michele Ruggieri SJ (1543-1607)*, *op.cit.*, pp.120, 116。

④ 王慧宇《现存最早的欧洲语言〈孟子〉手稿析论》，《哲学研究》2021 年第 6 期，第 59—60 页。

⑤ 同④。

⑥ 罗明坚、利玛窦《葡汉辞典》，利玛窦中西文化研究所、葡萄牙国家图书馆、东方葡萄牙学会，2001 年，第 109—110 页。

3a—7a 散页题为《宾主问答私拟》，全为罗马注音，没有写出对应汉字释文。[①] 通过与《千字文》的罗马注音比较可知，上文所提及《千字文》中的二十个词，在这三部作品中均可见注音的有七个，五个注音完全一致（礼、知、真、神、和），另外两个（善、思）在《千字文》与《葡汉辞典》中完全相同（均为 scien 和 ssi），但与《宾主问答私拟》中的注音有细微差别（"善""思"在此分别标为 scie` 和 si）；仅出现在《千字文》与《葡汉辞典》中的汉字有十个，七个注音完全一致，"贤"（schce` 和 schie`）、"息"（sie` 和 sie）、"慈"（zi/cci 和 ci）三字注音不完全相同；另外有三字（嘉、佳、圣）注音只在《千字文》中可见，无从比较。考虑到罗明坚《葡汉辞典》使用的注音系统本身并没有完全稳定，我们有理由认为《千字文》的罗马注音系统与《葡汉辞典》《宾主问答私拟》是基本一致的，皆出自罗明坚系统。

表 1　关键字词翻译与注音比对表 [②]

序号	翻译		注音		
	"四书"	《千字文》	《葡汉辞典》	《千字文》	《宾主问答私拟》
1	仁 caritas	仁 compali	gin	gin	无
2	义 gratitudo	义 gratitudo	y	y	无
3	礼 bumanitas	礼 bumanitas	li	li	li
4	知 prudentia	知 conscius	ci	ci	ci
5	信 veritas	信（译文无从辨认）	sin	sin	无
6	善 bona 君子 vir bonus	善 boni	scien	scien	scie`
		嘉 bonas	无	chia	无
		佳 bona	无	chia	无
7	诚 veritas	诚（译文无从辨认）	cin	cin	无
		真 veritates	cin	cin	cin
8	圣人 sanctus	圣 sanctus	无	scin	无
9	知 / 智 sapientia	贤 sapiens	schce`	schie`	无
10	神 spiritus	神 spiritus	scin	scin	scin
11	静 quietus	静 quietus	cin	cin	无
		息 quiescit	sie`	sie	无
12	思 meditare	思 mediter	ssi	ssi	si
13	温 amabilis	和 amicus	ho	ho	ho
14	心 cor/anima	性 cor	sin	sin	无
		心 cor	sin	sin	无
15	恻隐 misericor/dolitus	慈 misereri	zi/cci	ci	无

①　全文汉字释文，由日本学者古屋昭弘转写，参见古屋昭弘《明代官話の一資料：リッチ・ルッジェーリの「宾主问答私拟」》，《东洋学报》1983 年第 70 卷 3・4，第 1—25 页。

②　资料来源：有关字词在拉丁文 "四书" 中的翻译参见上文麦克雷、王慧宇的相关研究；拉丁文版《千字文》中的翻译注音和《葡汉辞典》《宾主问答私拟》注音为笔者整理。

综上所述，罗马耶稣会馆藏《千字文》的拉丁文和注音系统，皆出自罗明坚手笔，完成于 1581 年，而于 1582 年寄回罗马。《千字文》是罗明坚最初的识字启蒙教材。罗明坚通过它了解了汉字的音形义和中国人的文化伦理观念后，特意将其寄回罗马，以便让西方人"知道中国字的写法，同时对中国人的智慧与能力有所了解"。

二、《通俗故事》

《通俗故事》共 25 页，首页横排从右到左题写了"宫商角徵羽"和"忠孝廉节"两行题词，并在右下角自上而下署名"鲁子秀"（见图 3）；正文每页 8 行，以蓝线隔开，每行书写约 24 字，字迹工整娟秀。《通俗故事》封面题词横排书写，是西方人的书写习惯，与中国传统古书书写体例不符，且字迹与正文相比相对笨拙，当为初学汉语且汉字书写尚不工整的耶稣会士所写。耶稣会传教士名录对每一位来华耶稣会士的姓名都有记载，但鲁子秀之名在耶稣会士名录中却并无记载，陈绪伦（Albert Chan，1915—2005）因此推测鲁子秀很可能是一位在差会中为耶稣会士提供中文指导的教师。[1] 这一推测是很有道理的。结合上文提到罗明坚使用的《千字文》为福建刻本，我们推测鲁子秀很可能是罗明坚在澳门时聘请的福建秀才，《千字文》乃是他教罗明坚学中文的教材。佩雷斯（Francisco Pires，1563—1632）神父曾以目击者的身份记载了罗明坚在澳门跟随秀才学习汉语的情况："这个文人本来准备考取功名，然而上帝（似乎是要给他天主教的功名）让他没有中考。其妻因而绝望上吊自尽。他弃家出走，来找罗明坚神父。罗神父非常和善地接待了他。他留下来当了几年老师。"[2] 如果这一推测合理的话，中外学术界一直想了解但又没有进展的罗明坚的中文教师[3] 的身份和姓名问题，可以迎刃而解。

《通俗故事》和《千字文》乃是中国蒙学的常用教材，且经常配合使用。明人沈鲤《义学约》记载，私塾先生在授书、正字后，学生要"习仿临法帖《千字文》一幅"，接着便是讲故事："中间有关紧德性、伦理者，便说与学生知道，要这等行，才是好人。有关系修政理事、治民安邦、忠君爱国者，便说道，你他日做官，亦要如此。"放晚学时，还要"讲贤孝勤学故事一条"[4]。这些蒙学故事虽然是用文言写成，但讲述时却采用通俗口语。

---

① 　Albert Chan, *Chinese Books and Documents in the Jesuit Archives in Rome: A Descriptive Catalogue: Japonica-Si-nica I-IV*, p.113.

② 　Josef Franz Schütte, *Monumenta historica Japoniae. I, Textus catalogorum Japoniae aliaeque de personis domibusque S.J. in Japonia informationes et relationes, 1549-1654*. Romae: A patribus Societatis Iesu, 1975, p.386.

③ 　参见金国平《罗明坚与利玛窦的闽籍汉语教师试考》，《澳门研究》2013 年第 2 期，第 67—73 页。

④ 　沈鲤《义学约》，载徐梓、王雪梅编《蒙学要义》，太原：山西教育出版社，1991 年，第 40—41 页。

我们现在看到的以口语写成的《通俗故事》与《千字文》合订在一起，就是当时蒙学故事教学情况的反映。换言之，罗明坚在学习《千字文》后，其中文教师以口语向其讲述一些事关忠孝廉节的故事。

《通俗故事》一共记录了35则故事。这些故事来源繁杂，不仅有反映忠孝礼义等儒家思想的故事，还有一些神仙志怪故事、民间传说和笑话，同时也包含西方宗教故事、伊索寓言等。其中反映儒家伦理道德观念的故事主要围绕首页所题"忠孝廉节"四字展开，如第四则《救雀得环》、第八则《不发盗恶》、第九则《击瓮救儿》、第十四则《感树伤居》、第二十二则《赵氏孤儿》，出自中国传统蒙学教材《日记故事》①；第二十一则《董永卖身葬父》、第二十三则《思亲刻木》、第二十五则《彩衣娱亲》、第二十六则《受杖悲泣》、第三十二则《卧冰求鲤》，出自蒙学读物《二十四孝》。以"忠"为主题的历史故事，主要为第一则《朱买臣与妻子》、第十一则《苏武牧羊》、第二十二则《赵氏孤儿》等。神仙志怪故事和民间传说多涉及有关鬼神精怪的民间信仰和佛道信仰，如出自《搜神记》的第六则《韩凭妻》、第七则《糜竺收资》、第十五则《一醉千日》；出自《玄怪录》的第十二则《橘里仙人》。第十九则《吕洞宾画鹤》、第二十四则《姜子牙智救武吉》（源于《封神演义》）、第三十三则《张廷銮学道》和第三十四则《南京城和邋遢仙人》是四则道教故事，而第三十则《箕头供奉纸僧人》则暗含了对神佛观念委婉的批评。笑话类故事的目的是以博一笑，如出自《古今谭概》"癖嗜部"和"文戏部"的第二十则和第二十七则，分别讲述了"好好先生"司马徽以及周秀才请客遇风雨的故事。从故事来源可知，鲁子秀并不是完全照搬某一种中国蒙学故事读本，而是有意进行了一定的编选，目的是帮助罗明坚在练习口语时，了解中国人的道德伦理和宗教观念。

值得注意的是，《通俗故事》中还夹杂有4则西方题材故事。如第十三则《二母争子》取材于《旧约·列王纪上》中的"所罗门判案"。第十六则《圣人三戒》中圣人临死前交代弟子，"第一件，有人说我不好的，要忍耐。第二件，不在他人面前说别人不好。第三件，将听凭他人信人不信我"，最后还强调，"若是你戒这个三戒，天主就补报你"。其内容出自《新约·罗马书》（3：25—26）："神设立耶稣作挽回祭，是凭着耶稣的血，藉着人的信，要显明神的义。因为他用忍耐的心，宽容人先时所犯的罪，好在今时显明他的义，使人知道他自己为义，也称信耶稣的人为义。"② 当然，这里并非翻译，而只是根据其内容进行译述。第二十九则"城里老鼠和乡下老鼠"的寓言，来自《伊索寓言》佩里索引第

---

① 《日记故事》最常见的版本是陈眉公注释本，一共讲述了105个故事，内容十分广泛，可归纳为生智、勤学、爱亲、敦睦、交友、度量、家居、操守、谦让、尚义、施报、忠节、明断、德政等类。

② 简体字和合本《圣经》（新标准修订版），中国基督教三自爱国运动委员会、中国基督教协会，2002年，第268页。

三百五十二条，[①]内容与原文大体一致。最后一则，也就是第三十五则故事，讲述的是"亚历山大的圣凯瑟琳"的殉道故事（见图4）。上述西方故事，并没有编订在一起，而是分散置于中国故事之后。显然，它们并非我国蒙学故事中本有的故事。

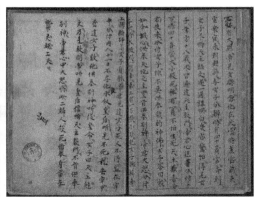

图3　《通俗故事》第1页　　　　　图4　《通俗故事》第25页

　　《通俗故事》的正文部分，每隔两三字便有红色和黑色两种颜色的断句符号。如第一则《朱买臣与妻子》首行最右侧有红色顿号将其断句为："古时有一人，姓朱，名买臣，家道贫穷得紧，其老婆好食好动用。"其中又杂糅红色圆点将之断为："古时，有一人，姓，朱，名买臣，家道，贫，穷，得紧，其老婆，好食，好动用。"这是我国蒙学中常见的句读方式。有所不同的是，黑色圆点的断句更为细碎，显然是满足外国学习者练习口语的需要。对以字母文字为母语而汉语零基础的罗明坚来说，其当务之急是练习日常通俗口语，但一时还难以说出长句，所以有必要按词语逐个来跟读。《通俗故事》的句读生动地反映了这种情况。其中，红色顿号可能是其中文教师鲁子秀所加，而其中的黑色圆点可能是罗明坚练习时自己添加，目的是便于练习断句和诵读。至于其中出现的几则西方故事，当为罗明坚练习口语表达和书面写作的作业。罗明坚在1583年2月7日信中谈及："目前我已撰写了几本要理书籍，其中有《天主真教实录》（*Doctrina*）、《圣贤花絮》（*Flos Sanctorum*）、《告解指南》或《信条》（*Confessionario*）与《要理问答》（*Catechismo*）等。"[②] 书信译者罗渔对这段话的翻译可能存在一些问题，如"Flos Sanctorum"的准确译文应是"圣徒传记"。陈绪伦指出："这可能是罗明坚用中文写的一段对话和圣徒传记，作为他的家庭作业，并由他的中文老师修改。我们不必把'出版'这个词当作以书本形式出版的东西来认真对待，也可以是写在手稿中的练习文本。"[③] 笔者认为，陈绪伦的推测

①　参见 https://en.wikipedia.org/wiki/The_Town_Mouse_and_the_Country_Mouse，访问日期：2022年5月11日。

②　利玛窦《利玛窦全集4》，第446—447页。

③　Albert Chan, "Michele Ruggieri, S.J. (1543-1607) and his Chinese Poems," *Monumenta Serica* 41(1993): 134.

是有道理的。罗明坚所说的"中文写的一段对话"即《通俗故事》中第十六则《圣人三戒》；而"圣徒传记"，应是指《通俗故事》第三十五则"亚历山大的圣凯瑟琳"的传记。这些作业是罗明坚在学习中国故事后，尝试以中文口头或者书面译述西方故事，并由其中文教师鲁子秀略加修改润色后编入了《通俗故事》中。《通俗故事》中的四则西方故事语言表达明显没有其他中国故事那样熟练，其中最后一则圣徒传记所使用的字体、纸张与其他故事明显不同，且有很多涂抹修改的痕迹，证明它是经过修改之后再加入到《通俗故事》中的。

综上所述，《千字文》和《通俗故事》均是罗明坚的汉语学习材料，他在其中文教师鲁子秀指导下配合交叉使用它们。罗明坚曾在一封书信中指出："视察教务的司铎写信通知我，令我学习中国的语言文字，在'念''写''说'三方面平行进展。我接到命令以后，立即尽力奉行。但是中国的语言文字不单和我们国的不一样，和世界任何国的语言文字都不一样。没有字母，没有一定的字数，并且一字有一字的意义。"[1] 由此可见，罗明坚在鲁子秀的指导下，先借助白话故事文本，通过句读训练"念"，初步感知汉语口语的特点，再利用《千字文》的罗马注音和释义，来进一步学习常用汉字的音、形、义，学习"写"汉字。而在掌握了一定数量常用字后，他又尝试独立诵读中文故事，并学着口头翻译了几则西方故事，这实际上是在练习"说"。为了让罗马耶稣总会了解其汉语学习情况，他将汉语入门教材《千字文》与《通俗故事》合订在一起，同时寄回了罗马。

三、《诗韵》

罗马耶稣会档案馆藏《诗韵》（Jap.Sin.II.162，Shih-yun）和《尺牍指南》（Jap.Sin.II.161，Ch'ih-tu chih-nan）手稿，长期以来作者不明。张西平首次结合其纸张和装帧指出它们都是罗明坚带回罗马的文献，[2] 笔者拟结合其内容与用途作进一步证实。

《诗韵》（Jap.Sin.II.162，Shih-yun）全文共 28 页，其中 1—26 页为正文部分，从右到左摘录通行《平水韵》中的韵目。所收韵部包括《平水韵》平声部的上平声和下平声：一东韵、二冬、三江韵、四支韵、五微、七虞、六鱼、八齐、九阶、十灰、十一真、十二文、十三元、十八寒、十五删；下平声：一先仙、二萧、三肴、四豪、五歌、六麻。《平水韵》上平声"十四寒"却被写成了"十八寒"，可能是抄写时的笔误；另外，下平声的十五个韵目没有抄完，也未出现上声、去声韵。《葡汉辞典》散页第 24b 页"东钟"以下 38 字

---

① 裴化行《天主教十六世纪在华传教志》，萧睿华译，上海：商务印书馆，1936 年，第 183 页。
② 张西平《欧洲早期汉学史——中西文化交流与西方汉学的兴起》，第 50—67 页。

代表了 19 个韵类,①这说明罗明坚对《平水韵》的韵部是全面了解的,而《诗韵》只抄录了部分韵目,是一部未完成的手稿。《诗韵》的每一个韵目,先以大号字标出用字,再以小号字先释义、后组词。韵词的摘录会省略相同的韵目字,留下单字或双字,如"一东韵"首字"东"下只抄录了"天、岭、在、斗柄、鸿沟"等字,可与"东"字组为"天东、岭东、在东、斗柄东、鸿沟东"等词(见图5),第7—8 页各字下的黑色墨点应是韵目字省略的标记。

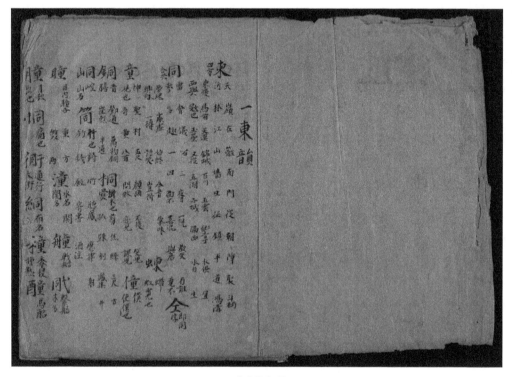

图5 《诗韵》第2页

《诗韵》的最后两页,是一份带有罗马注音和拉丁释义的汉字表,纸张、字迹与此前不同,且以横排从左到右的西方书写方式行文,应是后来补缀上去的。第 27 页记录了"夫、后、下、行、乎、毁、焉、与、远,教、近,先、相、使",第 28 页记录了"道、地、动、上、善、丧、从、誉、在、重、坐、治"。这两页汉字表,实际上是以多个汉字分别表示疑母、见母、溪母、生母、定母、知母等声母。这种情况在《葡汉辞典》散页中也曾出现。在《葡汉辞典》第 24b—26b 散页中是一份汉字声母和韵母表。其中,从第 26b 页的"金"

---

① 《葡汉辞典》散页,馆藏号为 Jap.Sin.I.198,散页与《葡汉辞典》编在一起,其中第 1—31b 页和第 157—189b 页不是字典正文,为罗明坚不同时期的中文学习笔记。本文所引散页均依照原文页码随文标注,不再另行出注。

字到第 19 页"日"字的 339 个汉字为声母表，将相同声母的字排列在一起，依次列出了南京官话中的 39 个声母。《诗韵》最后两页中每个汉字后面均有多个罗马注音，所用字母相同，只是用不同的符号区别声调，这说明罗明坚已经开始注意到汉字的声调，这是《葡汉辞典》中不曾做到的。从"夫"字到"善"字便是按照其罗马注音声母的音序排列的（f、h、q、r、s、t、x），接着是拉丁语翻译，释文以解释和组词方式相结合（见图 6）。简言之，每个汉字标注不同声调的罗马注音，显示一音多义。比如"夫"字，先用不同的符号分出三个罗马注音，后列出拉丁译词：fù——pater（父亲）；fū——praefectus（大夫，地方行政长官），magister（师父），maritus（丈夫），mulier（妇女，已婚妇女），bajulus（挑夫），alcunha（葡萄牙语，绰号、昵称、别名）；fû——particula（小部分，一点儿，一小块），terminatio（语法，句子的停顿、结束），interrogatio（询问，提出问题），suspiratus（叹息、惊叹、哀叹），articulus（语法成分），hic（这个、这里、这时、这样……），iste（这、这个那个、这样的那样的），eia（唉、哦、呜呼、哎、啊呦）。如此先列字词，再用罗马字母注音，后标注多个译词的体例也与罗明坚的《葡汉辞典》体例相同，也可进一步证实《诗韵》为罗明坚所抄。有所不同的是，《诗韵》最后两页，不仅涉及了汉字的释义，而且涉及了汉字用法、汉语语法等，说明罗明坚对中文学习的日益深入。

图 6　《诗韵》第 27 页

《诗韵》本是中国文人学习诗歌押韵时备查的工具书，但是罗明坚显然将其改造为兼具韵书和词典功能的工具书，在该书每一个韵目都摘录了相当丰富的词汇，使之成为一本以韵为纲的字典和词表。如此一来，学习中文的西方人只要知道了一个汉字的发音，就可以认识同一韵部的众多汉字，从而达到通过韵部聚合识字的效果；此外，通过该书还能以韵目为词根，一并学习众多词汇。而这些诗词韵语的积累和声韵知识的掌握，又为其日后的诗词创作学习押韵做了铺垫。此外，罗明坚通过对《诗韵》的抄录与钻研，还促进了其罗马注音系统的完善。将《诗韵》最后两页的罗马注音与《葡汉辞典》《千字文》和《宾主问答私拟》的注音相比较，可发现第27页中"下""行""毁"三字的声母由"sch"改为了"h"，"教""近"二字的声母由"ch"改为"r"，"上""善"的声母由"sci"改为"x"；第28页中"在、重、坐、治"四字注音，已用"c"和"ch"正确区分了平舌音和翘舌音。此外，《诗韵》字表中还使用了"－　ˊ　ˋ　^"四种符号区分声调，这也是《千字文》《葡汉辞典》《宾主问答私拟》中不曾出现的。由此可见，罗明坚的汉语学习，已从学习《通俗故事》和《千字文》的初级阶段，逐渐进入了汉语语音、语义研究的高级阶段。

四、《尺牍指南》

《尺牍指南》（Jap.Sin.II.161，Ch'ih-tu chih-nan），是一份主要用于学习中文书信写作的手稿，一共60页。首页为该书的目录"一叙别阔、二瞻仰、三述己情、四叙情、五入事、六结尾"，正文部分在六个条目之下又详细分类，罗列多种情形下书信各个部分可使用的短语句子。第一部分"叙别阔"细分为"近处相叙间阔七条""远方间阔五条""与尊者叙远方间阔""叙间阔时月远近五条""叙与卑幼间阔五条""叙众人常别间阔十条"；第二部分"瞻仰"，根据写信对象的年龄和身份，分为"颂赞人德行""瞻赞后生十五至二十岁""二十至三十岁""瞻仰五六十岁""瞻仰老成""瞻仰童生""瞻赞举人""瞻赞官长""瞻颂秀才""瞻赞吏员""瞻仰医士""瞻颂僧家""瞻颂公子""瞻颂商外""瞻颂道家""瞻颂武官""瞻爱卑者""瞻仰师父""瞻仰伯叔长者""瞻颂人家叔侄""瞻颂人家父子""瞻颂人家兄弟"，最后以"⊕"号附加"瞻颂叙称以时景"一则（见图7），按月序罗列了正月到四月表瞻颂的写景之词；第三部分"述己情"分为"僧家叙述己情""远来僧述情""平常人叙述己情""在外境自述己情""与伯叔兄长自述己情""在商外与伯叔兄长述情""与师友述情""自述修道修门事情"；第四部分"叙情"根据写信对象的关系分为"与朋友亲叙情""与伯叔叙情""通家亲戚叙情""兄弟叙情""侄辈叙情""师生叙情"；第五部分是不同的情况下的"入事"："对人讲事""请人去人家说事""有事对人论""请人买物件""有事不平告诉人""被人欺侮告诉人""有人请与人说事将情转达与人""有事难主张求人处置""有事求人为主""有事请人探听消息""请人决断是非""蒙人有书来请对人说事回书入事""回人书来有事相论";第六部分"结尾"分为"候问结尾""望他回书""回人书来""暂止回书,后还有书"四种情形。显而易见,《尺牍指南》实际上是将一封书信分为六个部分,然后根据写作对象身份、职业、与作者关系、涉及的事情的不同,罗列各种情况下的程式化用语,类似于一本文言书信常用语大全。罗明坚只需要根据自己的实际需要,从中采择套话,便可以快速写成一份符合中国礼仪的书信,因此实际上是一份关于"如何写一封中文信"的练习材料。

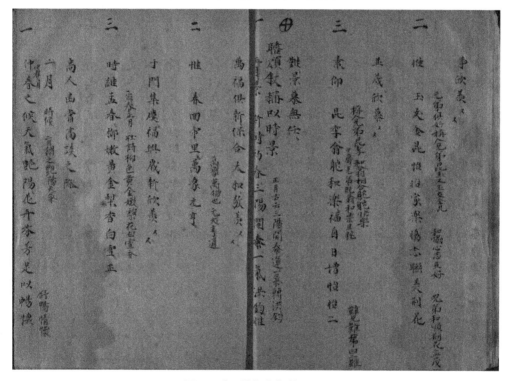

图7 《尺牍指南》第32页

这份手稿有明显的修改痕迹,可以证明其抄写者当为罗明坚。首先,一些句中"佛"字或被涂抹删去,或被改写。如第三部分第34页"僧家叙述己情"中,第三则"惟炷香佛前"修改为"惟炷香当前",第四则"愿天常福"增字为"愿天主常福",第六则"佛"字涂抹删除,第八则"期通佛性"改为"期通天性"。"远来僧述情"部分,同样将第二则中的"佛"字删去,第五则的"期见先天天佛"改为"期见先天天主"。第41页的"自述修道修门事情"讲述的同样是天主教的内容,具体表述为:"一、生之修奉天主之教,天主非同神佛,乃开天辟地生人之主,并无形象,若别神佛,俱世人修道所成,故生等奉事天地人本来之主，尊教修其本来之心，不敢二门，有别致罪。二、生等教门法戒，日夕省察切己，恐有一念外入，坚持一心，且本教务已修生前之善，祈身后天堂之自。三、生等法教与圣学仅同，与今众生念佛之教迥不相同，生等明白正心诚意，顺天行事，所事天主乃上天无声无色先天之主，非悬日月之后天也。"这段文字，实际上模仿了前面的"僧家叙述己情""远来僧叙情"的格式和话语，但又有意区分天主教和佛教：一方面，宣称"非同神佛"，但又借用佛教修行"本心""法门"等概念来传达天主教的排他性；认同孔孟之圣学，推崇"正心诚意""顺天行事"之儒家传统观念，却又强调"天主"的形象与自然之天的差异。这种表达方式同样见于罗明坚 1584 年出版的《新编西竺国天主圣教实录》的引言以及《葡汉辞典》散页。《新编西竺国天主圣教实录》引言中依附佛教术语自称"天竺国僧"，但却否定"持斋坐禅"的佛家修行方法，依托儒家"五常"、仁义君亲及报恩思想为传播天主教独辟蹊径。《葡汉辞典》散页第 16b—13 页有关天主教文段的首句"混沌之初，未有人物，止有天主。无形无声，无始无终，非神之可比。然后生成天地，覆载万物；生成日月，照临万国……"，便明确了"天主"与自然之天的创造与被创造的关系，并以"僧自天竺国"的外来者身份用中文讲述了"天主"化为亚当和夏娃、圣母玛丽亚与耶稣救世主的西方天主教故事，这正是对《尺牍指南》中"所事天主乃上天无声无色先天之主，非悬日月之后天也"的扩展论证。其《中国诗集》第 3 题《寓杭州天竺诗答诸公二首》其一"僧从西竺来天竺，不惮驱驰三载劳"二句，既以"僧"来突出其宗教身份，又刻意区别"西竺"（欧洲）和"天竺"（印度）；"时把圣贤书读尽"句，突出自己的文士身份；"又将圣教度凡曹"句，则借用佛教的普度众生说法来指天主教天堂之义。其二是一首律诗，同样交代身世，罗明坚借用了"游僧"身份，却又有意区别于佛家，"诸君若问西天事，非是如来佛释迦"。由此可知，利用佛教获得宗教身份，又刻意区分耶佛，正是罗明坚的一贯做法。《尺牍指南》的抄写者为罗明坚无疑。

《尺牍指南》提供套语为书信写作服务的同时，还兼具文化辞典的功能。《尺牍指南》正文旁有大量的注释，用以解释词义、组成词语，或写出近反义词，或补充诗句典故，辅助理解。这些应是罗明坚学习时留下的笔记，其内容涉猎非常广泛。以第二部分对不同身份写信对象的"瞻仰"为例，罗明坚可以接触到知天命、花甲子等年龄称谓，与童牛、举人、秀才相关的科考文化，官商医领域的专有名词，释道宗教文化以及复杂的人际关系称谓。在纷繁复杂的文化名词中，罗明坚又重点突出可为其传教所用的部分，并在上方画上天主教的十字架标志，如此前提到的"僧家"内容、第 28 页"瞻爱卑者"篇，均被标记，显然是为了方便传教时借鉴。而第 19 页"瞻颂秀才"篇第四则"缅惟圣墙已入，升堂入室之妙，通以一贯，是黉宫不能淹留，即捧乡书到宸京，而醉宴琼林"，则直接照应其与中国秀才学习诗歌写作写下《与一秀才相联论道》："君尊天主教，予学举人文。

结拜为兄弟，君予上紫宸。"（《中国诗集》第 17 题）这说明罗明坚将其通过《尺牍指南》学习到的文化知识和语汇，直接运用到了日后的中文诗歌创作中。《尺牍指南》还对书信中涉及的诗句，作了详细注释。如第 5—6 页有"入梦，古文'故人入我梦'""古文'夜月满屋梁，尤疑见颜色'""古文上'何时一樽酒，重与细论文'，两句诗叹不知何时又与此友饮酒""望云，古诗'江东日暮云'，因见日晚之云而思其友"等注释；第 32—33 页有"杜诗'柳色黄金嫩，梨花白雪香'""千家诗'点溪荷叶叠青钱'""绿遍山原白满川"等注释。这些注释性诗句，多出自坊本《千家诗》。事实上，罗明坚的确曾深入学习过《千家诗》，并在其《中国诗集》中进行了模仿练习。如前面提到的"绿遍山原白满川"，出自翁卷《乡村四月》"绿遍山原白满川，子规声里雨如烟。乡村四月闲人少，才了蚕桑又插田[①]。而《葡汉辞典》第 189b 页正好也有"绿遍""插田"等词语的摘录。其《中国诗集》第 11 题《偶怀》："朝读四书暮诗篇，优游那觉岁时迁。时人不识予心乐，将谓偷闲学少年。"模仿世传本《千家诗》卷一所录程颢《春日偶成》："云淡风轻近午天，傍花随柳过前川。时人不识余心乐，将谓偷闲学少年。"[②]《葡汉辞典》散页第 188 页记录了"人门"的词汇"时人，偷闲，少年，野僧，渔郎"字样，是罗明坚学习《春日偶成》所作的笔记。[③]

综上所述，罗明坚通过对《尺牍指南》的钻研，不仅学习了常用书信的格式，学到了与中国文人打交道的礼仪，而且还接触到了一定数量的中国诗文和文化常识，并运用到了后来的传教实践和诗歌创作之中。

结语

长期以来，耶稣会馆藏《千字文》和《通俗故事》（Jap.Sin.I.58a）、《诗韵》（Jap.Sin.II.162）和《尺牍指南》（Jap.Sin.II.161）四种早期汉语学习手稿的作者和使用者不为人知，因而造成了我们对早期来华耶稣会士筚路蓝缕学习汉语知之甚少、语焉不详。本文首次结合罗明坚的书信、辞典、汉语学习笔记以及中、西文著述，论证了它们是第一位入华定居的耶稣会士罗明坚所使用的汉语学习材料，这一论证无疑有助于学界进一步了解世界汉语教育史。

这四种手稿，清楚地呈现了罗明坚作为第一位入华耶稣会士，是如何学习中文的：第

---

① 谢枋得、王相等选编《千家诗》，王岩峻等注析，太原：山西古籍出版社，2003 年，第 73 页。
② 同①，第 1 页。
③ 陈恩维《来华耶稣会士罗明坚与中西文学的首次邂逅》，《文学遗产》2022 年第 1 期，第 96 页。

一阶段为入门阶段,他在中文教师的指导下,通过跟读《通俗故事》培养语感、练习口语,利用对《千字文》的注音和翻译,集中正音识字,掌握中文常用字;第二阶段为积累阶段,通过抄写《诗韵》等中国韵书,利用韵部和词根聚合快速扩大书面词汇量,并掌握中文的押韵常识;第三阶段为提高阶段,通过《尺牍指南》学习书信体写作,进行模仿写作,并积累了众多的诗词韵语和文化常识。在完成了上述基础阶段后,就进入对中国经典如"四书"的学习、翻译以及创作中文教理书籍和中文诗歌的实践阶段。当然,这种划分只是为了便于说明其各个阶段的学习重点。事实上,罗明坚对于每一种汉语学习材料都交替运用了抄写、注音、翻译、注释、仿写等诸多手段,在语音、汉字、词汇、文化等语言要素方面进行听、说、读、写的综合训练,从而实现了汉语水平的迅速提升。他不仅成为来华传教士汉语学习第一人,也成为西方汉学的奠基者,[①] 其汉语学习方法也基本上为耶稣会中国传教区《教育章程》所继承。[②]

---

① 张西平《西方汉学的奠基人罗明坚》,《历史研究》2001 年第 3 期,第 101 页。

② Liam Matthew Brockey, *Journey to the East (The Jesuit Mission to China, 1579-1724)*, pp.249-263.

亚当和夏娃说的是汉语吗？

——走近韦布《历史论文：论中华帝国的语言是原始语言的可能性》

陈　怡

（上海交通大学人文学院汉教中心）

摘　要：1669 年英国人约翰·韦布出版了一本讨论汉语的专著《历史论文：论中华帝国的语言是原始语言的可能性》，书中认为汉语是人类最初语言的观点在今人看来颇为荒诞。这本书在十七世纪西方人对汉语的早期研究著作中虽也是独树一帜，却有其出现的必然性，因此也是当代学者了解欧洲早期汉语研究的一个绝佳样本。文章首先介绍该书的基本情况，结合当时欧洲的思想文化背景寻找作者的写作动机，并通过回顾十七世纪欧洲普遍语言运动潮流和欧洲对汉语的接受过程，分析韦布作品所反映的汉语观，以求对欧洲接受汉语的可能性、途径、程度和模式等问题作一番研究，并评价该书在西方早期汉语研究史上的价值。

关键词：约翰·韦布　原始语言　西方早期汉语研究

一、导言

西方人对汉语的早期研究作为汉学史的一个专题，被纳入当代学者研究视野的时间还不算很长，不过学界对它的关注正与日俱增。在这个新的研究领域中，学者们往往把研究的时空焦点集中在十八世纪以后的欧洲大陆。大陆之外的英国在早期汉学史上的地位和欧陆无法相比，在汉语早期研究方面也缺少重大贡献，因此欧洲早期汉学史的研究者中很少有人讨论英国的早期汉语研究情况。

然而在十七世纪后半期，英国却出现了一本讨论汉语的专著——《历史论文：论中华帝国的语言是原始语言的可能性》（*An Historical Essay Endeavouring a Probability that the Language of the Empire of China is the Primitive Language*，London，1669。以下简称《论文》），作者为约翰·韦布（John Webb，1611—1672）。类似的作品在同一时期的欧洲大陆却没有

出现过。此书对后人影响甚小，但韦布身为建筑师，却出于业余爱好，综合欧洲大陆提供的中国信息和英国的宗教、历史、地理等方面的材料写出了这本同时代绝无仅有的汉语专著，这个现象值得研究。韦布的《论文》在时间上处于十六、十七世纪利玛窦（Matheo Ricci，1552—1610）式的汉语介绍和十八世纪马若瑟（Joseph-Henry-Marie de Prémare，1666—1736）式真正的汉语研究之间的过渡期，在空间上处于汉学气氛不浓郁的英国，而这个时期的英国并没有什么值得一提的汉学事件，[①] 韦布专著的出现便显得格外引人注目。

当然，时至今日，他的书几乎已经被扫入了历史的角落，除了在世界上不多的几个汉学图书馆泛黄的藏书中，以及荷兰英特文献公司（IDC）制作的西方有关中国著作的微缩胶卷中还能寻觅到韦布《论文》的原文，剩下的就只有关于此书的一些介绍和评价性文字散见于现代学者的汉学史著作中，让人对它不至于一无所知。

对汉学和中西文化比较领域的学者来说，韦布的名字其实并不算太陌生。他的《论文》作为中国文化在欧洲被接受的一个典型例证，曾在上述领域的著作中，尤其是西文著作中被多次提及。笔者所知的西文著作（包括译作）或论文作者有陈受颐（Ch'en Shou-yi，1899—1978）[②]、钱锺书（Ch'ien Chung-shu，1910—1998）[③]、傅乐山（J. D. Frodsham，1930—2016）、孟德卫（David E. Mungello，1943—　）[④]、安田朴（Rene Etiemble，1909—2002）[⑤]、雷蒙·道森（Raymond Dawson，1923—2002）[⑥]、何莫邪（Christoph Harbsmeier，1946—　）[⑦]。中文著作中较少论及韦布，且均为转述性介绍。遗憾的是，不论是在西文还是中文论著中，对《论文》进行简介和评价的多，详述和分析的少（有钱锺书、孟德卫和何莫邪三人），专题论文更是寥寥无几（只有陈受颐和傅乐山两人）。不过学界对韦布《论文》的态度较为一致：它不是一部不值一提的作品，但对它进行个案研究的兴趣则不大。这恐怕和看待这部作品的角度以及对作品价值的看法有关。研究者多将韦布的个案

①　Frodsham, J. D., "Chinese and the Primitive Language: John Webb's Contribution to 17th Century Sinology," *Asian Studies*, Vol. II, No. 3, December (1964): 390.

②　Ch'en Shou-yi, "John Webb: a Forgotten Page in the Early History of Sinology in Europe," *Chinese Social and Political Science Review*, 19 (1935).

③　Ch'ien Chung-shu, "China in the English Literature of the Seventeenth Century," *Quarterly Bulletin of Chinese Bibliography* [New Series] Vol. 1, No. 4, December (1940).

④　Mungello, David E., *Curious Land: Jesuit Accommodation and the Origin of Sinology*. Honolulu: University of Hawaii Press, 1989.

⑤　安田朴《中国文化西传欧洲史》，耿昇译，北京：商务印书馆，2000 年。

⑥　雷蒙·道森《中国变色龙》，常绍民、明毅译，北京：时事出版社，海口：海南出版社，1999 年。

⑦　Christoph Harbsmeier, "John Webb and the Early History of the Classical Chinese Language in the West," *Europe Studies China*, London, 1995.

放置在西方早期汉学史的纵向叙述中来研究，因而无法全面分析它所处历史横断面上的复杂情况。另外，由于韦布的著作在当时似乎就反响不佳，后世更是很少被人提及，它在汉学史上的价值便也遭到了怀疑。

笔者认为，对欧洲汉学的研究决不能仅仅停留在知识学的侧面上，而更应将其放入欧洲文化与思想变迁的历史中加以考察。只有真正把握好了这一点，才能摸清欧洲早期中国知识消长的脉络。故本文另辟思路来研究像韦布这样在汉学史上直接影响不大的个案。韦布的著作反映了十七世纪欧洲流传的有关中国及其语言的信息、当时人们对这些信息的接受情况以及决定他们接受方式的思想和心态史。这就是韦布《论文》对今人的价值所在。因此，本文立足韦布个案本身，首先介绍作者、作品及其参考文献，然后分析作者所处时代欧洲思想文化背景，回顾十七世纪欧洲对汉语的接受过程，并分析韦布对汉语的认识以及作品所反映的汉语观，最后总结韦布现象在早期汉学史上的价值。

二、作者和作品介绍

约翰·韦布是一位英国建筑师，从未学过中文。他在1669年出版了一本以汉语为主题的专著《历史论文：论中华帝国的语言是原始语言的可能性》，该书以大八开本印行，共212页。1678年，该书再次出版，除题目有所改变之外，和第一版内容完全相同。

全书没有目录和章节。笔者根据内容将全书划分为两部分：第一部分从第1页到143页，作者根据《圣经》和释经学内容论证人类最初的原始语言在挪亚和他的后裔中得以保留。根据世界历史材料和流传于欧洲大陆的有关中国的报道材料和《圣经》内容进行比较，证明中国的语言确为原始语言；第二部分从第144页到209页，作者阐述了自己对人类语言的一些总体看法，通过中国历史的证据证明中国在远古时期就已产生了文字，并通过剖析中国的语言和文字证明汉语一直保持着原始状态。最后作者提出原始语言的六大特征：古老、平易、普遍、表达端庄、有用、简洁，并证明汉语完全符合这六大特征。这部分是全文的重心，也是笔者关注的焦点。

该书引用的大量文献可分为三类：

《圣经》释经学方面有：推算创世和洪水发生日期的大主教厄舍尔（James Ussher，1581—1656）、荷兰学者卡索邦（Meric Casaubon，1559—1614）的相关论述；英国神学家爱斯华斯（Henry Ainsworth，1571—1622?）、《伦敦多语种圣经》（*London Polyglot*）的编纂者沃尔顿（Brian Walton，1600—1661）的《东方语言阅读入门》（*Introductio ad lectionem linguarum orientalium*）等。

世界历史、地理方面有：历史学家约瑟夫斯（Flavius Josephus，约37—约100）的

《上古犹太史》(*The Jewish Antiquities*)、地理学家梅拉 (Pomponius Mela,43 年前后)的《世界概述》(*De situorbis*)、地图学家墨卡托 (Gerardus Mercator,1512—1594)的《地图集》(*Atlas*)、英国游记编纂者珀切斯 (Samuel Purchas,1577—1626)的《珀切斯游记》(*Purchas His Pilgrimes*)、英国历史学家雷利 (Sir Walter Raleigh,1554?—1618)的《世界史》(*the History of the World*)、英国地理学家海林 (Peter Heylin,1599—1662)的《宇宙志》(*Cosmographie*)、荷兰教会历史学家沃西攸斯 (Isaac Vossius, or Issac Voss,1618—1689)的《论世界的真实年龄》(*Dissertatio de vera aetate mundi*)以及荷兰学者格劳秀斯 (Hugo Grotius,1583—1645)的著作等。

关于中国的报道方面有：门多萨 (Juan Gonzales de Mendoza,1545—1618)的《中华大帝国史》(*Historia de las cosas mas notables, ritos y costumbres, del gran Regno de la China*,1585)[1]、利玛窦 (Matheo Ricci,1552—1610)和金尼阁 (Nicholas Trigault,1577—1628)的《利玛窦中国札记》(*De Christiana expeditione apud Sinas*,1615)[2]、曾德昭 (Alvaro de Semedo,1585—1658)的《大中国志》(*Relatione della grande Monarchia della Cina*,1642)[3]、卫匡国 (Martino Martini,1614—1661)记述明清换代历史事件的《鞑靼战记》(*De bello tartarico in Sinis historia*,1654)、介绍中国各省的地图集《中国新地图志》(*Novus Atlas Sinesis*,1655)和依据中国古籍编写的编年史《中国上古史》(*Sinicae historiae decas prima*,1658)、基歇尔 (Athanasius Kircher,1602—1680)的《中国图说》(*China Illustrata*,1667)[4]、纽霍夫 (Johann Nieuhof,1618—1672)的《荷兰东印度公司使华记》(*L'Ambassade de la Compagnie orientale des Provinces Unies vers l'Empereur de la Chine*,1665)。

三、作者所处时代欧洲思想文化背景

在宗教和文化方面，随着新航线的开辟，十七世纪西方人的文明观念经历了一场大更新，人们开始主动了解欧洲文明之外的其他文明。但是与此同时，以《圣经》为核心的宗教文化仍占统治地位。比如当时大部分人认为，语言学的全部理论都包括在《圣经》中描写巴别塔言语变乱的几行文字中。[5] 此时的西方人还未准备好接受《圣经》中未写到的东方异教文明，因此宁可相信它们和《圣经》历史有某种神秘联系，并在介绍东方

---

① 门多萨《中华大帝国史》，何高济译，北京：中华书局，1998 年。
② 利玛窦、金尼阁《利玛窦中国札记》，何高济等译，北京：中华书局，1983 年。
③ 曾德昭《大中国志》，何高济译，上海：上海古籍出版社，1998 年。
④ Kircher, Athanasius, *China Illustrata*, Translated into English. Oklahoma: Indian University Press, 1987.
⑤ 安田朴《中国文化西传欧洲史》，第 391 页。

文明的时候竭力抹上基督教的色彩。不过从十七世纪起，欧洲宗教也正经历巨大的变革。随着新教势力的兴起和在异域发现的新问题不断的困扰，一向能解释世界万事万物的权威《圣经》受到了挑战。

　　在学术上，十七世纪近代科学和理性主义正逐渐取代文艺复兴的学术色彩，但中古时期的学术特征却仍处处可见。比如十七世纪上半期的英国各类著作中有大量揭示教会历史知识的典故。这一时期英国因宗教问题和学术发达、出版业兴旺的法国、荷兰等国加强了联系。前面提到的学者如荷兰的卡索邦、沃西攸斯父子、格劳秀斯等人的作品在英国读者中广为传播，韦布的《论文》中就充满了对他们著作的引用。十七世纪初，上文提到的雷利的《世界史》的问世让英国读者头一次读到了对《圣经》历史和年代学问题的浅显易懂的探讨，很可能也启发了韦布。此外，十七世纪地理学科兴起，一批英国地理学家像上文提到的海林及游记作者珀切斯等，为韦布等欧洲大众提供了大量的中国地理信息。

四、作者汉语观形成的背景

　　十七世纪的中国报道中点滴提到的独特的中国语言逐渐引起了欧洲人的关注。同时，一股寻找普遍语言或原始语言的潮流也正在那里兴起。这两种兴趣很快汇集在了一起，寻找原始语言的学者们纷纷猜测汉语是否就是原始语言，而将这个猜测表达得最彻底的当属韦布和他的《论文》。

　　十七世纪西方人与陌生的东方语言开始接触，这便复活了一个《圣经》中的观点：上帝在创世之初曾授予亚当一种完美的全球通用的语言。有些人于是希望找回并恢复这种语言，也有些人试图创造出一种新的完美的全球通用语言，比如威尔金斯（John Wilkins，1614—1672）[1] 的普遍语言方案。关于原始语言的话题在十七世纪的英国也十分流行。雷利、海林、布朗等英国作家的著作中曾多次提到原始语言，这些零碎的线索后来被韦布全部集中在了《论文》中。十七世纪以前，原始语言一度被认为是希伯来语，[2] 但是十六世纪末以来欧洲人逐渐将兴趣转向了汉字。当时人们对汉字存在普遍的误解，认为它能直接表达观念。有些人便相信这恰好符合"单一"和"平易"这两个评判普遍语言的标准。这就是韦布著书的主要依据。汉语起了推动普遍语言运动的作用，也可以说在一定

---

　　①　威尔金斯，英国皇家学会的创建人之一，也是普遍语言运动的主要参与者之一，著有《论真正文字和哲学语言》（*Essay toward a Real Character, and a Philosophical Language*）。

　　②　岑麒祥《语言学史概要》，北京：科学出版社，1958 年，第 52 页。

程度上一度影响了欧洲语言学发展的历程。

欧洲人对汉语认识上误解的形成是有一个过程的。新航路开辟后，在中国南部沿海活动的葡萄牙人和西班牙人记下不少对汉语的零星描述，如门多萨的《中华大帝国史》中对汉语有成段的介绍。[①] 但门多萨本人并没有学过汉语。真正学习汉语的是耶稣会士。以利玛窦为代表的耶稣会士采取了主动适应中国文化的传教政策，学习汉语就成了当务之急。耶稣会士学习汉语前所未有的规模和成就开创了汉学史上汉语研究的先河。从十六世纪两本代表性的中国报道著作——利玛窦、金尼阁的《利玛窦中国札记》[②] 和曾德昭的《大中国志》来看，耶稣会士对汉语的发音、词汇和语法等问题都已有所涉及，对汉语的一些特征和规律还提出了自己的见解，同前人相比，已有实质性进展。但总体上来说，对汉语的描写缺乏体系，还称不上专门研究，更不足以构成他人研究的基础。另外，他们认识上的偏差在后人的传抄中被不断重复、夸大，导致了对汉语习惯性误解的产生（下文将会谈到）。

不过，欧洲本土还是孕育出了一批汉语的研究者，虽然他们没有到过中国，也没有接触过汉语，尽管他们的研究缺乏最基本的科学原则，但他们将传教士著述中关于汉语的内容编辑一番后写入了自己的书中。基歇尔就是一例。他在《中国图说》中试图分析汉字的结构，并将中国文字的起源同埃及象形文字挂钩。[③] 基歇尔对汉字的研究结论很荒唐，意图却很明确：汉字起源于埃及，并没有独立源头，由此得出中国文明也没有独立的源头，它仍被归纳进《圣经》体系中亚当——挪亚——含的一脉。和介绍汉语的耶稣会士们相比，基歇尔的进步在于：他并不仅仅是复述传教士说过的东西，他在自己的知识体系内将所得到的新信息进行了重新阐释，并将其上升到了学术研究的高度，尽管这种学术尚显幼稚。韦布的模式和基歇尔是一样的，他们在欧洲早期汉语研究史上可以被归为一类——业余汉学家。

五、作者对汉语的认识

韦布《论文》的最后一部分对汉语进行了全方位的描写，是全文的精华。论述涉及语音、语法、词汇、文字各方面，向读者提供了一个汉语的清晰轮廓。然而，他还不能像十八世纪的万济国（Francisco Varo, O.P., 1627—1687）、马若瑟等第一批专门撰写汉

---

① 门多萨《中华大帝国史》，第112页。

② 《利玛窦中国札记》中提到的语言问题，还可参考鲁国尧《明代官话及其基础方言问题——读〈利玛窦中国札记〉》，《南京大学学报》1985第4期。

③ Kircher, Athanasius, *China Illustrata*, p. 214.

语语法的人那样构造出一个相对科学的语言学框架。

（一）语音

欧洲的语言都是多音节的，使用拼音文字，语法形态发达，这都促使他们注重语音研究，并在这方面作出了很大成就。这一特点在韦布书中体现得很明显，语音部分往往比语法和词汇部分更先受到重视，更多被分析，甚至连汉语方言之间的差异都被研究到了。

韦布所描述的汉语语音特征有：汉语是全部由单音节构成的语言，音节以元音结尾的占绝大多数，少数以辅音 M、N 结尾。相同的音节只靠区别不大的声调来区别意义，给听力造成了难度。这些特征在早期传教士作品中就已提及。

在介绍汉语声调的时候，韦布使用了庞迪我神父（Jacobus Pantoya，1571—1618）用欧洲的音名来对应汉字六种声调的方法：

> 庞迪我神父（Jacobus Pantoya）用我们欧洲的音名 UT、RE、MI、FA、SOL 在发音上来和汉语语音中的升降、顿挫相对应，它们是：
>
> Λ　　—　　\　　/　　V　　○
>
> 第一个声调"Λ"和音名 UT 对应，但汉语的声音或发音表示的是同一个，并且它是第一个产生平声的调。
>
> 第二个声调"—"相当于 RE，在中国人看来就等于一个清晰的平声，或者像 Golius 所说的那样发音直接、平稳的一个词。
>
> 第三个声调"\"和 MI 对应，用中国的方式来表达是一种高昂的声调，发音更为强烈，但比前者更平。
>
> 第四个声调"/"和 FA 对应，汉语中表示一个走向前来的人的高昂的声调。和"\"相反，"/"发音更自由，调子也更高；或者仿佛发自一个提问的人。
>
> 第五个声调"V"和 SOL 对应，所以在汉语里指正在进来的人的急促的声音。入声。
>
> 最后一个声调"○"，也作"）"，表示一个普通的音。（Webb，1669: 198）

耶稣会士使用的五个声调标注法集中体现在金尼阁的《西儒耳目资》[①]中。用欧洲

---

① 金尼阁《西儒耳目资》，北京：文字改革出版社，1957 年。

的音名来描写汉语的五个调值则是庞迪我神父的发明，^①这种说法后来被基歇尔借用到了《中国图说》中，韦布则又借用了基歇尔书中的内容。将声调和音名相比较的说法影响了后来某些欧洲人对汉语声调的认识，使他们一直存有误解，认为汉语听起来和唱歌没什么两样。

韦布花了不少笔墨讲述方言发音问题。他虽然引用了一些门多萨和卫匡国的叙述，却往往能发表自己的意见。比如关于福建人N、L不分的例子：

> 在滑稽的福建话中，N常常被说成L，如南京就是"Lankin"等等。这一点卫匡国也在讲述南京的时候提到。他说，葡萄牙人通常称南京为"Lankin"，这个错误是从福建人那里得来的。他们主要和福建人做生意，而这些说话粗鲁的福建人受当地一个十分普遍的缺点影响，经常把所有的N读成L。（Webb，1669：183）^②

（二）语法

韦布对语法讲得很少，也没有什么自己的理解，这和当时汉语研究水平有关。当时传教士对汉语的研究尚未进入系统的语法分析，只是笼统地谈表面印象。这项工作要到十八世纪才开始有人做。韦布的写作目的是论证汉语是原始语言，他要寻找的论据便是汉语是一种语法简单的语言。而他眼中汉语语法的简单性表现在：

> 不管是名词还是动词，词尾不变化。使用的时候富于变通，动词往往用作名词，名词往往用作动词；如果有必要，副词也同样可以变。因此把它们一起放进句子结构并不费力。（Webb，1669：163）
>
> 汉语没有关于语法、逻辑和修辞的任何规则。（Webb，1669：167）
>
> 汉语没有各种各样的词尾变化、动词变化、数、性、态、时等麻烦的语法细节。（Webb，1669：192）

印欧语言形态丰富，词法和句法规则严格清晰，而汉语则缺乏形态，让人觉得词法和句法结构并不严密，甚至让人觉得没有语法。印欧语系的人最初接触汉语时，都会产

---

① 当然，其他人有不同的描述方法：金尼阁对调值进行了感性描写；万济国的《华语官话语法》（*Arte de la Lengua Mandarina*）则用西班牙口语中常用的叹词a，ai及否定词no在口语中出现时的语调来描写汉语的调值。见杨福绵《罗明坚、利玛窦〈葡汉辞典〉所记录的明代官话》，《中国语言学报》（第五期），北京：商务印书馆，1995年，第57页。

② 其实利玛窦对福建人N、L不分的情况也有相同的描述。见利玛窦、金尼阁《利玛窦中国札记》，第286页。

生上述印象。

（三）词汇

韦布继承了前人所谓汉语缺乏词的说法：

> 词的缺乏也使他们不得不向所有的语言低头。他们的词超不过 1 600 个。（Webb, 1669: 163）

韦布这句话来自基歇尔，而曾德昭对此有更为详细的解释，韦布也引到了他：

> 曾德昭说：他们的语言总共才不过 320 个 Vocaboli［我猜是指不算上声调和送气差别的词］和 1 228 个 Parole［实际上同 Vocaboli 相同的、只是在声调和送气上有差别的词］。但由于每个词都有许多不同的意思，所以，如果不是声调不同的话，我们就无法理解了。（Webb, 1669: 165）

我们很容易看出曾德昭、基歇尔二人所说的汉语缺少词其实是指汉语中有很多同音词。这表明了使用拼音文字的人在认识表意文字语言时不能摆脱的认识惯性。汉语并不单单是靠发音（拼写）来确定意义的，和发音无关的字形也参与了意义的确定。因此，相同的发音完全可以通过字形的不同来区别意义，当时的欧洲人显然很难理解这一点。

韦布又引用曾德昭的描述向欧洲读者展示了汉语词汇表达事物细微差别的精确，当然这里的词是指语义角度上的词。

> 我们在说人足、鸟足或任何兽的足时，往往得用同一个词"foot"来明确说明，而中国人遇到这种情况则分别用不同的词：如脚（Kiò），人足；爪（Chua），鸟足；蹄（Thì），任何一种兽的足。（Webb, 1669: 182）

已经有学者指出了这种说法的勉强性，因为西方语言中也有相当丰富的近义词来表示"足"这个范畴。[1]

---

[1] 计翔翔《十七世纪中期汉学著作研究——以曾德昭〈大中国志〉和安文思〈中国新志〉为中心》，上海：上海古籍出版社，2002 年，第 143—144 页。

（四）文字

韦布将介绍汉语的相当篇幅留给了汉字。从他主要援引的基歇尔、卫匡国、曾德昭三人的文献中，我们发现当时人们对汉语最关注的、介绍最多的方面就是汉字。汉字的样字、笔画结构和不同字体常常被附在正文中呈现给读者。

汉字最让欧洲人咋舌的地方就是令人望而生畏的数量。由于不同作者对汉字总量的记载出入颇大，韦布干脆将不同的说法都罗列了一遍：

> 这些汉字数量如此庞大，几乎没人知道到底有多少。据卫匡国和曾德昭说有六万；金尼阁说有七八万；基歇尔说有八万；纽霍夫在其《波斯史》的 Mandeslaus 中发现它们有十二万多。不过，懂八到十万已足够学会他们的语言了：可以差不多交谈，并知道如何书写汉字。（Webb，1669: 173）

韦布十分强调汉字直接表意的能力：

> 头脑或感觉中能想象或感受到的一切都由一个特殊的象形符号来表示。（Webb，1669: 191）
>
> 卫匡国说，他们的语言中也不像我们的那样含有某种方法或字母表顺序，而是每一件事物都有一个图形，这样表示可以使其和其他事物相区别。（Webb，1669: 192）

这恐怕是对汉字最大的误解。和音义结合的拼音文字相比，音形义结合的汉字显然多了一层由形表意的功能。但汉字即使是在初创时期也不都是完全表意的。汉魏以来的汉字的表意性则完全是字形失掉显义作用后的表意性。[①]

韦布之所以对汉字直接表意能力感兴趣，是因为他认为这能带来两大好处：文字的普遍适用性和文字忠实地保存语言状况的优点。

> 他们的文字也不仅仅只是整个中华帝国境内的人懂，它如今传播得那么远、那么广……如日本人、朝鲜人、老挝人、东京人（Tonchin）、苏门答腊人、交趾支那王国的人以及几个邻国和岛国的人都懂汉字。（Webb，1669: 201）

---

① 武占坤、马国凡主编《汉字·汉字改革史》，长沙：湖南人民出版社，1988年，第39页。

中国人能为并且将为维护他们的真理提供可信的证据，那些不是用表音文字而是用表意文字记载了一个又一个世纪的古代记录，直到今天，这些记录仍同其最初被创造出来时是一样的。（Webb，1669: 188）

韦布很显然试图通过这两大好处告诉我们，汉语非常适合作为原始语言的代表。

韦布这种过分强调汉字普适性的倾向从传教士时代就已经开始，并延续了很久。西方人以为日本、韩国、越南等邻国人都能毫不费力地靠汉字相互沟通，其实我们知道这是夸大了汉字在东亚文化圈中的作用。正因为当时传教士还未深入了解东亚诸语，汉语这种看似强大的普适性让欧洲人兴奋不已。欧洲不少学者从中看到了构建普遍语言的希望。正是这种热望，使人们对汉语的表意性过分乐观，也使这种夸大和误解在当时占据了统治地位，甚至对普遍语言运动起到了莫大的影响。

（五）口语和书面语

汉字在几千年内变化极小，这使得韦布相信，汉语的书面语也同样保持了几千年前的原始状态。这使他更加确信汉语完好地保存了原始语言的精髓。

既然从他们国家最初开始形成起，他们的语言就一直连续不断地被保存在各个时代的书面文字中；既然那些书面文字来自他们很久以前原初的象形文字，并从此一直保持如一；既然他们的语言一直存在于这些文字中，而且据他们说至今仍不失其纯正……那么我们完全可以大胆得出结论：中华帝国的母语或天然语言永久地保持了其古老的纯洁性，没有任何变化或改动。（Webb，1669: 189）

所以这就更明显了，被保存在书面文字中的语言不会遭受变化。（Webb，1669: 189）

当然，这种看法显然是站不住脚的。汉语书面语从古至今产生的变化之大，使后人阅读上古的文献非常费力，这是一个常识，但当时传教士们受汉语能力所限，可能还不能敏锐地感受到书面语的时代差异，对书面语变化认识不足也是很自然的。

韦布从传教士的报道中看到了反映汉语方言差别巨大的记载，方言之间差异导致人们互相不能理解的例子比比皆是。这使他无法相信口语像书面语那样没有产生变化。所以他只能在公认相对稳定的书面语上做文章，对口语的变化则避而不谈。

六、结论和评价

（一）该书影响有限

韦布的作品在当时影响力很小，这是学者们的共识。当时的英国并不是中国知识的源泉和集散地，英国人的中国知识大多来自欧陆，他们能接触到的最新的汉语知识也远不及欧陆。从韦布的参考文献中就可以看出：完全没有英国作者关于汉语的原创内容。

"汉语和原始语言"的命题放到欧陆会得到更多的关注，因为来自欧陆的天主教复兴运动的排头军耶稣会正在中国寻找上帝光顾过的足迹。但当时英国的新科学热潮使人们更关心创造发明，对复古热心不大，虽然普遍语言运动也一度使英国人激动，但他们更倾向于自己创制新的语言，而不是从古语中复活什么。我们从皇家学会的活动性质和威尔金斯当时赫赫有名的普遍语言计划就可以嗅到这种味道。另外，韦布对汉语的狂热感情本身也说明：这不是那个时代人们对汉语态度的代表，韦布个人在其中注入了极大的主观因素。"后来热爱中国的英国人，其热情的程度再也没有超过韦布的。"[1]

韦布对后人作品的影响也极为有限。霍克（Robert Hook）是继韦布之后第二位研究汉语的英国人，他于1685年在皇家学会哲学学报上发表的《对汉字的一些观察和推测》（Some Observations and Conjectures concerning the Chinese Characters）一文却只字未提韦布的论文。Sir Matthew Hale（1609—1676）《从自然的角度对人类最初的起源所作的考察》（The Primitive Origination of Mankind Considered and Examined according to the Light of Nature，发表于1677年）一文批评韦布在《论文》中自称的信史根本就不可靠，并认为他的整个理论不过建立在推测出来的原因之上。[2]韦布《论文》出版七十多年后，Samuel Shuckford（1694—1754）在《世界圣俗史》（Sacred and Profane History of the World，1731—1737）中才正面提到了韦布的论点。韦布和莱布尼茨的关系可能是最值得一提的。莱布尼茨在与他人的通信中曾提到：韦布相信汉语就是原始语言。韦布的论点极有可能激发了莱布尼茨对汉语作为原始语言最初的兴趣，而这种兴趣伴随其一生。

（二）该书在西方早期汉语研究史上的地位

有学者将十六世纪四十年代到十八世纪后期耶稣会大规模来华传教背景之下西方对中国的了解分为两个阶段，以1687年为界：前一阶段始于利玛窦，终于南怀仁（Ferdnand Verbuest，1623—1688），属于教士中国观；后一阶段以法国学者型传教士的活动为代表，

---

① Frodsham, J. D., "Chinese and the Primitive Language: John Webb's Contribution to 17th Century Sinology," p.402.

② Ch'ien Chung-shu, "China in the English Literature of the Seventeenth Century," p.370.

是教士中国观走向职业中国学的开始。[①]学术研究的萌芽为后来专业汉学的发展奠定了基础。

欧洲汉语研究史也可套用上述两个阶段的划分。在教士中国观的阶段，西方人对汉语的认识处在初步了解阶段，谈不上研究，也没有专著出现，介绍者一般不是专门研究汉语的人，多为教士和（或）其他学科的学者，汉语在他们的著作中只占很小一部分，这一阶段可以利玛窦为代表；到了第二阶段，专门研究汉语本体的学术性著作才纷纷涌现，学者也越来越接近于专业型汉学家，这一阶段可以马若瑟为代表。但在第一、第二阶段之交，过渡性的人物——早期业余汉学家已经出现，以基歇尔和韦布为代表。这些欧洲早期汉学家们本人对中国知之甚少，但他们著作中关于中国信息的准确性却远远超过了自己的中国知识水平。这是因为他们的材料来源于在华传教士，主要是耶稣会士。早期汉学家和传教士们的最大的区别在于前者几乎没有人到过中国，而后者却全到过中国。这就使早期汉学家成了在华传教士口头或书面报道的编纂者。他们对汉语也有了比较集中的研究，韦布还写出了专著，类似的作品在同一时期的欧洲大陆并没有出现过。汉学家何莫邪甚至曾称韦布的《论文》是"西方出版的第一本关于汉语的大型出版物"[②]。虽然书中的材料都来自别人，但他以敏锐的洞察力总结出了汉语区别于其他语言的独特性质。韦布对汉语的研究还没有上升到真正语言学的高度，我们很容易就发现他甚至缺乏语言学的基本常识，但这正是当时的时代特点。今天的人只能对这本充满矛盾的作品发出感慨，感慨近一个半世纪内英语作品中关于汉语的最好描写居然存在于这本被人遗忘的、其论点在当时看来就太荒谬的书中。[③]这种准确而又矛盾、精彩而又荒谬的结合，可以说是早期业余汉学家作品的一大特征。

韦布在西方早期汉语研究史上的地位是不可抹杀的。他对以前传教士零散的汉语知识作了概括，并在思考的基础上对汉语作出阐释，他是第一个通过长达一本书的系统论述试图为汉语在世界语言中确立一个位置的人。虽然他得出的结论有着鲜明的时代偏见，但不能不说这是一种有趣的尝试。作为一个关注汉语的业余人士，韦布是从传教士汉语观到专业汉语研究之间过渡的一个典型代表，随着他被遗忘而出现的，是学术上更为成熟的专业学者。

---

① 忻剑飞《世界的中国观——近二千年来世界对中国的认识史纲》，上海：学林出版社，1991 年，第 103 页。

② Christoph Harbsmeier, "John Webb and the Early History of the Classical Chinese Language in the West," p. 301.

③ Frodsham, J. D., "Chinese and the Primitive Language: John Webb's Contribution to 17th Century Sinology," p. 407.

今所见最早英译《女论语》研究[*]

陈　微

（马耳他大学人文学院中东与亚洲语言及文化系；莱顿大学语言学中心）

摘　要：1900 年，保灵夫人的译著《中国闺训》在纽约出版。该书称其中文原书由班昭所著。然而，经研究，该书的中文底本并非汉代班昭所著的《女诫》，实为唐代宋若莘、宋若昭姊妹所著的《女论语》，其参考的中文底本很有可能是《绿窗女史》本《女论语》。该译著翻译精当，制作用心，并附有译者的注解和评论，是今所见最早的《女论语》英译本。然而学界目前关于该书的研究极少，且都误认为该译本的中文原书是班昭所著。

关键词：《中国闺训》《女论语》《绿窗女史》　英译

《为妇女和少女而作的中国礼仪及举止之书：中国闺训》（*The Chinese Book of Etiquette and Conduct for Women and Girls, Entitled: Instruction for Chinese Women and Girls*）一书于 1900 年在纽约出版。该书扉页作者处写着 Lady Tsao，译者为 Tr. Mrs. S. L. Baldwin。[①] 全书无页码标记，译者以中文原书的章为单位分了章节，因而下文引用皆只写章数及章名。

译者自称保灵夫人（Mrs. S. L. Baldwin），此外书中再无对译者身份的介绍。唯一的额外线索是译者在"前言"中提到了自己所在的中国城市是福州（"Foochow"）。根据该地点以及时间可以推断译者应该是 Esther E. Baldwin（1840—1910）。她是美国纽约州人，1859 年以优异的成绩（"valedictorian class"）从大学毕业。保灵夫人是美以美会传教士，派驻中国约二十年，主要在福州地区传教，曾游历中国、日本、朝鲜、印度、马来西亚以及十个左右的欧洲国家。1862 年 4 月，她嫁与保灵先生（Stephen Livingstone Baldwin,

---

[*]　感谢厦门大学李焱老师及纪能文老师对本文初稿提出的宝贵意见。文中错误由本人承担。
[①]　Lady Tsao Pan Zhao, Tr. Mrs. S. L. Baldwin, *The Chinese Book of Etiquette and Conduct for Women and Girls, Entitled: Instruction for Chinese Women and Girls*. New York: Eaton & Mains, 1900. 为尊重原书以及方便读者寻找原书，本文仍采取该书版权信息页的标记，将作者写作"班昭"。本文称该书为《中国闺训》。

1835—1902），是其第二任妻子，因此称为保灵夫人。① 二人共育有七个子女，其中六个出生于福州。② 保灵夫妇死后合葬于纽约布鲁克林。③ 保灵先生本人也是美以美会派驻福州的一名传教士，曾在1868年5月至1870年1月以及1878年2月至1880年4月间担任《教务杂志》的主编。④

　　《中国闺训》全书不过百页，封面是亮红色的，按作者自己的话说这是一种很受中国人喜欢的喜庆的颜色。它是保灵夫人在一位中国学者的帮助下翻译而成的。在英译本"前言"中，保灵夫人说自己的翻译助手是中国的一位一等一（"first degree literary"）的学者，他极为推崇中国传统文化中针对女子的德行规范。⑤

　　译者没有明言翻译该书的动机，但我们可以从该书"前言"的论述中窥见一二。首先，译者认为西方很少有人知道中国在漫长的历史中所创造的文明是何等灿烂，作为文明产物之一的礼仪文化在中国也很发达，这部书就可以证明，中国完全不像当时西方人认为的那样野蛮落后。因此译者应该是认为翻译该书对扭转西方人对中国持有的错误观念是很有必要的。其次，译者称这本书是为世所称道的经典之作，在道德准则（"careful moral code"）方面远超西方有关礼仪的著作，据传是最早出版的关于礼仪的著作。当然，这样的说法有一定的问题，下文会详述原因，但这一点至少说明保灵夫人认定这部书本身具有很高的价值，值得翻译成英文介绍给西方人。再次，保灵夫人还提到，她原本想翻译一部不具名的中文长篇小说，因为这样可以帮助人们了解中国人的生活和思想，也便于将中西生活标准作比较。然而她一直没有时间翻译完那部小说，却翻译了这部《中国闺训》。可见，了解中国人的生活和比较中西生活的标准也是保灵夫人翻译这部《中国闺训》的动机之一。最次，保灵夫人译著中每一页文字的边缘都装饰有竹节图案作为边框线。保灵夫人认为竹子在中国文化中寓意着和睦，之所以采用这样的纹饰是因为这样的寓意符合其中文原书的教义。这一方面体现了保灵夫人在制作这部书时的用心程度，另一方

---

　　① 保灵先生第一任妻子是 Nellie M. Baldwin（?—1861），曾随保灵先生一同来到福州，并于1861年3月病逝于福州。参阅 Ellsworth C. Carlson, *The Foochow Missionaries*, 1847-1880. Cambridge: Harvard University Press, 1974, p.172。

　　② 这段关于保灵夫妇的简介整理自：John W. Leonard, "BALDWIN, Mrs. Stephen Livingston (Esther E.)," *Who's Who in New York City and State*. Ed. John W. Leonard. New York: L. R. Hamersly & Company, 1907, pp.67-68。

　　③ Official website of Green Wood Cemetery, accessed May 10, 2022, https://www.green-wood.com/. 二人墓地号：Section 141, Lot 31205, Grave 7-89。更多关于保灵的介绍参看：李亚丁《保灵》，《华人基督教史人物辞典》，http://bdcconline.net/zh-hans/stories/bao-ling，最后访问日期：2022年5月10日。

　　④ 该杂志于1867年创刊，1941年停刊，先后由福州美华印书局、上海美华书馆等机构出版，其间屡次更名，最初叫 *Missionary Recorder*，在保灵先生任职期间叫 *Chinese Recorder and Missionary Journal*，见李松、韩彩琼、田璐《海外英文汉学期刊的创办历史与现状》，《南京理工大学学报》（社会科学版）2021年第1期，第7—8页。

　　⑤ 这段论述及引文源自：Lady Tsao, Tr. Mrs. S.L. Baldwin, *The Chinese Book of Etiquette and Conduct for Women and Girls, Entitled: Instruction for Chinese Women and Girls*. Preface。

面也暗示了作者翻译此书的一个原因是欣赏书中所传递的向往和睦之意。①

全书包括译者撰写的"前言"九页、对译者所以为的原书作者（班昭）的介绍三页、译自中文原书的绪论（Introduction）一页及正文部分十二章。这十二章正文的英文题目分别是 "On the Cultivation of Virtue" "Woman's Work.-Weaving Wilk, etc." "On Politeness" "On Early Rising" "On Reverence for Parents" "On the Reverence due Father and Mother-in-law" "On Reverencing the Husband" "On the Instruction of Children" "On Attention to Domestic Duties" "On the Treatment of Guests" "On Gentleness and Harmony" "On the Cultivation of Virtue"。

此外，每章的前一页都绘有一张与该章内容有关的插画，分别是：《【以扇】掩面》《采桑》《备办茶汤》《整齐碗碟，铺设分张》《求神拜佛，指望（父母）安康》《（为舅姑）安置（寝具）》《女子出嫁【婚宴与夫共饮】》《游园》《炊羹造饭》《【有客来访，】次晓相看》《（东邻西舍，）往来动问，款曲盘旋》和《坟茔》。原书的插图配文是英文，此处援引中文原书的原文回译。②

学界目前对保灵夫人的英译本尚未有细致的研究，而且几乎都是以之为班昭的《女诫》译本而加以引用和论述的。比如：黄海根（Haigen Huang）参考了保灵夫人的译本并写到，最早的对妇女进行教育的专门著作是汉代的《女诫》，英文名称是 *Admonitions for Women* 或者 *Instruction for Chinese Women and Girls*；③ 叶（Grace Yee）引用了保灵夫人译本中的一张插图，提到原书作者是班昭；④ 戴克曼（Therese Boos Dykeman）称，保灵夫人的译本是在对班昭《女诫》改写的基础上的翻译，改写班昭《女诫》的人是 Lady Tsao；⑤ 桑托罗（Michael A. Santoro）和夏克林（Robert Shanklin）在引用保灵夫人的译本时也说到原书的作者是班昭。⑥ 当然，这样的论断都是因为保灵夫人在译著中称原书作者为班昭（"Lady Tsao"）。

———————————

① 这段论述及引文源自：Lady Tsao, Tr. Mrs. S.L. Baldwin, *The Chinese Book of Etiquette and Conduct for Women and Girls, Entitled: Instruction for Chinese Women and Girls*. Preface。

② 本文中引用的《女论语》原文，除非特别标注，均引自：秦淮寓客编《绿窗女史十四卷》，心远堂藏本，明崇祯时期刊本（哈佛燕京藏本）。引文的标点为笔者所加。方括号内的内容为笔者所加，圆括号中的是非相邻的原文。

③ Haigen Huang, "Gender Inequality and Four Generation of Women's Education in a Rural Chinese Village". Diss. University of Missouri-Columbia, 2014, p.20.

④ Grace Yee, "Beneath the Long White Cloud: Settler Chinese Women's Storytelling in Aotearoa New Zealand". Diss. University of Melbourne, 2016, p.xiv.

⑤ Therese Boos Dykeman, *The Neglected Canon: Nine Women Philosophers*. Dordrecht: Springer, 1999, pp.7-8.

⑥ Michael A. Santoro, Robert Shanklin, *A China Business Primer: Ethics, Culture, and Relationships*. London: Routledge, 2021, p.113.

一、《中国闺训》的中文原本——《女论语》

Lady Tsao，即为班昭，汉代著名女学者，十四岁嫁与曹世叔，被称为曹大家。"大家"读音为"太姑"，是古代对有德行和学问的女子的尊称，[①]因而在英译文本中，介绍到作者时称之为"Tai Ku"。[②]据《后汉书·列女传》记载，班昭的兄长是著名史学家班固，班固死后，班昭完成了其兄未竟之业——《汉书》的编纂。班昭所著的《女诫》，与《女论语》《内训》《女范捷录》一并由清代康熙年间学者王相编辑，收为合集，统称《女四书》，是中国古代女子的礼仪修习指导。[③]《女诫》共七章，外加一篇包含了作者的自我介绍以及对写这部书动机的说明的序言。这七章正文包括：《卑弱第一》，告诫女子应当谦卑恭谨；《夫妇第二》，说明女子应当知礼明义；《敬顺第三》，提示女子应该恭敬顺从；《妇行第四》，提醒女子应当四德兼备；《专心第五》，说明女子要忠贞清正；《曲从第六》，点明女子对待公婆应当委曲求全；《和叔妹第七》，劝告女子应当与夫家人和睦共处。[④]全书以文言文散句写就，文辞典雅。

然而，保灵夫人的这部译著的底本并非东汉班昭所著的《女诫》，而是唐代宋氏姊妹所著的《女论语》。

《女论语》，据《旧唐书·本纪第十六》和《新唐书·列传第二》记载，由唐代宋若莘所著，其妹宋若昭注，宋若昭曾被拜为尚宫，故称"宋尚宫"。现存的版本都是宋若昭注解后的版本。[⑤]《女论语》虽是宋氏姊妹所作，但却托名为班昭的作品。这也是学界，包括译者保灵夫人都认为《中国闺训》的中文底本是班昭所著的《女诫》的根本原因。宋氏姊妹之所以假托班昭之名，一来这符合孔圣人"述而不作"的教诲；二来暗示了她们所著的《女论语》是传承了曹大家《女诫》的训诫；[⑥]三来假托他人之名，不居功，不抛头露面，是符合该书的教义及古代女子行为守则的。

《女论语》共十二章，分别是《立身章第一》《学作章第二》《学礼章第三》《早起章第四》《事父母章第五》《事舅姑章第六》《事夫章第七》《训男女章第八》《营家章第九》《待客章第十》《和柔章第十一》和《守节章第十二》。全文的语言四字一顿，朗朗上口，通俗浅显，便于记诵，似乎是为了满足诵读和口传的需求，因而其主要的受众是不认识字、

---

① 班昭等《女四书》，中华文化讲堂注译，北京：团结出版社，2017 年，第 2 页。
② Lady Tsao, Tr. Mrs. S.L. Baldwin, *The Chinese Book of Etiquette and Conduct for Women and Girls, Entitled: Instruction for Chinese Women and Girls.* Introduction.
③ 同①。
④ 同①，第 2、5—41 页。
⑤ 同①，第 4 页。
⑥ 这两点基于班昭等《女四书》，第 147 页。

未受过教育的女性。保灵夫人在《中国闺训》"前言"中盛赞其中文原本，说该书以文言文（"classical or book language"）写成。[1] 这话更像是称赞班昭的《女诫》的，而非是称赞用浅显的口语写就的《女论语》的。

《女论语》中很多章节都以"凡为女子"开头，从生活中的各个方面对女子提出礼仪规范上的要求，比如，在《立身章第一》中，起首句就是"凡为女子，先学立身"。除了正向的建议之外，文中还会提到"不要做什么"，这一类反面规劝几乎都以"莫"开头，比如《立身章第一》的"莫窥外壁，莫出外庭"，《学礼章第三》中的"莫学他人，抬身不顾"。

如上所述，班昭的《女诫》共七章，而保灵夫人的译著是十二章，从章节数目上就可以看出保灵夫人译著的中文底本并非班昭的《女诫》。戴克曼对此的解释是，保灵夫人译著的底本是 Lady Tsao 在《女诫》的基础上删减之后、重写为十二章的版本。[2] 这不仅将保灵夫人译著的中文底本误认为是《女诫》，并且也没有意识到班昭实际上就是 Lady Tsao 本人。而《女论语》全书共十二章，并且它的题目与保灵夫人译本的每一章的题目也都是对应的。因此，从最直观的章节结构上来说，保灵夫人所参考的中文底本也应该是《女论语》。

下面将从文本内容的对比入手，说明《中国闺训》的中文原本是《绿窗女史》本《女论语》，进而进一步论证其中文原本绝非班昭所著的《女诫》。

二、《中国闺训》的中文底本是《绿窗女史》本《女论语》

保灵夫人译本的内容与《女论语》的内容几乎是殊无二致的，更准确地说，与《绿窗女史》本的《女论语》的原文最为接近。

现存《女论语》的版本有三个系列，分别是《镌历朝列女诗选名媛玑囊》[3] 本、重编《说郛》本与《绿窗女史》本、《女四书》[4] 本。《名媛玑囊》是明代池上客编纂的"女子诗歌总集"，其中收录的《女论语》是现存最早的版本。中国国家图书馆（以下简称"国图"）所藏的《名媛玑囊》本为残本，缺失第十一章前两列之后以及第十二章的文本。重

---

[1]　Lady Tsao, Tr. Mrs. S.L. Baldwin, *The Chinese Book of Etiquette and Conduct for Women and Girls, Entitled: Instruction for Chinese Women and Girls*. Preface.

[2]　Therese Boos Dykeman, *The Neglected Canon: Nine Women Philosophers*. pp.7-8.

[3]　下简称《名媛玑囊》。本文所用《名媛玑囊》本为明代池上客辑《镌历朝列女诗选名媛玑囊》，书林郑云竹，明万历二十三年［1595］（中国国家图书馆藏本）。

[4]　本文所引《女四书》本《女论语》出自清代王相辑《女子四书读本·宋若昭女论语》，扫叶山房藏版。

编《说郛》本与《绿窗女史》本为同版印刷，因而本文将这二者都称为《绿窗女史》本。《绿窗女史》是明代秦淮寓客所编辑的一部以妇女为主题的十四卷丛书，内容以传奇和小说为主。其中，《女论语》见于第一卷《闺阁部·懿范》。[①] 而《女四书》，上文提到，是清代王相编辑的。

（一）《女四书》本不是《中国闺训》的底本

从内容上看，《女四书》本与《名媛玑囊》本和《绿窗女史》本的差异较大。以下这段文字出自《训男女章第八》，是《女四书》本中没有的。

《绿窗女史》本中载："五盏三杯，莫令虚度。十日一旬，安排礼数。设席肆筵，施呈樽俎。月夕花朝，游园纵步。挈榼提壶，主宾相顾。万福一声，即登归路。"

《名媛玑囊》本中只有"莫令虚度"一句作"莫教虚度"，以及"游园纵□"有一字印刷不清，其余文字均与《绿窗女史》本相同。

保灵夫人的译文在一些细节上有增删，但她对"月夕花朝，游园纵步。挈榼提壶，主宾相顾"这一段文字作了如下翻译：

> When the spring flowers open,
>
> And the moon shines at night,
>
> Let the children play in the garden,
>
> And let wine be brought to the teacher;
>
> Ever regard him as one of the family.

而且她译著中第八章的插图题为"Garden Scene"，反映的正是上文提到的这部分内容。而这部分内容没有收录在《女四书》本中。

又如，以下这句出自《待客章第十》，也是《女四书》本中没有的，而《绿窗女史》本及《名媛玑囊》本皆作"客下阶去，即当回步"。保灵夫人对此有着较为直接的翻译：

> But if he desires to go,
>
> She may accompany him *only*
>
> To the reception room entrance.

再如，"姑嫜有责，闻如不闻"一句出自《和柔章第十一》，也是《女四书》本中没有而《绿窗女史》本中有的。因国图所藏《名媛玑囊》本不全，无法判断此句是否出现在该版本中。保灵夫人对此的译文是：

---

① 上述关于《女论语》现存版本的介绍总结自王丹妮、李志生《明清时期〈女论语〉版本考述》，《山东女子学院学报》2018 年第 2 期，第 46—55 页。

If your husband's younger sister or sister-in-law

Do any wrong, meddle not;

This is not your affair.

在《事父母章第五》中，《女四书》本和《绿窗女史》本及《名媛玑囊》本在后半部分差别较大。现各自转录如下：

《女四书》本："劬劳罔极，恩德难忘。衣裳装检，持服居丧。安理设祭，礼拜家堂。逢周遇忌，血泪汪汪。莫学忤逆，不敬爹娘。才出一语，使气昂昂。需索陪送，争竞衣装。父母不幸，说短论长。搜求财帛，不顾哀丧。如此妇人，狗彘豺狼。"

《绿窗女史》本："三年乳哺，恩德难忘。衣裳装殓，持服□□。安埋设祭，礼拜烧香。追修荐拔，超上天堂。莫学忤逆，咆哮无常。才出一语，应答千张。便行抛掉，说着相伤。如此妇女，教坏村坊。"

《名媛玑囊》本和《绿窗女史》本除了少数几个字不同，比如《名媛玑囊》本中写的是"守服居丧""口应千章"，大体上是相同的。

保灵夫人的英译本对这一部分的翻译进行了简化：

Grief's clothing, for your parents,

Three years you must wear;

The sacrificial offering to them,

You must never cease to make.

Thus should you honor your ancestors.

虽然这一段话不是直译，而且中文各个版本之间内容的意义也相差不大，但其中比较具有提示性的翻译就是"three years"。《论语·阳货》有"子生三年，然后免于父母之怀"，这是孔子解释为何"天下之通丧"要守三年的原因。结合保灵夫人提到的那位很有学识的中国助手的文化背景可以推见，虽然保灵夫人说的"三年"是指服丧三年，但正对应了《绿窗女史》本或《名媛玑囊》本中父母的"三年乳哺"。相较于只提及"劬劳罔极"的《女四书》本，《绿窗女史》本或《名媛玑囊》本显然更为接近保灵夫人的译本。

根据上述例子，保灵夫人译著的底本不可能是《女四书》本的《女论语》。

（二）《名媛玑囊》本并非《中国闺训》的底本

《绿窗女史》本与《名媛玑囊》本有一些遣词造句上的差别，但大部分情况下相去不大。对比《名媛玑囊》本与《绿窗女史》本，一处较大的差别是《名媛玑囊》本《事夫章第七》中漏掉了一段：

《名媛玑囊》本："莫学懒妇，全不忧心。"

《绿窗女史》本却是："莫学懒妇，未晚先眠。夫如有病，终日劳心。多方问药，遍处求神。百般医疗，愿得长生。莫学愚妇，全不忧心。"

而这一段内容保灵夫人是这样翻译的：

Do not imitate lazy women

Who go to bed before it is dark.

If the husband is sick,

Let the wife, with careful hand,

Administer all the medicine,

Exhausting every means to restore him,

And failing not to be beseech the gods

That his life may be prolonged.

Imitate not stupid women

Who at such times know not sorrow.

可见，保灵夫人参看的底本中是有这一段话的，而并非只有《名媛玑囊》本中的两句。

此外，有一些细节之处也可证明其底本不太可能是《名媛玑囊》本。比如，《事夫章第七》中，《名媛玑囊》本有一句"若夫发怒，不可生嗔。退身先让，忍气吞声"。其中"退身先让"在《绿窗女史》本中作"退身求让"，侧重于"屈从"的含义而非"首先"。而保灵夫人的译文中同样是强调"屈从"的意味：

If the husband is angry,

Let not the wife be angry in return,

But meekly yield to him,

And *press down* her angry feelings.

再如，《待客章第十》中，《名媛玑囊》本有云"（有客到门，无人在户）……点茶递汤，教他礼数"，而在同样的章节中，《绿窗女史》本中最后一句作"莫缺礼数"。保灵夫人的译文是：

Then let the tea be served,

And observe all politeness.

很有可能《名媛玑囊》本此处是笔误，但保灵夫人的译文显然更接近《绿窗女史》本的意思。

综合上面这几个例子可以推断，保灵夫人译著的底本很有可能不是《名媛玑囊》本，而更可能是《绿窗女史》本《女论语》。

《名媛玑囊》本中有一小节专门对班昭的介绍，这一段介绍是《女四书》本和《绿窗女史》本都没有的，原文如下："班氏，名昭，字惠姬。班彪之女，班固之妹，曹世叔之妻也。班固著《汉书》，未竟，死狱中。和帝诏昭就东观，踵而成之。作书十二章，教训女子，名曰《女论语》。世尊之曰'曹大家'（'家'音'姑'）。"

保灵夫人的译著中是有一章专门介绍班昭身世的，与上述这段话的主要内容是大致相似的，这似乎是论证保灵夫人的底本并非《名媛玑囊》本的一个反例。但保灵夫人的译著中对班昭的介绍有多处扩展，比如提到曹世叔早逝的细节等，而且对班昭的介绍并不是仅仅记载于《名媛玑囊》中，上文提到的《后汉书·列女传》等文献中也有相关记载。保灵夫人的中国助手据称是一位博学之人，因此保灵夫人译著中存在对班昭的介绍也不能证明其译著的底本就是《名媛玑囊》本。

《绿窗女史》本的《女论语》在开篇的作者一栏处写着"宋尚宫"，而非班昭。若保灵夫人参考的底本是《绿窗女史》本，应该极有可能会注意到这一点。这可能是因为保灵夫人参考的底本恰恰缺失了《女论语》一书的题目以及作者一栏，或者只注明了作者是班昭，而且她的中国助手其实对《女诫》和《女论语》的原文并没有那么熟悉，因而造成了这样的误解。这是班昭被认为是《中国闺训》中文底本的作者的一个可能性。

另一个可能性是，保灵夫人参考的中文底本是全本的《绿窗女史》本《女论语》，但是译者的中国助手或者译者本人为了突出这部书的重要性而故意将它曲解成是班昭所著的《女诫》，试图据此提升其译本的地位，而有评论恰恰引用了保灵夫人的说法，称《中国闺训》的中文原书可能是所出版的最古老的关于礼仪的书（"the first book on etiquette probably ever published"）。①

当然，在保灵夫人所处的十九世纪末期的福州，也有可能流传着另外一些版本的《女论语》，只是今天已不可考。但就目前所见的版本来看，我们可以确定的是，保灵夫人参考的底本很有可能是《绿窗女史》本《女论语》，也就进一步证明了，其中文底本并非班昭所作的《女诫》。

三、《中国闺训》翻译特色探讨

首先，根据上文的一些引文已经可以发现，保灵夫人的译本不是逐字逐句的对译，而更偏向于意译。这一点有如下不同的表现：

第一，如前文所述，有些翻译的内容是原文简化、合并之后的，比如上文《事父母章第五》中选段的翻译，"礼拜烧香"一句是没有翻译的，可能是因为这种行为与基督教

---

① John W. Leonard, "BALDWIN, Mrs. Stephen Livingston (Esther E.)," p.68.

义不符。另外，第五章结尾部分的"莫学忤逆，咆哮无常。才出一语，应答千张。便行抛掉，说着相伤。如此妇女，教坏村坊"也是没有译出的，可能性之一是保灵夫人所见的中文底本有残缺，或是保灵夫人认为主要意思已经表达清楚了，没有必要逐句翻译。

第二，中文版中没有的，保灵夫人在翻译的过程中有所添加。比如，为了方便阅读，译者将第二章按照内容分为更细的小题目"Weaving Silk, etc."和"Using the Needle"两部分，原文是没有的。这样的操作在保灵夫人这里也是仅此一例。此外，为了让不了解中国文化的西方读者能对原书中提到的一些中国礼仪文化类的概念有一个认识，保灵夫人还增加了一些介绍和解释。比如，中文原版中的"前言"部分的"四德兼全"，在保灵夫人所译的 Introduction 中，她将"四德"解释性地翻译为"four womanly virtues"，点明了这"四德"是针对妇女的，并且，她还介绍了何为"四德"："*first*, carefulness in deportment, which includes manners, dress, and all outward conduct; *second*, all womanly duties; *third*, talking little, and that of profit; *fourth*, to be virtuous."[①] 再比如，中文版《立身章第一》中的"窥必掩面"，保灵夫人就补全了"以扇或面纱掩面（Screen your face with fan or veil）"。另外，因中英文表述的差异性以及原文中为追求四字一顿的节奏感而造成的省略，在翻译的过程中，保灵夫人不得不添加一些成分，使得译文符合英文文法，也让读者更加明白原作者的意思。比如《事舅姑章第六》讲到在早晨应该为婆婆准备好洗漱用品（"换水堂前，洗濯巾布。齿药肥皂，温凉得所"），然后在一旁等待："退步阶前，待其浣洗。"保灵夫人的译文：

> When the mother-in-law wakens,
>
> All these things respectfully present to her,
>
> Then immediately retire to one side,
>
> Until her toilet is completed.

这样的翻译补全了对象（"mother-in-law"）和动作（"All these things respectfully present to her"），将事件呈现得更清晰，方便读者理解。

第三，在保灵夫人的译文中，有些原文中段落的前后位置被调换了，大概是译者觉得这样调整更符合逻辑。比如，《早起章第四》中，原文是"拾柴烧火，早下厨房"，其英文译文是"Then at once to the kitchen go; Of the fire be very careful"。中文原文将"拾柴烧火"放在前面，大概是侧重于"拾柴"，而英译版将"早下厨房"放在前面而不提"拾柴"，大概是因为译者更注意时间顺序，毕竟下了厨房才能烧火。

---

① Lady Tsao, Tr. Mrs. S.L. Baldwin, *The Chinese Book of Etiquette and Conduct for Women and Girls, Entitled: Instruction for Chinese Women and Girls*. Introduction.

　　第四，在一些例子中，译者不是翻译字面意思，而是选择展示其引申含义。比如，上文提到的《和柔章第十一》中的句子"姑嫜有责，闻如不闻"，"闻如不闻"在保灵夫人的翻译中是"meddle not"，而不是直译为"听到就像没听到一样"。

　　第五，译文与原文在词语选择上语义所侧重的方面是不同的。比如，《立身章第一》中的"语莫露唇"的译文是"Talking, restrain your voice within your teeth"，原文强调的是不启唇，其实也可以理解为不露出牙齿的意思，英文的翻译就直截了当地说了"牙齿"。

　　当然，能证明该译文并非逐字对译的还有其他维度和例子，此处不再一一列举。

　　其次，保灵夫人在翻译的过程中加入了自己的注解和感受，更加贴近读者。比如，在《事舅姑章第六》中，有"齿药肥皂"的说法，保灵夫人对此的翻译是"Her tooth-brush and powder"，并且加入了一条译注"[*Note:* Eighteen hundred and twenty years ago toothbrushes in China!]"。1900年的一千八百二十年前，正是班昭生活的汉代。尽管她将原文作者认作是班昭，而且"齿药"也不一定是指牙刷，但这样的注解让我们读出了译者的情绪，拉近了读者和译者的距离。类似的例子还有保灵夫人在第三章的译注"[*Note:* 'Afternoon teas' evidently are not modern]"等。

　　再次，在翻译的过程中，保灵夫人也尝试着用有节奏的语言来保持中文原文的韵味，尽管因为表意的需要，译文没有达到原文的有韵有律、朗朗上口。比如，《立身章第一》中的"凡为女子，先学立身。立身之法，惟务清贞"，保灵夫人译作：

> All girls, everywhere,
>
> First should learn to cultivate virtue.
>
> Of cultivating virtue's methods,
>
> The most important is
>
> To be pure and upright in morals.

　　另外，保灵夫人对一些中国传统文化术语的翻译也值得一提。比如，"前言"中出现的、原文作者用来自称的"妾"这个词，保灵夫人的翻译是"your handmaid"，突出了原文作者自谦的说辞。再比如，在对章节题目的翻译上，第一章的"立身"以及第十二章的"守节"，她的翻译都是"Cultivation of Virtue"。按照中文版原文来看，这两章的主旨都是要求女子贞洁淑慎，因而保灵夫人将它们的题目译成同一个短语是较为合理的；而此处的"virtue"一词，应该就是取其众多义项中的"chastity"的含义了。

　　此外，保灵夫人还提到了一些中西文化交流上的问题。比如，保灵夫人在"前言"中写到了一些她和她的中国助手之间的故事。这位助手，如前所述，是一位学识渊博的中国学者，本身也是基督教徒，对西方的一些思想有很高的接受度，同时也很欣赏这部《女论语》中的观念，经常将文中所述的内容与基督教义中出现的相似内容作比对。保灵夫人也受其影响。有一次，在谈到《女论语》中说到的夫妻二人应该"同甘同苦，同富同贫"这句出自《事夫章第七》的句子时，保灵夫人说，在中国，很少有人真正践行这一要求。在面对贫困的时候，都是妻子委屈自己，先将吃食分给丈夫和孩子，轮到自己的时候往往只剩下菜汤了。丈夫和妻子并没有分担贫困，因此中国人当时的做法并不符合《女论语》的思想。而且，这和《圣经》中的教义也是不同的。使徒保罗说的是强者应该照拂弱者，[①] 而妻子就是夫妻中弱者的一方，因而丈夫应该更照顾妻子。这是中外不同之处。再比如，同样的《事夫章第七》中，中文原书"家常菜饭，供待殷勤。莫教饥渴，瘦瘠苦辛"，保灵夫人在翻译这段话之后，加上了自己的评论，认为中国的女子早就知道了烹饪可口的饭菜可以让他们的丈夫高兴了，暗示了西方的妻子们也是这样做的。这两个例子展现出了中西传统中夫妇相处之道的异同。

结　语

《中国闺训》这部作品是保灵夫人对《女论语》的翻译，是今所见最早的英译本《女论语》。其中文原本的作者并非该书著者一栏标注的班昭，而是唐代的宋氏姊妹。作为其翻译底本的《女论语》的版本在内容上与今存《绿窗女史》本几乎殊无二致。

《中国闺训》是一部热情洋溢的译著，译者带着包容、赞赏的心态将中国传统文化礼仪，尤其是针对女性的礼仪规范介绍到西方，并加入了自己对一些中国传统文化知识和中西生活细节方面的异同的感受。保灵夫人认为，西方人对中国有很多误解和负面印象，而这很可能是因为他们对中国文化缺乏了解，因而这部译著也是扭转当时西方人眼中的中国形象的一个尝试。

---

① 应出自《新约》中的《使徒行传》20: 35 以及《帖撒罗尼迦前书》5: 14。

《官话语法·引言》节译

巴　赞　著　张天皓[1] 译

（1. 日本关西大学东亚文化研究科）

【译者按】本文是对巴赞（Antoine Bazin，1799—1863）1856 年出版的《官话语法》（*Grammaire Mandarine ou Principes Généraux de la Langue Chinoise Parlée*）"引言"的节译，依据的是 1856 年帝国印刷厂（Imprimerie Impériale）出版的版本。巴赞是十九世纪法国重要的汉学家，始学法律，后成为儒莲（Stanislas Julien，1797—1873）的学生，同时跟随雷慕沙（Jean-Pierre Abel-Rémusat，1788—1832）学习汉语。从"引言"中可以看出巴赞吸收了很多前人汉语研究的成果，其中包括中国语法学家的观点。"引言"涉及巴赞的很多基本观点，如汉语书面语与口语的分野很早就已经产生，且已经成为中国人的共识；在讨论了汉语的"单音节性"之后，巴赞提出了自己的多音节词构词理论。

【关于译文的几点说明】（1）本译文中有两种注释，原作者的注释保留本来的形式，在译文中作为脚注，按本刊要求以阿拉伯数字编号；译者在翻译过程中认为有必要进行解释的，以"译者注"的形式随文括注。（2）原文用法语写成，偶见汉语表示概念或典籍名称的情况。此类情况在译文中以楷体繁体字的形式呈现。（3）原文中法语斜体的部分（书名、文章名除外），译文以加着重号的方式呈现。

这本语法书是对我 1845 年出版的《汉语白话的一般规则笔记》（*Mémoire sur les Principes Généraux du Chinois Vulgaire*，以下简称《笔记》）第四部分（译者注：皇家印刷厂出版。皇家印刷厂与出版《官话语法》的帝国印刷厂实际上是同一印刷厂在不同时期的不同称呼，现称国家印刷厂。该书第四部分是"论合成词的形成或构词法"）的补充和发展。

自从写完《笔记》以来，愉悦的环境使我能够更好地讨论有关官话的起源、本质，以及它的单音节性问题。我与三位非常聪明的先生（Sièn-seng）讨论这些问题，有来自浙江的 Ou Tan-jin，来自北京的王继业（Wang Ki-yè），以及来自广东的 Tcho Siang-lan。（译者注：《官话语法》只在第 60 页出现了王继业的名字，其余人名均未出现，且不可考）就语言的性质而言，中国人不承认"書話"（Chou-hoa'）和"俗話"（Sǒu-hoa'）是两种不同的语言，而认为它们是同一种语言的两种形式，一种是书面的，另一种是口头的；一个更具学术性，一个更俚俗。据他们说，这两种形式一直存在。

在欧洲，我们从另一个原则出发。我们已经习惯了保留古文（Kou-wen），或者说是古书上的语言，作为官话和所有口语的共同原型。在马若瑟（Joseph Marie de Prémare，1666—1736）、马礼逊（Robert Morrison，1782—1834）和雷慕沙（Jean-Pierre Abel-Rémusat，1788—1832）的体系中，什么是古文？古文是一种曾经被使用的语言，一种源语言（langue mère），无法与其他已知语言相类比。什么是官话？官话是一种衍生的语言（idiomes dérivé）。① 什么是方言？方言是第三种语言。② 毫无疑问，江沙维神父（Joaquim Afonso Gonçalves，1780—1844）在《汉字文法》（Arte China）中把汉语看作包含两个截然不同的部分或两种主要形式：一种是崇高的（sublime），一种则是粗鄙的（vulgar）。但他认为这两种形式——他似乎和中国人一样承认它们同时存在——都具有绝对的单音节性。

这正是我在《笔记》中所反对的观点。我敢断言，我们误解了这两种形式的性质；书面语言的绝对单音节性与口语的相对单音节性被混淆了；我一贯认为，古文或古书的语言，是一种人工的、习惯的（artificiel et de convention）语言，只用于书面，而不用于交谈；这种书面语言中的"字"（tseu'）并不总是口语中的"言"（yèn）；事实上在大多数情况下，单音节只是一个词中不可或缺的一部分。对于这种断言，雷慕沙先生认为："为了在谈话中相互理解，人们用合成词（mots composés）（译者注：本文中"合成词"专指由两个或两个以上音节构成的词语）取代了简单词，因为同音异义词太含混了。"③ 基本上，我仍然无法想象哪种语言不是这样形成的，正如欧内斯特·勒南（Ernest Renan）先生（译者注：全名Joseph-Ernest Renan，1823 年 2 月 28 日生于法国特雷格，1892 年 10 月 2 日逝世于巴黎，法国哲学家、历史学家、宗教学者，法国批判哲学学派的领袖）在一本充满学术性的著作中所指出的，语言的一般理论对这种构思事物的方式造成了无法克服的困难。这位博学的语言学家补充说："在语言史上，没有一个国家因为察觉到其语言中的缺陷而创造出一种新的语言，或者对旧的语言进行自由的改变。在繁多的语族中，最普遍的规律之一是将合成（synthèse）与

---

① 这个大问题（口语的起源）是由艾约瑟先生（Joseph Edkins，1823—1905）在香港发行的《亚洲学报》（Journal de la Société Asiatique）中提出的。

② 艾约瑟先生最近发现了一本官话词典，是由元代的周德清编写的（即《中原音韵》——译者注）。这本珍贵的书的出版日期与伟烈亚力先生刚刚在上海发现的文献年代相吻合，文献中有中国忽必烈汗（Khoubilaï-khan）的诏书，用汉字和蒙文写成。根据艾约瑟先生的说法，这两种材料都证明了在元朝时期，官话中仍保留着福建和广东方言中的 m 尾，以及韵尾 g、d、b 等。在江南（Kiang-nan）和浙江（Tche-kiang），以元音结尾并受短音或入声影响的单音节已经失去了结尾的辅音 k、t、p，例如单音节 hïo（学）此时已经变成了 hiao。因此，无论是官话还是我们今天说的汉语，相对于广东和福建方言而言，都是一种现代语言。

③ Abel-Rémusat, Éléments de la Grammaire Chinoise, p. 36.

复合（complexité）放在首位。"①

　　人们认为《诗经》（Chi-king）里记录的是周朝的俗话，难以想象，一种如此深奥的人造语言怎么能是俗语（vulgaire）呢？进而言之，怎么能说出来呢？谁能相信在日常的语言中，中国人给三四十种东西起了相同的名字呢？今天，口语中的汉语已经和书面的汉语不同了，《官话语法》也许能够证明一个观点，即在《诗经》成书之时，中国人写汉语的方式已经和说汉语的有所不同了。《诗经》的语言是大众无法理解的。作为书面语，《诗经》所记录的诗歌语言当然与春秋（Tchun-thsiéou）时期的口语有很大的不同，就像杜甫（Tou-fou）和李太白（Li Thaï-pe）的诗歌与今天的官话不同一样。在孔子的时代，两种语言或两种不同形式的存在对中国人而言并不是秘密，而且《诗经》上记录的俗语言的消失也让我们不能认为，周朝人的汉语就是我们在书本上看到的形式。至于对书籍中同音异义词的责难，如果我们不把汉字当成是口语中的词的话，这种责难自然会停止。在书面语中，如果一个单音节是 kin 并且读一声，那么它表示：巾（bonnet）、斤（hache）、金（or）、今（maintenant），等等。在口语中，应该把"巾"说成"帽子"（mao'-'tseu），把"斤"说成"斧子"（'fou- 'tseu），把"金"说成"黄金"（hoang-kin），把"今"说成"如今"（jou-kin），等等。这样一来哪里有同音异义词呢？如果我们仔细研究官话中词的构成的理论，我们很快就会发现书面语词和口语词有各自的形式。

　　在古代，中国的每个分封国都有自己的方言。在前四个封建王朝，比如秦（Thsin）、汉（Han），官话是不存在的。官话是一种共有的（commune）、同质的（homogène）、通用的（universelle）、在所有的分封国或省份中都使用的语言。官话的起源一定是佛教传入中国之后的事。在《康熙字典》的"序言"中作者认为"漢儒識文字而不識字母"；但是他指出，在梵语字母传入中国后，人们就"以三十六字爲母"，也就是说，这三十六个字代表了辅音，并且以此分类。②有一件事证明了汉语结构的微妙之处，把韵母（元音和双元音）组合起来，两个两个或三个三个地，我们计算出了 108 种语音组合。③

　　在区分了声母（辅音）和韵母（元音和双元音）之后，人们找到了在字典中标明词的发音的方法。约公元 505 年，在南朝梁（Léang）创始人梁武帝（Wou-ti）的统治下，人们学会了拼读汉语的方法——切字法。最后，在唐朝仪凤（I-foung）年间（公元 676—

---

　　① 欧内斯特·勒南《闪语通史》，第一部分，第 443 页。（汉语为译者翻译。*Histoire Générale des Langues Sémitiques*, par Ernest Renan, 1ᵉʳ partie, p. 443.）

　　② 出版于明代的《字汇》（*Tseu'-wei*）在这一点上比《康熙字典》更明确。它的"序言"中写有：沈约（Chin-yo）是第一个将印度的声音系统应用到汉语上的人；继承他的史学家是佛教徒神珙（Chin-koung）（韵学自沈约始而释神珙继）。沈约是南朝梁的史学家。

　　③ Abel-Rémusat, *Éléments de la Grammaire Chinoise*, p. 24.

679 年），《唐韻》出版了（译者注：此处应为原文讹误。《唐韵》由唐人孙愐著，公元 732 年之后出版，是《切韵》的一个增修本，但原书已佚失。公元 677 年出版的是长孙讷言的新增《切韵》，又称《切韵笺注》），该书以四声排列汉字。这本伟大的辞书（vocabulaire）首次按四声排列词汇，这成了官话的准则。现如今，所有的汉语单音节以一个发音（articulation）开始并以一个元音或双元音结尾，这已经成了一条原则，但在汉代，即便是最聪明的人对此也一无所知。当汉字第一次接触到拼音，词的读法发生了骤变，这是一件大事。这一事件在《康熙字典》的"前言"中被热情直白地大书特书，这就是中国人从比较语文学（la philologie comparée）中得到的巨大收获。

尽管语言随着时间变更，但官话一直保持到今天，一如在宋朝（Soung）时一样。虽然我自己也承认汉语有一个无价的优势，即变化非常缓慢，如果我们想判断这个语言随时间发生的变更，我们不应该拿我们的欧洲语言作为比较的对象，不过我认为官话通过自然的发展，性质已经发生了变化。Ou Tan-jin 和 Tcho Siang-lan 不这么认为。根据后者的观点，我们今天说的话应该和明、元、宋朝的话如出一辙，即"話當相同"。《西厢记》中的对话，有九成是官话（官話十九），我们拥有了宋代口语的记录，从这些对话中可以清晰地看出官话并没有发生改变。

所有这些文献记录都证明，在孔子生活的时代，在周朝统治下的分封属国或者小国中，人们说的方言是小国与小国之间无法理解的。例如，齐（Thsi）国和楚（Thsou）国的方言就没有任何相似之处。从楚国的方言我们可以看出，南北方语音之间存在巨大的、显著的差别。至于齐国的方言，那是来自山东的孔子的语言。

《孔子家语》（Khoung-tsue-kia-iu）中的某些篇目让我们相信，孔子可以说楚国方言。可能是因为二者在本质上只是两种方言，"音殊而義同"；然而，由于现在没有这种方言的例子，从文献和书面记录来看，无法解决楚国方言与现在的汉语有多大不同的问题。Ou Tan-jin 说："上古之人亦有問答之話；但是包含古语的书并没有以它本来的面貌流传下来。人们说的语言不是书上记载的语言。应该注意，几个世纪之后，书面记录的俗语言就消失了。当一部作品有记录下来的必要时，人们就会用文雅的语言来取代鄙俗的语言，即'去俗成文'，换句话说，作者以学术性的语言（文）来代替作品中的通俗语言（俗）。"①

我们现在来谈谈书面语和口语的联系。

人们称"汉字"为书面汉语的标志。汉字由一些线条组成，但是这些线条元素（共有九种）（译者注：一般认为汉字有八种基本笔画，即"永字八法"。据卫三畏在《汉英韵府》中总结："江沙维的方案也包含了字母（alphabetic）的排列因素，当部首有着同样的笔画数时，那么

---

① 在这篇文章中，Ou Tan-jin 提出了基于以上假设的观点。

他们会按照一定的顺序来排列。他拆分出了这些字母，就是从永这个字上拆出九个部件，中国人在写汉字时用他们来连接，并把它们写成 、一 丁 丿 乙 亅 丨 八。"江沙维的《汉字文法》出版于1829 年，早于巴赞的《官话语法》。此外本文提到的罗谢的《习言读写中国话》（1846）中也有汉字有九种基本笔画的表述）并不会像字母一样能被反映在读音上。

汉字能使人们在头脑中感受到它们所代表的意思，传统上用于汉字发音的单音节则不能。

我们把书面上的词（mots）称作"字"，把口语中的词（mots）称作"言"。在书面语中，每一个汉字就是一个词，即"字爲一言"。一般而言，这些词都是"简单词"（termes simples），即单音节词，通过书写一个汉字来表达一个意思。在口语中，很少有只用一个汉字（字）能表达好的词（言）。一般来说，口语中的词是"合成词"（mot composé），即由多个单音节聚合而成的。

雷慕沙说："在书面语中，词（mots）可以用作体词（substantifs）、形容词、动词，有时甚至作为小品词（particules）。要准确表示一个词的含义及其在从句中所起的作用，我们必须求助于上下文的含义和词的相对位置。"[1] 据洪堡特（G. de Humboldt，1767—1835）说："汉语永远不标记词所属的语法范畴。"[2] 所有这些都适用于书面语，但同样，书面语言只是一种人工的习惯用语；书面语词有自己的形式，口头语词有自己的形式。在汉语口语中，每一类词都有其特点；和我们一样，汉语也有体词、形容词、动词、副词，而在汉语书面语中，表现的形式只有汉字。一旦一个口语词（言）的音发出来，我们就能立刻分辨出它属于哪一类而不属于哪一类。例如，添加词尾的法子（fǎ-'tseu）、馬頭（'ma-theou），它们只能是体词；三音节词"朋友們"（'pheng-yeou-men）是体词的复数；"好的"（'hao-tǐ）是性质形容词（adjectif qualificatif）；"三個"（san-ko'）是数量形容词；"進来"（tsin'-laï）和"認得"（jin'-těe）只能是动词。[3]

---

[1]　Abel-Rémusat, *Eléments de la Grammaire Chinoise*, p. 35.

[2]　M. G. de Humboldt. *Lettre à M. Abel-Rémusat sur la nature des formes grammaticales en général, et sur le génie de la langue chinoise en particulier*, Paris, 1827.

[3]　《比较语法的基本概念，用于研究三种古典语言》（*Notions élémentaires de Grammaire Comparée, Pour Servir à L'étude des Trois Langues Classiques*）（该书作者为 Émile Egger, 1813—1885, 法国希腊学家和希腊文学教授——译者注）的博学的作者在谈到有关口语的各部分时这样表示："我们经典的词性划分可用于所有印欧语言的语法；它甚至可以以多种方式应用于闪语中；但全球至少有三分之一的居民在思想表达方面遵循着截然不同的过程。汉语没有清晰的由一个词根（radical）和多个词缀（affixes）组织的词；它只有单音节，这是非常普遍的概念的符号，并且根据它们在句子中的位置，它可以充当名词（noms）、动词、副词等的功能。在字典中，βαίνειν、ambulare、marcher 很明显是动词，κύριος、dominus、seigneur 很明显是名词，καλῶς、bene、bien 很明显是副词，等等。汉语词典并没有对这些词进行预先分类和语法形式的区分；它只提供了一种能变化的符号，这种变化通过我们的使用来实现，可以变成动词、名词、副词等。"
我们可以想象，É. Egger 先生跟随着雷慕沙先生的脚步，他所说的中文词典无疑是一本书面语词典，因为在口语中，合成词"走路"只能是动词；合成词"天主"只能是体词；简单词"好"是副词，在某些情况下只能是形容词或副词。

在书面语的语法中,我们首先必须确定汉字在句子中的先后顺序,以表示它们是体词、形容词、动词等。举个例子:不知之之之路(Pŏu-tchi-tchi-tchi-tchi-lou', Il ne connaît pas le chemin pour y passer)。在这个句子中,"之"被重复了三次,而 tchi 这个单音节被重复了四次,我们必须要说明为什么要使用"之"字,第一个是动词,第二个是宾格第三人称代词,第三个标明动词的动作与后面体词之间的关系。[1] 总之,汉语的结构规则需要解释。这正是雷慕沙先生以极大的智慧做的事情。在口语语法中,首先有必要将简单词或单音节词与合成词区分开来;特别强调一下,我为自己设立的目标是,基于构成理论,找到并揭示出每一种词的构成过程,最后揭示句法规则。

我敢在我的语法书中断言,汉语体词可以用七种不同的方式构成,动词可以用三种不同的方式构成。把我给出的所有词(言)拆开,在口语中随心所欲地安排它们,我们也许会有自己的语言,但我们说的绝不是别人也在用的语言;别人将无法轻易地理解我们。这种聚合规律太重要了,以至于有些词不能单独写出来,比如副词 jamais"總没"('tsoung-mŏu)或者"總不"('tsoung-pŏu)。你必须加上动词或者形容词。

Ou Tan-jin 说:"我们称它们为'單字'(tan-tseu', mots monosyllabiques)和'聯字'(lièn-tseu', mots polysyllabiques)。在书籍中,有些汉字可以表示多个词,就像在《史记》(Sse-ki)[2] 和许多其他作品中那样;但至於説話並用單字甚鲜。尽管每个汉字都代表一个意思(雖則成意),但不是所有汉字都是词;这就是为什么当我们书写时也要像说话时一样,应该把两个或更多字组成词(亦必聯絡成言)。这些聚合是非常巧妙的。"[3]

在分析口语词时我们发现单音节在行文中往往失去了汉字的原始含义,因而不再是单音节词,严格来说偏向于仅仅是一个音节而已。因此,单音节 pa,汉字写作"把",本义是"拿"(prendre),几乎总是作为第一类助动词出现(译者注:巴赞在正文中解释了"第一类助动词"的含义,即用于变位的助动词),反倒在合成体词"一把刀"(ĭ-'pa-tao)里成了一个辅助和限定体词(un substantif auxiliaire et déterminatif)(译者注:此处巴赞使用的是艾约瑟在《上海方言口语语法》中使用的概念,相当于今天所说的量词。在艾约瑟和巴赞的词类体系中,这类词属于体词的一支),最后,它不过是一个完全无关紧要的单音节,也就仅仅是一个音节,在合成词 'pa-tchou(译者注:若依照上下文,该词可能是"把树",但所指为何尚不可考)中,我们用它来指代植物。如果单音节"子"('tseu)(意思是"儿子"fils)在第四类复合体词(译者注:指巴赞认为的四种复合体词的构成法,即两个字表示两个音节或两个体词词根)

---

[1] Abel-Rémusat, *Eléments de la Grammaire Chinoise*, pp.78-79.

[2] 司马迁的历史笔记。

[3] 见作者对路易·罗谢(Louis Rochet)先生《习言读写中国话》(*Manuel pratique de la langue chinoise vulgaire*)的书评,载《亚洲学报》(*Journal Asiatique*)1846 年 10 月。

中还保留着它的含义，比如在"父子"（fou-'tseu）这个词中，那么在"法子"（fǎ-'tseu）中，它就毫无意义，不过是一个单音节，聊以慰藉的话，它还有作为词尾的作用。"們"（men）字用来形成代词和名词的复数形式，它本身没有意义，必须被看作一个词缀（affixe）。

单音节组合的顺序非常重要，有时词会随着单音节顺序的改变而改变。如"大膽"（ta'-'tan, courage）和"膽大"（'tan-ta', courageux），"高名"（kao-ming, célébrité）和"名高"（ming-kao, célèbre），"謊说"（'hoang-choǔe, mensonge）和"说謊"（choǔe-'hoang, mentir）。在其他情况下词会获得其他的含义。像"兄弟"（hiong-ti'）表示弟弟（le frère cadet），"弟兄"（ti'-hiong）表示哥哥和弟弟（les frères）；"半斤"（pan'-kin）表示"一斤的一半"（une demi-livre），"斤半"（kin-pan'）表示"一斤加上一半"（une livre et demie）。

打开《正音撮要》的词汇，除了双音节词，你几乎找不到别的东西；词汇表中的词是一回事，用在句子中的词往往是另一回事。我在《笔记》中肯定，汉语有一个我不敢妄称为区别性的特性，因为它是许多语言的共同点，这个特性就是，在某些情况下说话者有拆分一个词并用一个简单词代替一个合成词的能力。如果我对一个中国人说："有腰刀（sabres）麽？"（Ont-ils des sabres?）他会回答我"有刀"或者"没有刀"。如果我对他说："有刀子（couteaux）麽？"他会用同样的语气回答我"有刀"或者"没有刀"。然而，当他这样表达自己时，在第一种情况下，他所表达的单音节 tao，在我脑海中清晰地呈现出与合成词"腰刀"相同的含义；并且，在第二种情况下，由他发音的同一个单音节"刀"将同样清楚地为我提供合成词"刀子"的含义。①

Tcho Siang-lan 说："言語固有單字成話者甚多。如問曰：'可否？'答曰：'可。'或曰：'否。'問曰：'有無？'答曰：'有。'或曰：'無'之類是也。"

简单性（simplicité）是汉语书面语的特点；复合性（complexité）是汉语口语的特点。如果将这两种形式放在一起进行对照，我们会发现书面汉语词典编纂的丰富性超过了汉语口语的丰富性。《康熙字典》中有 43 496 个汉字，即：31 214 个常用汉字，6 423 个古体字（caractères dont la forme a vieilli），1 659 个在字典中尚未被分类的汉字，以及 4 200 个没有意义的汉字（译者注：《汉语白话的一般规则笔记》中同样出现了这组数据，巴赞提到数据来自郭实腊）。

---

① "在我们的语言中，我们经常使用分解的单词。比如 ciel-de-lit（意为床帐顶）这个词，是由一个介词连接两个名词组成的。一个做床帐顶的人对他的妻子说：'今天我卖了三个顶（trois ciels）。'在这句话中'顶'（ciels）这个单音节的意义是清晰的吗？毫无疑问是的。这是因制造商使用而表明的。"见巴赞《汉语白话的一般规则笔记》，第 64 页。

记录口语的是什么？以下是 Ou Tan-jin 对这个问题的回答：

"一般来说，任何写作的人都在写书面语言；我们写官话只是为了教中国人正确地说话（是教人说話）。在小说和戏剧中，既有官话，也有乡谈（Hiang-than, patois）；但是戏剧中的语言和我们在社会上说的语言略有不同。现在，那些被称为正生（tcheng'-seng）和小生（'siao-seng）的角色一般说官话，而净（tseng）和丑（'tcheou）会在官话中混入方言或所代表的地域的语言。至于剧作家，他们用南京还是苏州府（Sou-tcheou-fou）的方言书写，这取决于他们经常读南京还是苏州府方言写的小说。在特定的方言区，演员永远不会按剧中所写的语言去表演角色。"①

对中国方言的比较研究仍然只有两个结果。

每一种方言都有相似之处和不同之处。不幸的是，在十五种方言中，我们只知道三到四种。我在《笔记》中提到的优秀作品中，还必须加上艾约瑟②的语法，这是一部深入的专论，我们在其中找到了一个清晰易懂的说明；但我们远没有对所有的语言都有一个完整的了解。尽管文献不足，但可以肯定的是，很多"土语"，如"家語"（langues domestiques），并不源于官话，被错误地认为是一种独特而原始的语言。例如，福建（Fou-kien'）的语言单独形成一系，它经常与官话不同，不仅仅是单音节的声调或重音的区别，词汇上也相异。即便这样我们也无法认定这种语言与书面语相关，书面语言为我们提供了一个非常广泛的发展景象，但是是向不同方向发展的（un développement à part）。

另一个通过比较语言而得出的非常重要的结果是实词（pleins，体词和动词）的相似性和虚词（vides，小品词 particules）的相异性。勒南先生说："小品词通常是话语（discours）的元素，它从一种语言到另一种语言传递得最少，并且深深地扎根于每种语言的特性之中。"这在中国的语言中尤为正确。我们通过小品词来区分方言，进一步的研究将向我们揭示同样的现象是否无处不在。

现在我来谈谈语法（grammaire）。

根据中国人的说法，关于语法其中一个最值得注意的是词的理论。

中国的老师对学生说："怎麼是文法？"

"文法大得緊，有實字有虛字。"

（实字本身就有其意义；虚字或小品词标记实字之间的关系。）

问：實字怎麼分呢？

---

① 《亚洲学报》1846 年 10 月。

② 艾约瑟《上海方言口语语法》。*A Grammar of Colloquial Chinese, as Exhibited in the Shanghai Dialect*, by J. Edkins, A. A. univ. coll. Lon. of the London missionary society. Shanghai, London mission press, 1853.

答：有活字有死字。

我们称表示动作或状态的词为"活字"，就像动词；我们称只用于命名或者限制对象的词为"死字"，就像体词和形容词。

问：虚字怎麽分呢？

答：有起語辭，有接語辭，有轉語辭，有襯語辭，有束語辭，有嘆語辭，有歇語辭。

（有开头的小品词，有转折的小品词，有代词，有表集合的小品词，有表感叹的小品词和表结尾的小品词。）

值得称道的是，中国早期的语法学家在从语言的形式（formel）要素中辨别出实质（matériel）要素之后，将所有词分为两大类，即实字和虚字。名词（nom）和动词之间的区别源于后来的分类，但分类没有受到源于外国的影响。

这就是我们对中国语法的全部了解，1852 年，博学的艾约瑟先生拿到了一篇由当地人撰写的语法论文，作者名叫毕華珍。人们常说，我们在中国找不到任何类似于语法论文的东西；正如我们所见，这是一个错误。

在他题为"衍緒草堂筆記"的书中，这位中国作者在遍历书面语言的表层之后，逐个检查话语的所有部分。但是，他并没有拘泥于常规的和旧的方法，而是建立了一个新的分类，从第一类（实词）中去掉所有形容词和动词，只留下体词，而大大增加了第二类（虚字），他将其细分为四类。分别是：第一类，形容词；第二类，动词；第三类，疑问小品词与句尾小品词、代词与表明词语关系的小品词、副词与助动词；第四类，连词、否定副词。

当然，我们可以批评作者建立的分类，就虚字而言，太复杂了；但是必须承认，它与欧洲的分类非常相似。

美国来华传教士裴德士与近代对外汉语教学

卞浩宇

（苏州市职业大学外国语学院）

摘　要： 在近代对外汉语教学史上，美国来华传教士裴德士可以说是一位非常重要的人物。从 1906 年初次来华到 1946 年卸任华文学院校长，裴德士数十年如一日投身来华西方人汉语学习和培训之中，不但积极参与当时在华汉语培训学校状况调研，还编写具有指导意义的汉语教学手册；在其执掌华文学院期间，裴德士更是大力引进西方先进教学法，推动教学改革，不但培养了一大批汉学精英，还有效推动了当时在华汉语培训学校的整体发展。

关键词： 裴德士　近代　对外汉语教学　影响

裴德士（William Bacon Pettus，1880—1959），1880 年出生于美国南部亚拉巴马州的莫比尔市，1905 年毕业于哥伦比亚大学。据记载，裴德士自幼"便对汉语以及中国文化着迷，期待有朝一日能够前往中国并在中国传播基督福音"。1906 年，裴德士携新婚妻子来到上海。在上海基督教青年会（Young Men's Christian Association）总部工作期间，裴德士开始学习汉语。"1908—1910 年间，裴德士在南京金陵大学学习汉语并获得汉语语言和文学硕士学位"。毕业之后，裴德士前往德国汉堡大学继续深造，"1912—1913 年间，裴德士参加了在柏林大学举办的亚洲语言教学研讨会，接触到当时最为先进的语言教学法——直接法"。[①] 正是通过不懈努力，裴德士不仅熟练掌握了汉语的语言技能，而且对汉语教学产生了浓厚兴趣。裴德士学成回到中国之后，积极投身于来华西方人汉语学习与培训之中，不但调研了在华汉语培训学校发展状况，而且编写了具有指导意义的汉语

[①]　Zhang Weijiang, "Institutional Development and Legacy: An Early Model of Effective Cross-Cultural Postsecondary Education —A Case Study of the College of Chinese Studies in Beijing and The California College in China Foundation in California." Diss U of Claremont Graduate, 2004, p.26.

教学手册；1906 年起，裴德士开始执掌华文学院 [1]，大力推进教学改革，在培养了一大批汉学精英的同时，亦有效促进了在华汉语培训学校的整体发展。

一、调研在华汉语培训学校整体状况

1914 年，裴德士受"中华续行委办会"（The China Continuation Committee）下设的"传教士培训特委会"（Special Committee on the Training and Efficiency of Missionaries）委派，与英国来华传教士鲍康宁（Frederick William Baller，1852—1922）、美国来华传教士乐灵生（Frank Joseph Rawlinson，1871—1937）组成一个考察小组，在全中国范围内考察调研已设立的汉语培训学校或机构，"旨在了解每家机构的目标和教学模式，并在调查基础上形成考察报告，连同建议一起递交给特委会" [2]。乐灵生担任小组负责人。

事实上，在此之前，裴德士就已经对在华汉语培训学校状况作过一轮调查，并将其调研结果——《语言学校和学习班》（Language Schools and Classes）发表在 1914 年出版的《中国传教使团年鉴》（*The China Mission Year Book*）上。据裴德士介绍，教会各界均认为，来华传教士以往的旧式"个体"学习方式已无法满足传教需求，"既浪费时间又花费金钱"，因此，"语言培训学校才是解决问题的关键，在这里新来者可以在语言学习上得到专业人士的帮助"。据裴德士统计，当时中国境内共有七家主要汉语培训学校，分别位于安庆（内地会男生语言学校）、扬州（内地会女生语言学校）、北京（华北协和语言学校）、南京（金陵大学华言科）、成都（中国西部语言学校）、卫辉（加拿大长老会语言学校）和广州（广东语言学校）；此外，每逢夏季，北戴河、牯岭、莫干山以及其他度假胜地会开设语言短训班。据裴德士调研，这些学校或语言短训班之间并没有相互联系与合作，且在办学条件、师资队伍、授课时长、教学内容等方面各不相同，例如，"有的学校可以提供住宿、独立的自习室和教室；而有的学校则每日借用其他学校教室一到两小时用于授课"；"有的学校所有课程均由外国人教授；而有的学校则由训练有素的中国教师

---

[1] 华文学院最初名为"华北协和语言学校"（The North China Union Language School），是由英国伦敦会传教士瑞思义（W. H. Rees）1910 年在北京开办的一所汉语培训学校。1924 年，该校与燕京大学合作，更名为"燕京中国学学院"（Yenching School of Chinese Studies）；1928 年年底，学院与"加州大学在中国"基金会合作，成立"华北协和话语学校与加州大学在中国"（The North Union School Cooperating with the California College in China）；1932 年，学校再次更名为"华文学院与加州大学在中国"（The College of Chinese Studies Cooperating with the California College in China）；1942 年，学院迁回美国加州大学伯克利分校后更名为"华文学院"（The College of Chinese Studies），直至最后停办。参见徐书墨《华文学院研究》，北京：人民出版社，2012 年。

[2] E. C. Lobenstine, "The First Year of the China Continuation Committee," MacGillivray. D., *The China Mission Year Book*, 5 (1914): 496.

进行授课"；"有的学校每次开班仅几个月；其他一些学校则能提供两年制课程"；"有的学校几乎仅教授口语对话，不重视阅读，几乎忽略写作；而有的学校尤为强调写作"。值得一提的是，在这篇报告结尾处，裴德士还特别提到自己接受委派一事："为了更好地搜集和研究这些情况，'中华续行委办会'任命了一个三人小组（裴德士、鲍康宁和乐灵生）前往各个语言学校调研学习，并在 1915 年向'中华续行委办会'汇报从中了解到的具有建设性意义的内容。"①

有关此次调研的结果《"中华续行委办会"语言学习考察小组走访学校之报告概要》（Summary of the Reports of the Schools Visited by the Language Study Committee of the C.C.C.）及建议《论传教士的培训》（On Training of Missionaries）相继发表在 1915 年出版的《中国传教史团年鉴》以及 1915 年 6 月的《教务杂志》（*The Chinese Recorder and Missionary Journal*）上。这两篇文章主要从概况、组织机构、财务、设备、教学重点、外籍教师、汉语口语、翻译、书面语、汉字书写、学生、社会和宗教等多个方面对此次大调查所获得之信息进行较为详细的梳理、总结与反思。不过，这两篇文章的作者却并不是裴德士。第一篇报告概要并未署名，而第二篇作者则是乐灵生。事实上，裴德士本人也曾撰文介绍此次调研之结果。1915 年，裴德士在《中国传教使团年鉴》上发表了一篇不足 200 个单词的小短文《语言学校》（Language School），简要介绍了调查小组的调研结果，"目前，中国国内共有七所语言培训学校，分别在北京、卫辉、鸡公山、南京、安庆、扬州和成都。受'中华续行委办会'委派的调查小组走访了除成都以外的其他学校。这些培训学校已充分证明，新来华的传教士在这里能够在更短时间内更好地掌握汉语，只要他们第一年在这里度过，因为在这里，他们的学习既有人监督、学习时间又有保障，而学习中所遇到之困难亦可得到专业解答。如今，将一位年轻传教士从这些学校直接送往传教点已不再是一件困难之事，他已能独立应对各类问题"②。数年之后，裴德士在另一篇文章中再次回顾了此次调查活动，"1914 年，一个由三人组成的调查小组，前往当时中国各大汉语培训学校和机构进行调研。该小组走访了除成都之外的所有学校。在当时，各校对于教学方法以及教学内容都未达成一致意见。各校的中国籍教师很少，且大多数中国籍教师素质都不高。各校之中仅有一位接受过正规语言学培训的外国教师。尽管这些学校设备短缺，但相比以往'全凭自己'的个体学习方式，学校教育的模式显然更为有效"③。

①　W. B. Pettus, "Language Schools and Classes," MacGillivray. D., *The China Mission Year Book*, 5 (1914): 499–501.

②　W. B. Pettus, "Language School," MacGillivray. D., *The China Mission Year Book*, 6 (1915): 534.

③　W. B. Pettus, "Language School," Hodgkin. H. T., *The China Mission Year Book*, 13 (1925): 235.

此次三人考察小组的调研与此前裴德士的调查，都较为客观真实地反映了当时在华汉语培训学校的发展概况、取得的成绩及存在的问题，这无论是对培训学校的进一步发展，还是在华差会的未来规划而言，都具有十分重要的参考价值，而这其中裴德士的作用和功劳不言而喻。

二、编写汉语教学手册

两次实地考察不仅让裴德士了解到在华汉语培训学校所取得之成绩，更让他看清楚当前所存在的不足。在裴德士看来，缺乏先进的教学方法与统一的课程设置是这些培训学校亟须解决的问题。有鉴于此，裴德士结合自己的汉语学习经验编写了汉语教学手册——《汉语学习法初论》(*Brief Introduction to the Study of the Chinese Language*)，并于1915年由上海美华书馆(American Presbyterian Mission Press)出版发行。值得一提的是，该书封面上还特别印有一行小字"该书经由'中华续行委办会'下设的'传教士培训特委会'(1914—1915)成员们修订并推荐"。此外，乐灵生亦为该书撰写了"序言"。他在"序言"中写道："这本小册子中的内容，最初发表在《教务杂志》之上。'中华续行委办会'1914年设立的'传教士培训特委会'成员们均认真研读过这些内容，并根据成员意见对书中内容进行相应修改。特委会成员建议，应将该书特别推荐给那些执掌汉语培训学校的负责人们，以便他们为即将在华开展工作的传教士们提供特别的课程准备。"[1] 由此可见，该书很大程度上是针对此次调查中所发现的问题而编写的。

《汉语学习法初论》正文仅26页，共分为八章，分别是"学习方法""语音""词汇""汉语音调""课堂对话""初学文理""字典"及"课程建议"。值得一提的是，全书并没有出现汉语例句和练习，主要以教学方法评论以及教学资料介绍为主，这在当时西方人所编汉语教材中也是非常罕见的。裴德士之所以会如此编写，主要是考虑到该书所针对的目标读者主要是"执掌汉语培训学校的负责人"，而非普通的个体汉语学习者，因此，从理论上给予指导要比具体的例句讲解、语法解释、练习布置更具有针对性和操作性，这也成为该书的主要特征。

裴德士在书中首先强调了学习方法的重要性。他指出，"目前至少有六种语言学习法，因此，对那些准备语言课程的负责人们而言，必须仔细考虑清楚学生的需求以及达

---

① W. B. Pettus, *Brief Introduction to the Study of the Chinese Language*, Shanghai: American Presbyterian Mission Press, 1915, Foreword.

到这一需求的最好方法"①。裴德士所提到的这六种教学法，分别是"语法翻译法（The Grammar-Translation Method）""阅读法（The Reading Method）""自然法（The Natural Method）""熟练法（The Mastery Method）""古安系列教学法（The Gouin Method）"和"直接法（The Direct Method）"。对于前五种教学法的优缺点，裴德士一一进行了点评。随后，裴德士详细介绍了"直接法"的六大原则，②并毫不讳言地指出，"这种教学法涵盖了所有其他教学法的优点"，因此，"在我看来，所有的语言学校都应该采用'直接法'"③。裴德士之所以不遗余力地推荐介绍"直接法"，一方面，是因为其本人在欧洲学习期间，接触了解的正是这一教学法；另一方面，"直接法"也的确是当时最为流行的一种语言教学法，甚至在二十世纪初一度成为德国和法国官方指定的教学法，因此，裴德士自然也就希望将最先进的教学法引入在华汉语培训学校，从而达到有效推动汉语教学之目的。

在随后的章节中，裴德士分别就语音、词汇、音调、对话等专项内容的教学提出了指导性意见。在语音教学中，裴德士认为应该充分利用现代西方语音学（Phonetics）的专业知识和方法，观察、描述汉语语音的发音特征和发音位置，进而有助于学生"更好地模仿教师的发音"，同时，"还能帮助学生避免养成错误的发音习惯"。④在词汇教学中，裴德士将汉语词汇划分成"接受性口头语（receptive spoken vocabulary）""主动性口头语（active spoken vocabulary）""接受性书面语（receptive written vocabulary）"和"主动性书面语（active written vocabulary）"四类，并明确指出，就来华传教士的实际工作而言，"掌握前两种词汇更为重要"，因为，"如果一个传教士是位盲人，他仍然可以做很多工作，但如果他是个聋子或哑巴，那他所能做的就非常有限了"；不仅如此，裴德士还特别强调了语言学习应遵循"听、说、读、写"之顺序，即"学习者应该先听、后说、再读、再写。如果顺序颠倒将会让语言习得变得更加困难"。⑤在谈到汉语音调时，裴德士建议可以借鉴西方音乐中的五线谱来描述汉语音调的音高、重音、音长和音质等特征。⑥在谈到如何组织课堂对话教学时，裴德士首先强调，"对那些试图帮助学生学习汉语的人来说，最为重要的一点就是，应该在学生学习初期教会他们开口讲中文，并且告诉他们应该如何做

---

① W. B. Pettus, *Brief Introduction to the Study of the Chinese Language*, p.1.

② （1）在外语学习中，首先要掌握的是能够进行日常对话的口语，而不是书面语；（2）教师的首要任务是让学生清楚了解外语的发音；（3）教师的次要目标是帮学生掌握最常用的词组和成语；（4）语法最初应该通过归纳法来学习；（5）教师应尽力将外语单词和它们所要表达的意义直接联系起来；（6）书面语的学习应该安排在外语教学后期。同①，第3—4页。

③ 同①，第4页。

④ 同①，第4—7页。

⑤ 同①，第7—9页。

⑥ 同①，第9—13页。

来提高汉语口语能力";随后,裴德士指出,在中国许多学校的课堂对话教学中,"教师基本都是用英文来组织教学,几乎无人讲中文",有鉴于此,裴德士认为,最理想的课堂对话教学应该是"由中文教师来组织",此外,裴德士还给出了一些建议,如对话教学应有适当的主题、可采用故事复述的模式等。在裴德士看来,只有"当学生能够听懂、理解并用汉语来表达时,对话教学才算成功"。[1]

除先进、科学的教学法之外,合适的教科书和工具书对语言学习同样非常重要。为此,裴德士在书中专辟两章一共向读者介绍了十二本汉语书面语教科书、十一本字典。在裴德士看来,这些教科书和字典各具特色。例如,在教科书方面,既有专门针对官方公文的《文件自迩集》(*A Series of Paper Selected as Specimens of Documentary Chinese*)、有专为海关人员编写的《新关文件录》(*Text Book on Modern Documentary Style*);也有适合初学者的《汉语书面语渐进教程》(*Progressive Exercises in the Chinese Written Language*)《华文释义》(*Lessons in Elementary Wenli*) 等。而在字典方面,既有汉英字典,又有英汉字典;既有方便随身携带的《袖珍字典》(*A Pocket Dictionary*)、《通用袖珍字典》(*General Pocket Dictionary*),也有收录词汇最多的《华英字典》(*A Chinese and English Dictionary*)。裴德士的这一做法,也体现了开放的教学理念,因为在他看来,每本教材和字典都有可取之处,亦有不足与缺陷,而作为学校课程的设计者,不应只局限于某本教材,而应根据各自学校培养目标、学生特点进行多样化选择,从而达到最佳效果。[2]

在该书的最后一章中,裴德士还就如何准备汉语课程给出了自己的建议。例如,课程要有明确的目标设置、要避免给学生太多的材料而令其无法牢固掌握;又如,在课程前期要经常安排考试以检查学生学习进度、课程内容要包含中国人思想和生活的内容;再如,要让学生和不会讲英语的中国人多交流等。[3]

值得一提的是,1915年12月,即《汉语学习法初论》问世后不久,全国汉语培训学校负责人会议(Conference of Training School Directors)在南京召开。此次会议的主要目标之一就是探讨确定来华传教士第一年的课程目标。据记载,会议达成一致意见,认为在第一年内,学习者应该掌握以下能力:(1)能够听懂汉语;(2)能够掌握汉语正确发音;(3)能够讲地道的汉语;(4)能够阅读简单的篇章;(5)熟悉最为常用汉字的组成和写法。而要达成这些目标,会议建议学校采用"直接法",并且严格遵照先听、后说、再读、再写的顺序组织教学。[4] 从此次会议决定内容来看,几乎与裴德士在《汉语学习法初

---

① W. B. Pettus, *Brief Introduction to the Study of the Chinese Language*, pp. 13-16.
② 同①,第16—24页。
③ 同①,第25—26页。
④ E. C. Lobenstine, *The China Mission Year Book*, 7 (1916): 409-410.

论》中所提出的指导性意见完全一致。事实上,此次会议的主办方正是"中华续行委办会"下设的"传教士培训特委会",因此,此次会议也可以看作是"中华续行委办会"对《汉语学习法初论》所倡导的汉语教学方法和教学理念的一次全国范围内的宣传和推广,其影响不言而喻。由此可见,在某种程度上,《汉语学习法初论》可以被看成一份有关二十世纪初在华汉语培训学校教学方法指南的纲领性文件。

三、执掌华文学院,推动汉语教学改革

华北协和语言学校(The North China Union Language School)是华文学院的前身,最初是伦敦会传教士瑞思义(William Hopkyn Rees,1859—1924)于1910年在北京创办的一所汉语培训学校。1913年,该校由基督教青年会接管。"1914—1916年间,爱德华兹(D. W. Edwards)任学校负责人,爱德华兹因故回国之后,学校管理权暂时移交给怀特(George D. Wilder)。这些早期的负责人们,在管理学校的同时还要完成他们日常的传教工作。"[1]1916年,凭借出色的汉语语言能力和对教学法的深入研究,裴德士被任命为华北协和语言学校专职校长。也正是因为这一任命,裴德士将自己的全部精力投入到了学校教学改革和建设之中。

首先,扩充课程体系。据裴德士递交的一份报告记载,1916年,学校计划开设五年制课程,根据规划,学生入学的前十五个月所学均为必修课程;而十五个月之后,学校则会提供大量选修课程。在北京的学生可以选择来校上选修课,而不在北京的学生则可以回到当地,一边从事日常工作,一边跟随私人老师继续学习。学校也会定期在各地举行统一考试,以考查学生学习情况。此外,除了语言课程之外,学校还为学生举办各类讲座,如中国宗教、中国社会情况、中国历史和地理等。[2]事实上,裴德士的目标并不仅局限于自己所掌管的一所学校,他希望能够制定出统一规划的课程体系,"以取代之前各个差会自行设置的课程,如此一来,学生从进入语言学校到完成整个语言学习能够学到统一、关联的内容"[3]。1917年,裴德士将这一设想付诸实践,迈出了在华汉语培训学校课程标准化的第一步。据裴德士发表在《教务杂志》1917年7月刊上的一篇报道称,"目前,华

---

① Zhang Wei jiang, "Institutional Development and Legacy: An Early Model of Effective Cross-Cultural Postsecondary Education —A Case Study of the College of Chinese Studies in Beijing and The California College in China Foundation in California." p.24.

② W. B. Pettus, "Training Schools for Missionaries," E. C. Lobenstine, *The China Mission Year Book*, 7 (1916): 403–431.

③ 同①,第29页。

北协和语言学校和南京金陵大学华言科已共同采用了一个涵盖五年的课程体系"①。值得一提的是，从 1918 年起，裴德士在原有的"全日制"基础上，还特别为那些每天只能学习汉语一两个小时的商务或专业人士提供特殊的汉语口语培训课程。据记载，"该课程目标在于帮助这些学员熟练掌握北京官话的对话技能，让他们可以在办公室、家、商店以及出游时，和中国人进行对话。课程内容主要来自禧在明编撰的《华英文义津逮》和鲍康宁编写的《英华合璧》。在这个课程中，并不教授学生汉字书写和中文阅读"②。裴德士夫人在一篇文章中也提到这些"特殊"的课程，"除了学校常规的全日制课程之外，还有一些特殊的课程专为那些业已工作但仍想学汉语的人准备。这些课堂通常在学员家中进行，有中国籍教师在场，教师需要见缝插针，将平常五日的课程分散在二十四小时之内——早餐前、中午或晚上"③。

其次，全面引入"直接法"。裴德士在《汉语学习法初论》一书中就强烈推荐过"直接法"，而 1915 年 12 月召开的全国培训学校负责人会议也建议学校采用"直接法"，因此，裴德士上任之后，在学校全面推进"直接法"。据一份学校的宣传册④记载，裴德士对学校旧的语言学习方式进行了革新，"学校教学采用'直接法'。课堂上使用的语言是汉语，没人讲英语。所有的新课都由中国籍首席教师口头布置给所有学生。教师通过图画、肢体语言来解释相关字词意义。学生被分成若干小组，每组都配有教师，学生和教师一起在教室里学习新课程。随后，每位学生要和教师在一个单独的小房间内进行练习，直到其完全弄懂所学内容，并能够用汉语表达出来"⑤。美国哥伦比亚大学汉学教授韦慕庭（Clarence Martin Wilbur，1908—1997）曾在该校学习过两年，他对学校的教学法印象深刻，据他回忆，"我们用直接法学习汉语。在开始的几个星期，我们听不到一句英语，所有的人坐在一个教室里听老师慢慢地说汉语，他一边说，一边会指着脸上和身体上的器官——鼻子、眼睛、嘴巴、胳膊，或者用动作来演示动词的意思。课后我们有个别的辅导，在一个小房间内，一个老师对一个学生，帮助我们复习已经学过的东西。这些辅导老师一般年纪较大，而且不会说一句英语。对于我这样此前没有学过口语和汉字的人来说，

---

① W. B. Pettus, "North China Union Language School," Frank Rawlinson, *The Chinese Recorder and Missionary Journal*, 48(1917): 473.

② Zhang Wei jiang, "Institutional Development and Legacy: An Early Model of Effective Cross-Cultural Postsecondary Education —A Case Study of the College of Chinese Studies in Beijing and The California College in China Foundation in California." pp.45-46.

③ Mrs. W. B. Pettus, *The Modern Study of Chinese Life*, 1920, p.2.

④ 该份资料共 15 页，封面标题为 "The North China Union Language School"，在美国出版印刷，但未标明时间。该资料中有一张照片，照片上注明为"民国九年五月华北协和语言学校女教员合影"，而从该资料内容来看，主要是向社会征集筹款以建设新校区。1924 年学校新校园基本落成，由此可以推测，该资料出版的时间大致应在 1920—1923 年间。

⑤ *The North China Union Language School*, New York, p. 7.

我从这一说话练习中获益良多"①。正是得益于裴德士的大力推广，"直接法"逐渐成为当时在华汉语培训学校共同使用的教学法，如南京金陵大学华言科、成都协和宣教师训练学校等机构均纷纷采用"直接法"。

再次，培训中国籍教师。由于"直接法"更加强调语音的准确性，作为本土的中国籍教师，毫无疑问，在语言上占有天然优势。然而，并不是每一个中国人都能成为一名合格的语言教师，很多所谓的"先生"并不了解语言教学规律和方法，正如裴德士在一篇文章中所言，"有很多在中国的外国人曾经想学习汉语，但他们却发现所谓的老师却对教学一无所知，而他们也无法指导这些老师展开教学工作，最终他们只能在怨恨中放弃学习汉语"②。有鉴于此，裴德士加强了对中国籍教师的选拔和培训，亲自指导和培训中国籍教师，将他所学的西方先进教学法传授给他们。据裴德士夫人记载，1920年，学校共有中国籍男女教师87名，"这些中国籍教师是从上百名申请者中挑选出来的，他们认为这个是闲差。他们都参加了能力测试，但他们对何为能力测试却一无所知。而那些通过测试的人在开学前要正式接受为期两周的培训，开学后还有一周的时间让他们进行课堂教学观摩"；另据裴德士夫人描述，这些中国籍教师在接受完现代教学法培训之后，展现出与传统中国教书先生明显不同的气质，"他们丢掉以往旧时教书先生的傲慢神态，和学生一起打排球、听讲座。他们不再留长指甲，被告知吃大蒜、脏领子不符合教师身份。如果你不懂他们所讲的内容，他们也不介意通过肢体动作来表达意义"③。

正是在裴德士的努力下，华北协和语言学校的汉语教学呈现出一片欣欣向荣的景象。1918年，美国学者桑德斯（Frank K. Sanders，生卒不详）应邀来华调研，在他的调研报告中对华北协和语言学校和南京金陵大学华言科的汉语教学给予了高度评价，"中国很有幸能够有两所一流的语言学校。它们目前还未达到最佳状态，但毫无疑问，正沿着正确的道路不断前行，未来也会越来越好。无论是在南京还是在北京，普通学生所学要比他独自学习汉语好得多，因为这里学习方法更加科学。通过在校学习，即便是普通学生也能掌握较强的语言能力"④。值得一提的是，在华北协和语言学校宣传册的最后两页上，印有在华各界西方人士对学校的赞誉和认可。例如，曾任美国驻华使节的芮恩施（Paul Samule Reinsch，1869—1923）就指出，"学校在推动西方各群体与中国民众之间相互理解、

---

① 顾钧《费正清的汉语学习》，《书屋》2012年第4期，第26页。

② W. B. Pettus, "Teaching the Chinese Language to Foreigners," Julean Arnold, *Commercial Handbook of China*, 1(1919) : 402.

③ Mrs. W. B. Pettus, *The Modern Study of Chinese Life*, p.2.

④ F. K. Sanders, "The Training of Missionaries in China," E. C. Lobenstine, *The China Mission Year Book*, 11(1918): 314.

增进友谊方面发挥着重要作用"；又如，一名记者则说，"我们很多新来华的传教士在信中吐露他们学习汉语的快乐和喜悦，并称之为'不可思议的游戏'"；再如，美国圣公会（American Church Mission）汉口区主教吴德施（Logan Herbert Roots，1870—1945）提到，"学校不仅提供了优质的汉语学习课程，而且还有很多诸如介绍北京生活的有价值的讲座，这些都大大加深了学生对中国情况的了解"①。事实也的确如此，从 1916 年裴德士担任校长至 1949 年办学正式结束，该校成为当时中国境内最为著名的汉语培训基地和中国研究中心，先后培养出以费正清（John King Fairbank，1907—1991）、史迪威（Joseph Stilwell，1883—1946）、韦慕庭、恒安石（Arthur William Hummel，1920—2001）等为代表的一大批杰出的汉学家、军事要员、中国专家及外交官。

结　语

从 1906 年初次来华到 1946 年卸任华文书院校长，裴德士将他生命中的四十年投入到来华西方人汉语学习和培训中，在近代对外汉语教学史乃至世界汉语教学史上留下了浓墨重彩的一笔。裴德士发起和参与的调研、编写的教学指南文件以及在华北协和语言学校所推行的教学改革，有力推动了当时在华汉语培训学校的整体发展，有效提高了来华西方人汉语学习的效率和水平；不仅如此，他所提倡的开放性教学理念、总结的汉语教学经验以及采取的教学改革实践，对当今对外汉语教学理论和实践的深化亦有相当的历史借鉴意义。

---

①　*The North China Union Language School*，New York，pp.14-15.

译印俱佳，踵事增华

——不该被《圣经》汉译史遗忘的台约尔

鲍晓婉

（山西大学外国语学院）

摘　要：台约尔出身英国传教世家，博学多才，为中文印刷和《圣经》汉译事业勤谨奉献多年。他有成熟系统的《圣经》汉译观，有修订《马太福音》汉译本的翻译实践活动，本该有更大的作为，可惜天不假年，最终成为一个被《圣经》汉译史遗忘的人物。文章拟通过伦敦会档案、《中国丛报》和《加尔各答基督教观察者》等原始资料，厘清台约尔的中文著述与《圣经》修订活动、台约尔与"四人小组译本"的纠葛、台约尔与"委办译本"的关系以及台约尔的《圣经》汉译观。希冀抛砖引玉，稍减"先锋者已被忘却"的遗憾。

关键词：台约尔　《圣经》汉译　四人小组译本　委办译本　《圣经》汉译观

> 台约尔是谁？我相信对绝大多数的人而言，都是一个无法回答的难题。即使像我这样一个号称研究华人教会史的"专家"，也只能模模糊糊地知道他是一位向华人从事印刷文字工作的人，当然他还有一个特殊的身份——戴德生的岳丈，而他的坟墓也坐落在澳门马礼逊家族的墓地旁。至于他在华人传教史上究竟还做了一些什么其他的事，老实说就没有几个人说得清楚了。[①]
>
> ——台湾学者 林治平

台约尔（Samuel Dyer，1804—1843）是谁？他是最早铸造中文金属活字的英国人，是槟榔屿、马六甲、新加坡三地华人女子教育的开创者。他的妻子谭玛丽（Maria Tarn，1803—1846）是最早学习中文、最早到南洋宣教的女传教士之一；他的长子台慕尔（Samuel Dyer Jr.，1833—1898）于1877年来到上海，出任大英圣书公会（British and

---

[①]　张陈一萍、戴绍曾《虽至于死：台约尔传》，桂林：广西师范大学出版社，2016年，第3页。

Foreign Bible Society）经理，1895 年卸任，1898 年逝于上海；他的女儿宝莉娜（Burella Hunter Dyer，1835—1858）从 1852 年起襄助英国女传教士阿德希（Mary Ann Aldersey，1797—1868）创办中国本土第一所女子学校——宁波女学，并为其奋斗到生命最后的时刻；他的小女儿玛丽亚（Maria Jane Dyer，1837—1870）嫁给了新教传教史上声名煊赫的内地会（China Inland Mission）创始人戴德生（James Hudson Taylor，1832—1905）。如此辉煌的家谱和事工，近年来随着《虽至于死：台约尔传》《铸以代刻：十九世纪中文印刷变局》《马礼逊与中文印刷出版》等著作的问世，渐渐明晰起来。而《圣经》汉译史领域对台约尔的研究，依旧付之阙如。本文拟通过伦敦会档案、《中国丛报》和《加尔各答基督教观察者》等原始资料，厘清台约尔的中文著述与《圣经》修订活动、台约尔与"四人小组译本"的纠葛、台约尔与"委办译本"的关系以及台约尔的《圣经》汉译观。

一、台约尔的生平与事工

1804 年 2 月 20 日，台约尔出生于英国格林威治皇家海军医院（the Royal Hospital for Seamen at Greenwich）。[①] 他的父亲台约翰（John Dyer，1767—1847）是海军医院的秘书，也是英国传教热时代第一个超宗派组织伦敦会（London Missionary Society）的理事。[②]1816 年，台约尔入读沃尔威治寄宿学校（Boarding School at Woolwich），主管牧师 Rev. John Bickerdike 称赞他才思敏捷、记忆过人。[③]1820 年，台约翰荣升海军总部秘书，举家迁往帕丁顿。时年十六岁的台约尔成为帕丁顿教会的一员，在这里的主日学当了七年教员。[④]1822 年台约尔入读内殿律师学院（the Inner Temple），成为职业律师，这是他儿时的梦想；同年，他考进了久负盛名的剑桥大学圣三一学院（Trinity Hall, the University of Cambridge）。[⑤]

1823 年 7 月，台约尔写信给父亲，表示想放弃学业，赴海外宣教。[⑥] 对此，《虽至于死：台约尔传》一书的作者解释为：台约尔在剑桥的第二学期，读到伦敦会传教士密德师母（Mrs. Mead）的《追思小册》，大受震撼，立志"全为基督，全为灵魂得益"，献身海外传教事业。[⑦] 苏精在《马礼逊与中文印刷出版》一书中解释为：台家属于非国教派

---

① Evan Davies, *Memoir of the Rev. Samuel Dyer: Sixteen Years Missionary to China.* London: John Snow, 1846, p.2.

② 同①。

③ 同①，第 3 页。

④ 同①，第 5—14 页。

⑤ 同①，第 15 页。

⑥ 同①，第 15—16 页。

⑦ 张陈一萍、戴绍曾《虽至于死：台约尔传》，第 5 页，此说应当是转引自 Evan Davies, *Memoir*, p.23.

（non-Conformists），除非台约尔宣誓加入正统的英国国教会（the Established Church），否则无法获得毕业文凭。① 得到父亲的理解与支持后，1824 年 6 月 23 日，台约尔写信给伦敦会，正式提出入会申请；② 同年 7 月 9 日，帕丁顿教堂牧师 Rev. James Stratten 致伦敦会的推荐信盛赞台约尔"语言天赋超群"③；8 月，台约尔顺利入读高士坡神学院（Gosport）。在家信中，他明确表达了赴中国传教的意愿："全为基督，全为中国的益处"，"没有哪个地方，比中国更令我神往"④。

恰逢其时，新教对华开山鼻祖马礼逊（Robert Morrison，1782—1834）于 1824 年 3 月 23 日返英述职，⑤ 1825 年 2 月 8 日起，每周一、三、五上午 11 时至下午 2 时，马礼逊在伦敦会总部教导包括台约尔在内的四名传教士学习中文。⑥ 同年 6 月 14 日，马礼逊创立"伦敦语言传习所"（the Language Institution），亲自主持中文部。⑦ 台约尔转到这里继续从学。三个月后，他已经能协助马礼逊教导低年级的学生了。及至年末，马礼逊对台约尔的学术禀赋及希腊文、拉丁文、中文造诣表示高度认可，希望他加入马六甲英华书院（the Anglo-Chinese College）。⑧ 在马礼逊的建议下，台约尔到巴氏印刷厂（Bagster's Printing Office）学习铸造活字的方法，为日后的中文印刷事业做准备。⑨ 1826 年起，台约尔跟从亨德森博士（Dr. E. Henderson）学习希伯来文和历史语文学（philology），进步神速，获赞"学习任何语言都不在话下"⑩。

历经三年的神学、中文、印刷知识技能储备，1827 年 2 月 20 日，台约尔被按立为牧师，3 月 6 日与谭玛丽结婚，4 月 11 日携妻东来，8 月 8 日船行至槟榔屿（Penang）暂泊。台氏夫妇见此处华人众多（约占总人口的四分之一），而华人福音事业却因为前辈传教士病亡、调动，几近荒废，⑪ 便自主决定留驻槟城。他们在这里耕耘了八载，1835 年 10 月下旬奉派转往马六甲差会。1839 年，台氏夫妇积劳成疾，返英休养。两年后再度东来时，

① 苏精《马礼逊与中文印刷出版》，台北：学生书局，2000 年，第 192 页，此说应当是转引自 Evan Davies, *Memoir*, p.18.

② LMS/CP: 5.7., Samuel Dyer to the Directors, June 23, 1824. London.

③ LMS/CP: 5.7., Stratten to LMS, 9 July 1824, Paddington.

④ Evan Davies, *Memoir of the Rev. Samuel Dyer: Sixteen Years Missionary to China*. pp.28-33.

⑤ Eliza A. Morrison, *Memoirs of the Life and Labors of Robert Morrison*. London: Orme, Brown, and Longmans, 1839.

⑥ *Evangelical Magazine and Missionary Chronicle*, vol. III (1825): 162.

⑦ 同⑤，第二卷，第 221 页。

⑧ 同④，第 38—39 页。

⑨ Samuel Dyer, *A Selection of Three Thousand Characters, Being the Most Important in the Chinese Language*. Malacca: The Anglo Chinese College, 1834, p.4.

⑩ 同④，第 45 页。

⑪ Samuel Dyer, "Penang: Description of the island; its population & Christian Missions, their establishment, progress, and present state," *Chinese Repository*, vol. III, September 1834, pp. 221-230.

伦敦会考虑到：（1）鸦片战争即将打开中国的大门，海峡殖民地①的传教士应随时等候调遣，就近进入中国本土；（2）相较于渐趋衰落的马六甲，飞速发展的新加坡1819年开埠，1831年已跃升为海峡殖民地首府，吸引了更多的华人移民②——遂改派台氏夫妇到新加坡传教。1842年2月26日，台约尔一行抵达新加坡。③1843年8月，台约尔赴香港参加传教士联合大会（General Missionary Convention）。不幸的是，两个月后，这位传教先锋感染热病逝于澳门，年仅三十九岁。他苦心营造多年的中文金属活字，只完成1 540个，未及半数；④开启十余年的《圣经》汉译事业，戛然而止。

聊以告慰的是，"台约尔活字"在新教印刷出版事业上发挥了巨大的作用。1844年2月23日，美国长老会第一位来华传教士娄理华（Walter Malcom Lowrie，1819—1847）在澳门创建了印刷所。印刷所能够开张，正是因为得到了台约尔生前打造的1 845个字模（matrices）、字范（punches）。⑤1845年6月，该印刷所迁往长老会在宁波的传教站并更名为"花华圣经书房"（American-Chinese Bible Press）。1860年再度迁往上海，更名"美华书馆"（American Chinese Press）。美华书馆是基督新教在中文世界规模最大、存续时间最长、运营机制最精密、出版品最丰富的印刷出版机构；从十九世纪六十年代到二十世纪二十年代，在中文印刷出版市场上一直遥遥领先。⑥1894年，美华书馆经理金多士（Gilbert McIntosh，1857—1932）在美国长老会在华出版社成立五十周年金禧纪念活动上，感慨地回忆："永不倦息的台约尔倾尽毕生心血打造的中文金属活字，相比东印度公司澳门印刷馆（1815—1834）的'汤姆斯⑦活字'，进步巨大。长老会通过卫三畏（Samuel Wells Williams，1812—1884）得到了台约尔的宝贵发明，开创了它在中文印刷出版领域的辉煌事业。"⑧

---

① 1826年，英国设立海峡殖民地（the Straits Settlements），包括槟榔屿、马六甲、新加坡三地。

② 参见苏精《基督教与新加坡华人》，台北：清华大学出版社，2010年。

③ Evan Davies, *Memoir of the Rev. Samuel Dyer: Sixteen Years Missionary to China.* p.227.

④ 苏精《马礼逊与中文印刷出版》，第201页。

⑤ Gilbert McIntosh, *The Mission Press in China, Being a Jubilee Retrospect of the American Presbyterian Mission Press, with Sketches of Other Mission Presses in China, As Well As Accounts of the Bible and Tract Societies at Work in China.* Shanghai: American Presbyterian Mission Press, 1895, p.7.

Suzanne W. Barnett, "Silent Evangelism: Presbyterians and the Mission Press in China, 1807-1860," *Journal of Presbyterian History* 49.4 (1971): 293.

⑥ Barnett, "Silent Evangelism: Presbyterians and the Mission Press in China, 1807-1860," p.287.

⑦ 汤姆斯（Peter Perring Thoms，1790—1855），东印度公司澳门印刷馆印工，马礼逊《华英字典》的印刷者。

⑧ McIntosh, *The Mission Press in China, Being a Jubilee Retrospect of the American Presbyterian Mission Press, with Sketches of Other Mission Presses in China, As Well As Accounts of the Bible and Tract Societies at Work in China.* p.2, 7.

二、台约尔的中文学习与著述

如上所述，台约尔的语言学习能力曾得时人盛赞。1825 年 12 月 8 日，马礼逊写信给伦敦会，汇报台约尔的中文学习情况：

> 阁下托付我教导的传教学生台约尔，学习中文热情极高，进步很大。他原本就有语言天赋，为基督赢得异教徒的使命鼓舞他勤加练习……①

1826 年 5 月，马礼逊再赴中国，行前向伦敦会建议由台约尔接掌"语言传习所"的中文教学工作。理事会讨论后照准。② 可见，此时台约尔的中文水平足以教导他人。1827 年 8 月，台约尔抵达槟城两三天后，便能与当地华人笔头交流，两三周后无须借助纸笔，能与华人助手口头交流。③ 到了同年 10 月，台约尔的中文精进，足以和华人助手畅谈任何话题，能用中文证道，并让在场的所有华人听懂。④ 海峡殖民地的华人以闽籍移民为主，他们日常使用的福建方言与官话差异很大。为了更好地向他们宣讲福音，台约尔学会了闽南话。他在 1828 年 7 月的一封家书中感叹：中文方言众多，希伯来语、希腊语、拉丁语、法语都没有中文难学。学说闽南话耗时费力，即便学成，也难以和广州、澳门等地说粤语的人沟通；传教士勉力掌握多种方言之时，难免健康受损、寿命折减。⑤

1835 年，台约尔撰写的中文小册子《论天》（*Tract on Heaven*）在槟城付梓。1838 年，他精心编纂的《福建方言字汇》（*Vocabulary of the Hok-keen Dialect*）在新加坡出版，嘉惠后继来华西人。1839 年，他用流畅典雅的中文写成《福音总论》（*Summary of the Gospel*）：以诗成书，四字一行，四行一段，四段一页，全书七页共 448 字；先在马六甲雕出木版，再送往伦敦制成铅版，大英圣书公会赞助印刷。1843 年，台约尔与施敦力·约翰（John Stronach）合译的《伊索寓言》在新加坡刊行，这是二人在英国首任宁波领事罗卜聘（Robert Thom）的《意拾寓言》文言译本基础上转译的闽南话译本和潮州话译本。⑥

此外，台约尔在《中国丛报》《福音杂志与传教纪实》《加尔各答基督教观察者》等

---

① LMS/HO: 4.7.B.: Morrison to LMS, 8 December 1825 London.

② LMS/HO/BM:18,19.

③ Evan Davies, *Memoir of the Rev. Samuel Dyer: Sixteen Years Missionary to China*. p.61.

④ Eliza A. Morrison, *Memoirs of the Life and Labors of Robert Morrison*. vol.2, p.301; Evan Davies, *Memoir of the Rev. Samuel Dyer: Sixteen Years Missionary to China*. pp.64-66.

⑤ 同③，第 70—71 页。

⑥ 伟烈亚力《1867 年以前来华基督教传教士列传及著作目录》，倪文君译，桂林：广西师范大学出版社，2011 年，第 59—60 页。

杂志上发表了多篇关于中文金属活字和中文印刷出版的论文。[①]

　　新教对华传教士历来非常重视中文学习、中文撰述,认为这是向中国宣教的前提。台约尔在这方面当属佼佼者。他甚至独创了"插页法"(interleaving)和"台氏笔记法"[②]:制作中文字义卡和研经索引卡修订、翻译《圣经》。他用这种方法,对当时通行的《马太福音》汉译本作了几百处修订。[③]

三、台约尔与"四人小组译本"的纠葛

　　1807 年 9 月 7 日,马礼逊甫一抵达广州便开始翻译《圣经》、编纂英汉词典。历时六年出版了汉译《新约》,再与新教第二位来华传教士米怜(William Milne,1785—1822)合作翻译《旧约》,1823 年出版了中国本土第一部全译汉语《圣经》——洋洋 21 卷的《神天圣书》。由于马礼逊、米怜初学中文即着手翻译《圣经》,缺少字典等工具书,聘用的中国助手出身寒微、学识浅薄,[④]且采取直译的方式,种种因素造成译文佶屈聱牙、晦涩难懂,不利于中国信徒和望教者理解接受。

　　早在 1826 年,马礼逊本人就有修订《神天圣书》的打算。他吁请所有在南洋一带的伦敦会同工审读《神天圣书》,记录下一切误译或译笔欠佳之处。[⑤]同一年,伦敦会传教士柯大卫(David Collie,?—1828)和吉德(Samuel Kidd,1799—1843)联名起草了一份修订建议。[⑥]1828 年 2 月,柯大卫病殁,修订计划落空。[⑦]此后,麦都思(Walter Henry Medhurst,1796—1857)也向马礼逊指出了原译文体(style)方面的若干缺失,并附上自己修订的《马太福音》前五章供马礼逊参考。马礼逊阅后在 1834 年 5 月 16 日的日记中不无讽刺地记下:"麦氏倡导的文体只会把圣书变成通俗小说(parlor-book)。"[⑧]同时复信说两人的翻译理念差异过大,建议麦都思另起炉灶,自行翻译《圣经》。[⑨]麦都思不敢直

---

① *Chinese Repository*, vol. I, February 1833; vol. II, October 1833; vol. II, February 1834; vol. III, October 1834; vol. III, March 1835. *Evangelical Magazine and Missionary Chronicle*, November 1834. *Calcutta Christian Observer*, July 1833; September 1833; November 1833; February 1835.

② 张陈一萍、戴绍曾《虽至于死:台约尔传》,第 135—138 页。

③ Evan Davies, *Memoir of the Rev. Samuel Dyer: Sixteen Years Missionary to China*. p.130.

④ Patrick Hanan, "The Bible as Chinese Literature: Medhurst, Wang Tao, and the Delegates' Version Authors," *Harvard Journal of Asiatic Studies*, 63.1 (2003): 200.

⑤ Eliza A. Morrison, *Memoirs of the Life and Labors of Robert Morrison*. vol.2, pp.361-363.

⑥ 同④,第 200 页。

⑦ 苏精《铸以代刻:十九世纪中文印刷变局》,北京:中华书局,2018 年,第 123 页。

⑧ 同⑤,第二卷,第 361—363 页。

⑨ LMS/UG/BA, 4.B., W. H. Medhurst to the Directors, October 27, 1834, Batavia.

接挑战马礼逊，没有贸然重译，转而编译了《福音调和》（*Harmony of the Gospels*）。麦都思这部《新约》四福音书的合参本以希腊文《圣经》为底本，参考了马礼逊译本，融入了华人助手的见解。全书不拘泥西语文法，省去了无关紧要的虚词、分词，践行了麦都思易懂（intelligible）、易接受（acceptable）的翻译原则。[1]《福音调和》很受华人读者青睐，1834—1842 年共印了七版 5 000 余部。[2]

台约尔和麦都思一样贴近目标读者。他在南洋与华侨相处越久，就越觉得有必要把《圣经》修订得更符合中国人的表达习惯，以便粗通文墨，甚至目不识丁的人也能读懂、听懂。他从 1831 年春开始修订《马太福音》，原计划 1834 年 3 月完成，却因为打造字模字范、兴办中文义学和挨家挨户宣讲福音占据了大量时间和精力，到 1834 年 7 月尚未完成。[3]1835 年年初，台约尔读到了麦都思的《福音调和》，喜出望外：

> 令人惊奇的是，我们两人分别两地，译文的风格、用语却如此相似。这无疑是因为我们的处境类似，冀求相同……《福音调和》非常符合我修订《圣经》想达到的目标，因此，我考虑推迟出版我的修订本。[4]

1834 年 8 月 1 日马礼逊逝世。中文《圣经》修订工作也随之有了实质性进展。裨治文（Elijah Coleman Bridgman，1801—1861）、郭实腊（Karl Frederick Gützlaff，1803—1851）、马礼逊之子马儒翰（John Robert Morrison，1814—1843）和麦都思组成了译经小组；麦都思负责《新约》部分，郭实腊负责《旧约》部分；他们的工作成果，史称"四人小组译本"。《新约》前后共五个月就修订完成了，这样的速度难免被人指摘轻率、仓促。相比之下，《旧约》修订进度极为缓慢，1836 年《新约》译竣时，《旧约》只译到《出埃及记》。[5]

1836 年，原本支持麦都思的台约尔收到这样一份"率尔操觚"的新译本后，非常不满，写信给大英圣书公会编辑委员会（Editorial Sub-Committee）主席和伦敦会理事，表示反对，措辞强烈：

> 不论马礼逊译经时有怎样的缺失，修订本的作者都不能指责他的译本不忠实；

---

① LMS/UG/BA, 4.B., W. H. Medhurst to the Directors, October 27, 1834, Batavia.

② 苏精《铸以代刻：十九世纪中文印刷变局》，第 125 页。

③ Evan Davies, *Memoir of the Rev. Samuel Dyer: Sixteen Years Missionary to China*. p.203.

④ 同③，第 203—204 页。

⑤ 同②，第 131—132 页。

世上若有号称忠实却最不忠实的翻译，那就是麦都思的新译本。①

　　台约尔的评价，前后变化为何如此之大？麦都思就台约尔"控诉信"中指出的新译本十一项误译逐项答辩后总结说，台约尔弄错了四项，双方见解不同之处五项，台氏言之有理的不过两项而已。同时，他认为新译本未送请马六甲的弟兄看过就付梓的确有些仓促，难免招致对方过激的反应。②双方各执一词，孰是孰非，有必要引入旁证。1836年12月23日，吉德致信大英圣书公会，称"麦都思的译本非常失败，远逊于马礼逊旧译"，批评麦氏新译"旨在取悦异教徒"，同时指出了用中文习语比附基督教概念的危险之处。③
　　在英国传教界，台约尔的家世背景非同寻常，他父亲台约翰是伦敦会理事，岳父谭约瑟（Joseph Tarn，1766—1837）身兼伦敦会理事、大英圣书公会理事、宗教小册会司库数职。虽然台约尔向大英圣书公会声明无意声张此事，只想阻止修订版流传以免误导世人；在某种程度上，他的严词批评却导致中文《圣经》第一次修订事业功败垂成。④1836年11月25日，编辑委员会充分讨论后达成五项决议：（1）反对修订版以意译取代原文话语；（2）继续使用马礼逊译本；（3）敦请伦敦会遵照其与大英圣书公会共同接受的原则，着手修订马礼逊译本，具体应当本着台约尔的建议和马礼逊生前的构想进行；（4）受圣书公会赞助的"四人小组译本"不得流通；（5）上述决议理事会通过后抄送伦敦会总部及其广州站、马六甲站。⑤

四、台约尔与"委办译本"的关系

　　1839年，在东方耕耘了十二年的台约尔返英述职。其间他向伦敦会提出了四项书面建议：（1）修订中文《圣经》；（2）铸造小号活字；（3）建造传教专用船只；（4）增派印刷工匠到东方。⑥修订《圣经》这一条的详细内容是：

---

　　① LMS/UG/MA, 3.3.C., Copy of a Letter to Rev. J. Jewett on the Revision of the Chinese Scriptures, from Messrs. Evans & Dyer, 27 April 1836, Malacca.

　　② "Remarks of Medhurst on Letter of Evans and Dyer", November 19, 1836, contained in "Documents Relating to the Proposed New Chinese Translation of the Chinese Scriptures", BFBS archives.

　　③ "Remarks on the Memorial Addressed to the British and Foreign Bible Society on a New Version of the Chinese Scriptures", contained in "Documents", BFBS archives.

　　④ 苏精《铸以代刻：十九世纪中文印刷变局》，第135页。

　　⑤ LMS/UG/MA, 3.3.C., Resolutions & c. of the British and Foreign Bible Society on the Preceding Papers.

　　⑥ LMS/UG/MA, 3.4.C., Dyer to Directors, October 31, 1839, Chicklade Lodge, Hindon, Wiltshire.

由伦敦会组成"翻译委员会"，由对华传教士组成"修订委员会"，邀请美国传教士合作。新译本必须反复讨论，获半数以上弟兄通过，方可由伦敦会赞助出版。"翻译委员会"拟定总则，"修订委员会"结合大英圣书公会的宗旨拟定细则。像中文这样的语言，翻译时应尽量不被字词捆绑。①

上述四条建议，唯有第一条"修订中文《圣经》"未获通过。究其原因，修订或重译中文《圣经》，关系到世界上人口最多的中国教区的传教事业，意义非凡。马礼逊来华开教是前所未有的成就，他翻译的《神天圣书》是一座丰碑；到 1839 年，马礼逊辞世不过五年，他的《圣经》全译本传世也不过十六年。面对美部会（American Board of Commissioners for Foreign Mission）在东方禾场上的后来居上与强势竞争，伦敦会不免沉浸在"后无来者"的悲痛与颓丧中，视后辈传教士修订《圣经》的建议"操之过急"，加之三年前"四人小组译本"的风波，故而不予理睬。

1842 年《南京条约》签订，五口通商，割让香港，中国的传教形势发生了巨大变化。长久以来盼望"中国开门"的传教士派出代表，齐聚香港，于 1843 年 8 月 22 日到 9 月 4 日召开"联合大会"（General Missionary Convention）。台约尔当选大会书记，修订中文《圣经》再次提上日程。

"联合大会"分七次进行，每次的主要议题都是修订《圣经》。具体如下②：

第一次会议（1843 年 8 月 22 日）决议：本会一致同意，修订中文《圣经》，以广传播，兹成立《新旧约》修订委员会。

第二次会议（8 月 23 日）决议：（1）本会拟发行的任何《圣经》中译本均以希伯来文与希腊文《圣经》为底本，以《公认经文》（Textus Receptus）为主。（2）译文力求易懂，符合中文表达习惯。（3）文中一切度量衡与货币单位均采用中文对应词，力求准确。

第三次会议（8 月 24 日）决议：（1）不同的《圣经》章节，原文若以同样的方式表达，中译本也应当以同样的方式呈现，此原则亦适用于个别字词的翻译。（2）与圣号相关的译词，不得以任何迂回阐释的方式呈现。（3）译者认为必要时，可用代词。（4）原文用委婉语，译文相应用委婉语。

第四次会议（8 月 25 日）决议：（1）"Baptize"一词允许有不同的中文表达，委托神治文、怜为仁（William Dean，1807—1895）组成专门委员会讨论决定。（2）圣号可以有不同的中文表达，委托麦都思、理雅各（James Legge，1815—1897）组成专门委员会

---

① LMS/UG/MA, 3.4.C., Dyer to Directors, October 31, 1839, Chicklade Lodge, Hindon, Wiltshire.

② "The Revised Translation of the Bible", *Chinese Repository*, vol. XII, October 1843, pp. 551–553.

讨论决定。（3）专有名词的汉译，委托麦都思、美魏茶（William Charles Milne，1815—1863）、马儒翰组成专门委员会讨论决定，力求在音韵、形式等方面简明划一。（4）本委员会下设地方委员会，由各地区全体传教士组成，分别展开《圣经》修订工作；一地修订所得，交其他地方委员会审校，再送还原修订者改订；全本修订完成后，交付总委员会审核；总委员会由各地区派出一名最有经验的代表组成，各区仅有一票投票权；代表审核裁定译本后，交由圣书公会通过。

第五次会议（8月28日）决议：（1）由麦都思担任中文《圣经》修订委员会召集人。（2）敦请大英圣书公会与美国圣书公会分担各项合理支出。（3）中译本修订完毕经英美两大圣书公会核准后方可出版。（4）修订任务分五组进行。

第六次会议（9月1日）决议："Baptize"一词暂时找不到协调浸礼会与其他派别神学分歧的译语，[①]因此允许出版两种不同的译本，各派可根据各自的理解选择合适的译词，其余部分的译文必须保持一致。如此，将来流传于世的，并非一宗一派之贡献，而是各宗派合作的成果。

第七次会议（9月4日）决议：（1）圣号翻译暂无定论，各区可先行自选译词，最后由总委员会定夺。（2）七次会议决议内容将排版印刷，由书记（台约尔）签名确认，寄给两大圣书公会。

发端于这次大会的"委办译本"（the Delegates' Version）译语地道、文字流畅、中国化程度高，遂成为此后四十年内印量最大、流行最广的汉译本《圣经》。[②]遗憾的是，开会期间感染了"热病"的台约尔没能亲眼看见译作的诞生，仅以他富有洞见、成熟完整的《圣经》汉译观指引着后继者亲践其事。

五、台约尔的《圣经》汉译观

1833年8月，台约尔在《加尔各答基督教观察者》上发表《〈圣经〉翻译应当遵循的原则》一文，列出了他的《圣经》汉译三原则[③]：（1）清楚易懂，简洁明晰（Perspicuity

---

① 浸礼会最早的汉译《圣经》——1822年出版的"马士曼译本"（Joshua Marshman's Version）将"Baptize"译为"蘸"，十九世纪中叶开始，怜为仁译作"揾"，高德、罗尔梯译作"浸"。这是浸礼会与其他宗派在神学观念和专名翻译上的主要分歧。参见赵晓阳《19世纪基督教浸礼会〈圣经〉译本考述》，《金陵神学志》2020年第1期，第63—78页。

② 赵晓阳《域外资源与晚清语言运动：以〈圣经〉中译本为中心》，北京：北京师范大学出版社，2019年，第76页。

③ Samuel Dyer, "Rules to be Observed in Translating the Scriptures," *Calcutta Christian Observer*, vol.2, August 1833, pp. 373-376.

and Simplicity）；（2）简明易懂前提下的贴近原文（Closeness to the Original, as far as is consistent with perspicuity）；（3）上述两点前提下的译语典雅纯正，翻译时永远牢记我们主要是在穷人和文盲中传福音（Classical Purity of the Language, as far as is consistent with the above; ever remember that we labor principally among the poor and illiterate）。

　　上述原则与近代以来中国翻译界倡导的"信、达、雅"有异曲同工之妙，但台约尔从传教的实际需要出发，更看重"达"。对于"信"他有自己独到的看法。他认为大英圣书公会"求信至上"的出版赞助原则以及"译者不得加注或评论"的硬性规定，其实混淆了"形式相近"（similarity）与"内容对应"（correspondence），这种机械僵化的忠实观反而束缚了译者的手脚，成为部分译者亟欲挣脱的枷锁。[1] 同时，他认为以往的《圣经》汉译者期待在某段时间内尽早完成某部分经文的翻译任务，是低估了《圣经》翻译的难度，这种"抢工出活"的做法不足为训。台约尔为尊者讳，并未直言其人其事，但这无疑是对马礼逊、米怜译经工作的一个反思。

　　对于马礼逊译本中晦涩难解的地方，台约尔撰文指出了原因所在。在《〈圣经〉翻译中的"习语"》[2] 一文中，台约尔认为，每种语言都有其独特的惯用表达，即"习语"，译者有必要理解并恰当运用这些惯用表达。译者应当心怀目标读者，充分考虑目标读者阅读译文时可能获得的感想、体验，考虑译作可能对目标读者的思想产生何种影响。着眼于此，译者应当在"语序层面的习语"（idiotism in the order of words）和"选词层面的习语"（idiotism in the choice of words）两方面下功夫。例如：

　　（1）语序层面的习语：

　　And when he was come to the other side into the country of the Gergesenes, there met him two possessed with devils. (*Matthew: 8:28, KJV*)，由于中文没有 there be 句型，按其习惯表达，后半句在中文里应按 two possessed with devils met him 的语序译出更合适。

　　（2）选词层面的习语：

　　中文里的"密友""远人"按字面直译成"a thick friend"和"a far man"，只能让英语人士困惑，斟酌选词，改译成"an intimate friend"和"a stranger"方可理解。[3]

---

① Evan Davies, *Memoir of the Rev. Samuel Dyer: Sixteen Years Missionary to China*. p.180.

② Samuel Dyer, "On Idiotism in the Order and in the Choice of Words—in Connection with Scripture Translations," *Calcutta Christian Observer*, vol.3, May 1834, pp. 220-221.

③ 同②。

在《〈圣经〉翻译中的"夷语"》①一文中，台约尔指出，译者应当尽量避免使用外来词，即中国人眼中的"夷语"。一方面，目标读者素有"夷夏大防"的观念，难以接受外来词；另一方面，"夷语"确实会造成语义不明、理解困难。例如《新约》里六种度量衡的译法，采用中文对等词，比音译的"夷语"更便于目标读者理解、接受②：

英译本	汉译本	经文出处
batos	篓	《路加福音》16:6 "一百篓油"
koros	石	《路加福音》16:7 "一百石麦子"
saton	斗	《马太福音》13:33 "三斗面"
choenix	升	《启示录》6:6 "三升大麦"
modios	斗	《马太福音》5:15，《马可福音》4:21，《路加福音》11:33
metretes	口	《约翰福音》2:6 "六口石缸"

台约尔的《圣经》汉译观完整细致，颇有创见，倘若有机会践行，会是《圣经》汉译史上的佳译佳话。

结　语

像台约尔这样一位出身传教世家的博学多才者，为《圣经》翻译筹谋多年，有成熟系统的《圣经》汉译观，有修订《马太福音》汉译本的实践活动，本该有更大的作为，可惜天不假年，终究成为一个被《圣经》汉译史遗忘的人物，不免令人唏嘘。本文仅从发掘原料入手，厘清基本史实，希冀抛砖引玉，恢复台约尔在《圣经》汉译领域应有的地位。

值得注意的是，曾经因为"四人小组译本"与台约尔龃龉不和的麦都思，在后来"委办译本"《新约》的翻译实践中，展现出与台约尔极为相似的翻译目标和翻译原则。1852年，麦都思回应美国圣公会主教文惠廉（William J. Boone，1811—1864）批判其译经风格过于自由 (with unwarrantable liberties)，为"委办译本"《新约》一辩时，指出《圣经》汉译本应当简明（simplicity）、清晰（perspicuity）、纯净（purity），《圣经》翻译应当遵循三个原则：首先，充分再现原作意思（ad sensum）；在此基础上，译语自然不晦涩、符合

---

① Samuel Dyer, "On Barbarisms in the Translations of the Sacred Scriptures," *Calcutta Christian Observer*, vol.3, June 1834, pp. 282-285.

② 同①。

目标语语法规则；满足以上两点时，契合目标语的风格神采。^① 究竟是麦都思的翻译实践借鉴了台约尔的译经理念，还是两人都受十八世纪英国神学翻译家乔治·坎贝尔（George Campbell，1719—1796）"翻译三原则"^②的影响，有待进一步考证。

---

　　① Walter Henry Medhurst, *Reply to Dr. Boone's Vindications of Comments on the Translation of Ephes. I: In the Delegates' Version of the New Testament: by the Committee of Delegates.* Shanghai: the London Mission Press, 1852.

　　② George Campbell, *The Four Gospels, Translated from the Greek, with Preliminary Dissertations, and Notes Critical and Explanatory*, vol. 4. Andover: Gould and Newman, 1837；周振鹤《"信、达、雅"三原则溯源》,《寻根》2002 年第 2 期，第 34—35 页。

明治初期经济用语翻译考
——以《经济小学》为资料

朱 凤

（日本京都圣母院女子大学）

摘 要：文章以明治初期日本有关西方经济学译著的代表作之一，神田孝平译《经济小学》为资料，分析其中的汉语经济用语译词以及汉字、汉语对日本人的影响。重点关注"political economy"这一概念的翻译和确立过程，同时将书中的汉语译词分为纯汉语词汇、新造和式汉语词汇和纯日语词汇进行分析。整理了《经济小学》中的经济用语之后，我们可以说虽然之前的辞典中已收有"political economy 经济"一词，但作为经济专业书籍首次使用"经济"这个译词意义重大。另外，书中使用的纯日语词汇和和式汉语词汇远远多于既存的汉语词汇。神田好像是有意识地使用纯日语词汇，有一些纯日语是神田特有的词汇。不过即使使用纯日语时，使用的文字是汉字而不是假名。其实明治时期翻译西书时用的翻译语言大多数都是汉字语言，由此可以一窥汉字、汉语在幕末明治初期的地位及对西书翻译的影响。

关键词：经济用语 《经济小学》 神田孝平 《致富新书》 汉译西书

引 言

明治维新前后，日本陆续出版了许多西方经济学的翻译书籍。如《经济小学》（神田孝平译，1867）、《西洋事情外编》（福泽谕吉，1867）、《官版会社辨》（福地源一郎，1871）、《英氏经济论》（小幡笃次郎，1871）、《世渡りの杖——一名经济便蒙》（何礼之，1872）等。其中《经济小学》被视为首次向日本介绍的西方经济学专业书籍。原书是英国作者 William Ellis（1800—1881）为高中生编写的教科书 *Outline of Social Economy*（1846），神田孝平使用的是荷兰语译本，即是重译。《经济小学》使用的翻译语言为文言文，文体为和汉混淆文，因此书中有许多汉语译词。这些汉语译词中包括纯汉语词汇、和式

（制）汉语词汇和纯日语词汇。

本文试图聚焦《经济小学》中的经济用语，通过分析这些汉语译词，考察明治维新时期经济用语翻译时，汉字、汉语对日本人的影响。另外，日本人在译书时如何处理他们的纯日语词汇：是积极采用纯汉语词汇或新造和式（制）汉语词汇，还是固守以汉字为记录文字的纯日语词汇？本文意在从《经济小学》的经济汉语译词中寻找出一个答案。

此外，《致富新书》（1847）也是本文的一个重要的参考资料。美国传教士鲍留云编译的《致富新书》也是一本经济学启蒙书，早于《经济小学》二十年。该书的原本为美国牧师 Rev. John Mcvickar 编写的小学生教科书 First Lessons in Political Economy（1837）。在中国出版后不久就传入了日本。除了有手抄本之外，[1]1871 年出版了《致富新书》的训点本（平田宗敬），1875 年出版了日语翻译本《致富新论译解》（中岛雄、攒井逸三）。虽然训点本和翻译本的出版晚于《经济小学》，作为蕃书调所（幕末时期日本政府的一个翻译机构和西学学校）的翻译人员，神田孝平在翻译《经济小学》之前，很有可能看过《致富新书》的原本或抄本。据孙建军论文《S.R. ブラウンと明六社》所述，鲍留云曾于 1875 年 6 月 16 日应邀在明六社的定期集会上作了演讲。当天的演讲者一共有四位，除鲍留云以外，还有福泽谕吉、津田仙和神田孝平。[2]因此，我们不但可以确认神田孝平和鲍留云是有交流的，还很容易想象两人在交流中肯定会谈及自己的译书。两书中如何翻译"political economy"这一关键词，也是本文的一个重要的关注点。

一、有关神田孝平以及《经济小学》

神田孝平（1830—1898）自幼就读于乡里的儒学家国井喜忠太氏的私塾，练习汉文的写读，稍长后，又就读于几位日本名儒门下，苦攻汉语典籍。在十七岁之前就打下了良好的汉语根基。在目睹了 1853 年美国佩里舰队夺门而入，闯进浦贺湾后，青年神田孝平励志攻读外语，数年之后水到渠成，成了日本江户时代末期（幕末时代）和明治时代的著名的兰学家、教育家和政治家。他在学术方面，以翻译出版了《经济小学》一书而闻名；同时他又执教于幕府设立的第一个西学学校——蕃书调所，教数学和翻译课程；他还是明六社的一名活跃的成员，为《明六杂志》积极撰稿，撰写了许多有关西方文明的启蒙性文章，为推动日本的近代化作出了不菲的贡献；作为一个政治家，他出任了兵库县

---

[1]　孙建军《近代日本語の起源—幕末明治初期につくられた新漢語》，日本：早稻田大学出版部，2015 年，第 237—238 页。

[2]　同[1]，第 248 页。

的县令，还担任了贵族院的议员。[①]

《经济小学》成书于 1867 年，神田孝平在该书的序中谈到了译书的起因：

> 方今文运开启，文士辈出。各类西书相继译出，可谓盛行。余关注经济学之心久矣。叹其卷帙浩瀚，未敢贸然翻译。今偶遇至简至易之书甚为欣喜，不顾（余之）浅陋乃译之。窃喜逢文运日盛之时，岂敢谓之为国家急务所备，只欲只身加入文人之列矣。[②]（笔者译。原文为和汉混淆文——笔者注）

由此可见，明治初期日本社会上有关经济的译书稀有，神田孝平偶遇 William Ellis 的教科书，欣然翻译成书。他谦虚地说译书的目的不敢说是为了国家，而是为了自身挤入文人之列。因此我们可以知道该书面向的读者是文人。所以他使用的语言为文言文，语体为和汉混淆文。

据考察，该书一共有三个版本：（1）初版，书名《经济小学》，庆应三年（1867），"序"中的"经济学"上的注音假名为"ポリチキーエコノミー"。（2）再版，书名《经济小学》，庆应三年（1867），"序"中的"经济学"上的注音假名为"ポリチカールエコノミー"。再版的刻板与初版相同，只是在"经济学"上的注音作了微小的修改。（3）三版，书名《西方经济小学》，庆应四年（1868），在书名上加上"西方"二字。[③]

《经济小学》共分两册，为了与原文内容比较，现列目录表如下（文本的引用均使用繁体字原文——笔者注）：

表 1

Outline of Social Economy Part I	《经济小学》上	*Outline of Social Economy Part II*	《经济小学》下
1.Civilization	文明夷俗	14.Wealth and Capital	畜積財本
2.Self-Government	国民性行	15.Rent	地代
3.Wealth and Capital	畜積財本	16.Wages	雇直
4.Rent	地代	17.Profit	利分
5.Wages	雇直	18.Co-operation and Competition	同業相助相迫
6.Profit	利分	19.Organizaiotn of Industry	勸業
7.Division of Labour	分業	20.Destitution	貧窮

---

① 本庄荣次郎编《神田孝平——研究与史料》，日本：经济史研究会，1973 年，第 53—62 页。
② 神田孝平重译《经济小学·序》，庆应三年（1867），载《幕末明治期邦訳経済復刻シリーズ》第 1 期。
③ 阿部弘《〈经济小学〉的思想》，《驹泽大学经济学论集》第 29 卷第 2 号，第 37—42 页。

续表

Outline of Social Economy Part I	《经济小学》上	Outline of Social Economy Part II	《经济小学》下
8.Interchange	交易	21.Foreign Commerce	外國交易
9.Value	品位	22.Foreedom of Trade-Restriction	自在交易制限交易
10.Money-coin	金幣	23.Michinery	器械
11.Money-Paper and Credit	紙幣	24.Colonies	拓土移民
12.Bills of Exchange	為替	25.Taxation	租税
13.Price-Abundance and Scarcity	物價昂低	26.Taxes-Direct	直税
		27.Taxes-Indirect	間税
		28.Taxes-General and Local	通税別税
		29.Income	民間收入
		30.Expenditure	消費
		31.Conclusion	結尾

　　仅从目录上来看，我们可以知道《经济小学》的翻译格式是与原文相吻合的，有关文中的内容我也比较了一下，基本上是与原文一致的。再来看一下目录中的翻译词汇，我们可以发现神田使用的汉语译词并不都是纯汉语词汇（夷俗，器械），其中还有和式（制）汉语词汇（文明，消費）及纯日语词汇（雇直，為替）。目录中的这些译词其实就是文中译词的缩影，下面将逐一举例分析。

二、《经济小学》中的和式（制）汉语词汇

　　和式（制）汉语词汇一般是指由日本人按汉语的造词法用汉字新造的翻译词汇，这些翻译词汇主要是用来表达幕末明治初期传入日本的欧洲文化新概念，其中有许多是从古典汉语中派生出来的，附上了新意。

（一）《经济小学》中的"economy"与"political economy"

　　《经济小学》中最重要的一个和式汉语词汇是"经济学"。众所周知该词源于汉语古籍中的"经世济民"。神田孝平首次在经济学译著中把"political economy"译为"经济学"，因为他在"序"中的"经济学"上的注音假名为"ポリチキーエコノミー"，即"political economy"。可是神田孝平译本的英文原版的书名为 Outline of Social Economy（《社会经济学概论》），使用的荷兰语版本的书名为 Grondtrekken Der Staatshuishoudkunde（《国家财政学手册》），那么神田孝平使用的"political economy"源于何处呢？又为什么在书

名中加入"经济"一词呢？

其实"economy"与"political economy"早在来华传教士编辑的几种英华字典中就曾出现过。如：

Robert Morrison（马礼逊）：（1）*English and Chinese Dictionary*（1822）

Economy, frugality 節用，節儉

Diligence and economy 勤儉

（2）*A Vocabulary of the Canton Dialect*（1828）

Economical, sparing in the use of 儉用，儉約，儉少，約用

W.H. Medehurst（麦都思）：*English and Chinese Dictionary*（1847）

Economy 節用，儉約，儉用，勤儉

The economy of a family 治家之道

Political economy 治國之法，國政之事

W. Lobcheild（罗存德）：*English and Chinese Dictionary*（1866）

Economy, the management, regulation, and government of a family, or the concerns of a household 治家者，治家之道，齊家之道

a frugal and judicious use of money 節度，節用者……

political economy 治国之道，治國之法

我们可以看到马礼逊的字典中的"economy"译词只停留在治家之道上，而麦都思和罗存德的译词提供了两个概念，即"治家之道"和"治國之法"。虽然他们还没能具体说明"治國之法"的概念，可是在这里他们引进了"political economy"一词。

再来看一下日本幕末维新时代的英和字典和一些经济学译书。

堀达之助《英和对译袖珍辞典》（1862）：

Economical 家事ノ儉約ナル

Economically 家事ヲ為シテ儉約シテ

Economist 家事スル人　経済家

Economy 家事スルこと、儉約スルこと　法

Political economy 経済孛

堀达之助的字典也引进了"political economy"的概念，并将其译为"経済孛"。据阿

部弘的研究，该词的译出很大程度上是受到了西周的影响。[①]

福泽谕吉在《西洋事情·外篇》卷之三中写着"political economy 译为'经济'，其字意并未将原意表达透彻"[②]。可见他起初并不完全赞成该译词，只是暂时并无更好的译词。

此外小幡笃次郎译书《英氏经济论》（明治六年，1873）（Francis Wayland 1796—1865, *The Elements of Political Economy*）中，一方面将书名中的"political economy"译为"经济"，另一方面又在书中将"ポルチカル·エコノミー（political economy）"译为"财学"。

也就是说日本在最初翻译"political economy"时，译词并没有固定。原因之一在于还没有完全透彻理解这一新概念，加之在如何更确切地翻译该词上学者之间还有争议。

那么西方国家的"economy"定义是什么呢？明治十四年（1881），小山雄在译书《社会经济要略》的题言中说，近年"有关经济翻译之书已有数种，而其书名为经济论（Political Economy），家事经济论（Domestic Economy），而未曾有人提到社会经济论（Social Economy）"[③]。

也就是说在十九世纪八十年代的日本，已经将西方的经济学分为三个体系了。而在神田孝平翻译《经济小学》的六十年代还没有达到这种认识。因为他将荷兰语版本 *Grondtrekken Der Staatshuishoudkunde*（《国家财政学手册》）译为《经济小学》，又于"序"中在"经济学"三个字的上方标上"ポリチーキエコノミー"，即"political economy"的片假名读音。当时的神田孝平好像并没有区分"staatshuishoudkunde"与"political economy"，统一译为"经济（学）"了。这样翻译有可能是受到了留学荷兰的西周的影响。

再来看一下早于神田孝平《经济小学》的《致富新书》。鲍留云在翻译 *First Lessons in Political Economy* 一书时将书名译为《致富新书》，只是将"political economy"意译为"致富"，没有创造新名词。为什么要将"political economy"译为"致富"，而不使用汉语中既存的"节用、俭约、俭用、勤俭"等词语呢？我想鲍留云是意识到"economy"与"political economy"是两个不同的概念。"political economy"是指创造财富、分配财富、交易财富等一系列的人类的生产活动，与个人的节俭持家概念不同。这些活动的基础是集体创造财富等，并将财富分配至个人，也就是致富。至于鲍留云为什么没有采用麦都思的"治國之法，國政之事"译词，这就无从所知了。也许"治國之法，國政之事"的

---

① 阿部弘《〈经济小学〉的思想》，第 32 页。

② 福泽谕吉《西洋事情·外篇》卷之三，1872 年，第十一叶上，日本国立国会图书馆电子版，https://dl.ndl.go.jp/info:ndljp/pid/761243，最后访问日期：2022 年 1 月 20 日。

③ 小山雄译《社会经济要略》题言，日本：金港堂，明治十四年，日本国立国会图书馆电子版，https://dl.ndl.go.jp/info:ndljp/pid/799416，最后访问日期：2022 年 1 月 20 日。

意思范围太广，没能与 "political economy" 聚焦吧。

总而言之，无论是鲍留云还是神田孝平，在译书时都有意识地翻译了 "political economy" 这个新概念。因为他们在翻译 "economy" 时没有使用 "致富" 或 "经济"。请看以下例句：

（1）鲍留云《致富新书》：economy, economical, economist。

① Thus a pair of shoes that costs a dollar is said to be cheaper than a pair for which you must give a dollar and a half; and most people think they are economical when they buy the former.（Lesson XIII Cheap）

如履之價殖半員，以一員之履比之，則半員者為賤也。而人謂買半員之履，則以為平。(《論平賤》)

② The true economist would buy them in preference.（Lesson XIII Cheap）

若節儉而識貨者，見之必買之也。(《論平賤》)

③ Industry and economy would cease, and society go back to the savage state.（Lesson X Productive and Unproductive Expenditure）

而勤儉不尚焉。則人類於野人之俗矣。(《論用銀益人》)

这里的 "economy" 均为个人行为，与国政无关，所以译为 "平、節儉、勤儉"，而并非 "致富"。

（2）神田孝平《经济小学》：economy。

① For capital to abound there must be a prevalence of industry, knowledge, and economy.

国中ノ財本ヲ増殖せんことを欲セハ勉励智識節儉ノ流行スルニ非サレハ能ハス。(上編《雇直》)

② So long as the industry, knowledge, economy, and habit of forethought remain unimpaired.

會社一統二勉励智識節儉謹慎ノ撓ミナケレハ……（下編《励業》)

与《致富新书》中的 "economy" 相同，均为个人行为，与国政无关，所以译为 "節儉"，而不是 "经济"。

此外在 "经济学" 一词完全被社会接受之前，日语中还有 "制产学"，汉语中还有 "理财学" 出现过。不过这两个词最终都被淘汰。特别是 "理财学" 一词，在明治初期的学术界一时间代替了 "经济学"，大学里的经济学科目名均改为 "理财学"，直至明治二十五年（1892）之后才恢复了"经济学"的名称。①

　　另外值得一提的是汉语在接受"经济"一词时也有过一段抵抗，梁启超就是一个典型的例子。据森时彦的研究，梁启超早年逃亡日本，相对较早知道"经济"为"political economy"的译词。可是他一直避开使用"经济"译词，曾经使用过"富国学、理财学、资生学"等译词，最后采用了"生计学"一词。②《新尔雅》在《释计》篇章有"论生财析（折）分交易用财之学科。谓之计学。亦谓之经济学，俗谓之理财学"③。可见在中国，"political economy"的译词也有过一段多词并用的时期。

（二）其他的和制汉语词汇

　　除了"political economy"以外，《经济小学》中还有一些与经济学相关的新概念。这些新概念是如何翻译的呢？本文具体举三例如下：

1.society

　　（1）The business of the retailer or shopkeeper, for example, was thought by some to be comparatively unprofitable to society. (*Outline of Social Economy*, p.28)

　　店商ト称スル小商ハ世上繁昌ノ助ニ非ス抔ト云ヒシカ如キ。(《分业》)

　　（2）Economy and the importation of food from foreign parts are, under these circumstances, the necessity of society. (*Outline of Social Economy*, p.51)

　　國内人民ノ節啬ト外國人ンノ輸入トハ凶年に欠クヘカラサルノ急務ナリ。(《物価低昂》)

　　（3）Law, which is the expression of the will of organized society, can do much to assist this progress. (*Outline of Social Economy*, p.83)

　　律法は國中人心ノ定マル所ヲ示ス者ナリ國中人心常ニ便利ノ事ヲ好ム故ニ律法中常ニ右三事ヲ助ケ長スルヲ主トス。(《自在交易制限交易》)

　　如上所示，"society"一词译为"世上、國内人民、國中"。该词内涵丰富，当时还没有一个合适的译词出现，因此《经济小学》中因文脉不同而使用不同的译词。

---

　　①　下谷政弘《经济学用语考》，日本：经济评论社，2014年，第65—76页。
　　②　有关梁启超"生计学"一词的诞生，请参照森时彦《生计学与经济学之间》，载《东方学报》第72期，2000年，第503—523页。
　　③　沈国威《新尔雅とその语彙》，日本：白帝社，1995年，第247页。

1869 年，福泽谕吉在译著《西洋事情·外篇》①中将 "society" 译为 "人间交际"，并在当时的日本社会广泛流传。至于 "社会" 一词的出现是在西周发表的《非学者职分论》（《明六杂志》，1874）一文中。由于篇幅有限，本文在此不讨论 "社会" 一词成立的过程，只是想通过以上的翻译例句，显示神田孝平对 "society" 一词的理解。

而在汉语的翻译中，1897 年严复翻译的一系列有关西方社会学的图书中一直使用 "群、人群、群性" 或 "群学" 等词，随着中国学生的来日留学，《译书汇编》《新尔雅》等介绍日本翻译的西方译著的图书陆续出版，"社会" 一词也慢慢地被汉语接受了。②

2.individual

"individual" 也是一个新概念，是与 "society" 相关的一个概念。早在马礼逊的《英华字典》中，已译为 "单、独、单一个"。另外经常被提到的是中村正直翻译的 "人民各箇，一箇人民，自己一箇"。《经济小学》中 "individual" 的译词有以下几个：

（1）The happiness of a community is made up of the happiness of individuals. (*Outline of Social Economy*, p.83)

國ノ盛衰ハ民ノ盛衰ニ在リ。(《國民性行》)

（2）...under the circumstance favourable to their future willbeing as individuals... (*Outline of Social Economy*, p.61)

……その子モ成人後一箇ノ美丈夫トナリ。(《國民性行》)

（3）The total income of any community can only be the united incomes of the several individuals who compose the community. (*Outline of Social Economy*, p.108)

夫レ一國ノ収入ノ全額ハ國中各民ノ利分ヲ総括スル者。(《民間収入》)

即 "民，一箇，各民"。福泽谕吉译的 "一箇人、箇人" 直到 1887 年才成立。③在研究 "个人" 一词中，好像还没有人提到《经济小学》。虽然该书在翻译中并没有特别强调 "individual" 这个概念，不过如上所示，文中多次出现该词，作为早期翻译 "individual" 新概念的轨迹，我认为是值得一提的。

3.capital

"capital" 是经济学中的一个重要的概念。《经济小学》中有一章节《畜积及ヒ財本》

① 福泽谕吉《西洋事情·外篇》，收藏于井上琢智编《幕末·明治初期邦译经济学书》1，日本：ユーリカ·プレス，2006 年。

② 沈国威《新尔雅とその語彙》，第 29 页。

③ 同①。

（Wealth and Capital）专题讨论。以下是几个翻译例句：

（1）It is also plain that of this wealth, part may be considered as set aside for mere enjoyment, and part to be employed in the business of production, the stopping of which would lead to the future extinction of our race. This last mentioned portion of wealth is called capital.　(*Outline of Social Economy*, p.9)

畜積ノ一分ヲ以テ自用ニ供シ又一分ヲ以テ作業ノ費トウ此作業ノ費ヲ名ケテ財本ト云ウ俗ニ所謂元手ナリ。(《畜積及ヒ財本》)

（2）The labour who possesses capital may yet prefer to sell his labour for wages, while his own capital contributes to supply to other labourers. He may thus earn more. (*Outline of Social Economy*, p.16)

然レドモ世ニ財主ニシテ他人ノ作業ヲ為シ雇直ヲ取リ、自己ノ財本ヲ他人ニ貸シ利分ヲ収ムル者アリ皆其所得ノ最モ多ニ従フナリ。(《畜積及ヒ財本》)

如例句所示，文中的"capital"为金钱和物质的资本。译为"财本"，同时译者又附上了一个俗称"元手"。"元手"为纯日语，义为"购买营业所需的机器物品时的资金"。其义与"财本"相同，神田孝平没有采用。《经济小学》中"capital"的译词均为"财本"。"财本"一词源于汉语，"王者以民为基，民以财为本"(《汉书·谷永传》)。也就是说"财本"也是一个和式（制）汉语。而小幡笃次郎的《英氏经济论》中则将"capital"译为"财本"后附上"モトデ"（即"元手"——笔者注）的片假名读音。也就是说小幡笃次郎一方面在书面上采用了和式（制）汉语译词，一方面在读音上采用了纯日语，可谓是一种折中法。数年之后"资本"一词才出现。日本国立国语研究所《明治初期の新聞の用語》一书调查了明治十年（1877）至明治十一年（1878）报纸中的汉字词汇用语。调查数据表中"财本、元手、资本"均有收录。"元手"与"财本"的出现频率均为1～9次。[1]"资本"的出现频率为27次。[2]因此我们可以推测在明治十年（1877）左右，"资本"已经开始逐渐取代"财本"了。

除了以上的三例以外，其他的和式（制）汉语词汇可以列表如下：

---

[1]　国立国语研究所报告15，《明治初期の新聞の用語》，日本：国立国语研究所，1959年，第106页。

[2]　同[1]，第47页。

表 2

英语	和式（制）汉语词汇	英语	和式（制）汉语词汇
wealth	畜積	science	学識
interest	利息	co-operation	同業相結
competition	同業相迫	manufacture	工造品
freedom trade	自在貿易	property	産業

以上这些译词除了"利息"以外，其他都已被淘汰。"学識，産業"已经转为其他意思。有意思的是"property"的对译词为"産業"而不是"財产"。现在看来像是翻译不当，其实不然。因为自古以来，汉语中的"产业"都有财产之义。如《韩非子·解老》："上内不用刑罚而外不事利其产业，则民蓄息。"日本的《续日本记》中也有"遣使诸国，巡省产业，赈恤百姓"的记载。"産業"的词义"在日本的文献中，到江户时代为止，与现代的词义是不同的。或者说词义比现代更为狭义"①。也就是说，在幕末明治初期用"産業"译"property"是非常准确的，只是明治以后"産業"又用来翻译"industry"，原有的财产之义逐渐削弱。

三、纯日语词汇

纯日语是指日本固有的语言，又称为大和语言。因为古代的日语只有音声没有文字，五世纪以后采用汉字记录大和语言，这种汉字词汇称为纯日语词汇，貌似汉语，而其本质则是大和语言，如"大根，心配，出张"即是。

《经济小学》的译词中使用的纯日语翻译词汇，大体上可以归纳如下表：

表 3

英语	《经济小学》纯日语译词	英语	《经济小学》纯日语译词
rent	地代	credit	手形
wage	雇直	labourer	雇作
profit	利分	rate	相場
dividend	分前	market	市場
loan market	借貸市	supply	供給
demand	求取	bill of exchange	為替手形
produce	収納	high	騰貴
division of Labour	分業	value	品位 品ノ位　物ノ位

---

① 木村秀次《"産業"の語誌》，载《鎌田正博士八十寿記念漢文学論集》，日本：大修館，1991 年，第 667 页。

以上这些纯日语译词，"雇直、雇作、利分"好像是神田孝平特有的译词，在当时其他的经济译书中并没有出现。而福泽谕吉也把"value"译为"品位"。小幡笃次郎则在《英氏经济论》中将"division of labour"译为"分業"后，特地为该词赋上了"テワケ"的片假名读音。"手形、相場、市場、分前、供給、為替手形"至今还在使用。

"供給、市場"这两个词在1903年出版的《新尔雅》中已经收录使用，[1]说明在此之前有可能已经传入中国了。

四、纯汉语词汇

除了和式（制）汉译词、纯日语词以外，《经济小学》中还是用了纯汉语译词，包括在华传教士翻译的汉语译词。现仅将经济用语列表如下：

表4

英语	纯汉语词汇	英语	纯汉语词汇
capitalist	财主	industry	勉励
economy	節儉	bread	麵包
milk	牛乳	flour	麵粉

仅从经济用语来看，神田孝平使用的纯汉语词比较少。另外，我们还可以推测他在翻译《经济小学》一书时，很有可能是参照了当时流入日本的一些在华传教士的译书。比如以下的图书就收有上表中的几个汉语译词：

《华英通用杂话》（C.B.Thom，罗伯聃，1843）wheat flour 麵粉

《智环启蒙塾课初步》（James Legge，理雅各，1856）milk 牛乳

《遐迩贯珍》（1853—1856）牛乳

《英华字典》（R.Morrison，马礼逊，1822）bread 麵包

以上这些图书在十九世纪六十年代已经传入日本，神田孝平作为当时幕末政府机关的外语教员和翻译，无疑是能看到这些书的。

---

① 沈国威《新尔雅とその語彙》，第239页。

结 语

本文以神田孝平翻译的《经济小学》为资料，集中考察了该书经济用语中的汉语译词，现将考察的结果总结如下：

有关"经济"一词的使用，1847 年出版的《致富新书》似乎还没有条件创造新名词。中国文人热衷于古籍中的汉语词汇，所以鲍留云使用了"致富"来表达"political economy"，而二十年后的《经济小学》却使用了"经济"这个新词。《经济小学》作为第一本在日本翻译的西方经济学书，影响了当时众多的日本文人。虽然堀达之助《英和对译袖珍辞典》中已收有这个译词，但作为经济专业书籍的《经济小学》首次使用"经济"这个译词意义重大。《经济小学》首开经济译书之河之后，大量的西方经济译书登场日本社会，推动并确立了"经济"一词的社会地位。

整理了《经济小学》中的经济用语之后，我们可以发现书中使用的纯日语词汇和和式（制）汉语词汇远远多于既存的汉语词汇。神田孝平好像是有意识地使用纯日语词汇，如表 3 所示，有一些纯日语是神田孝平特有的词汇。由于他使用的文体为和汉混淆文，所以即使使用纯日语时，使用的文字也是汉字而不是假名。其实明治时期翻译西书时，使用的翻译语言大多数都是汉字语言，由此可以一窥汉字、汉语在幕末明治初期的地位及对西书翻译的影响。

表 2 至表 4 列出了《经济小学》中翻译的一些主要的经济用语。虽然这些译词大多数都已经被淘汰了，加之学界在研究经济用语时，主要使用西周和福泽谕吉的资料，至今为止极少引人注目，可是《经济小学》中的译词在研究经济用语的过程中是一个不可忽视的轨迹。

本文只是粗略地考察了《经济小学》中的一些初期经济用语，明治时代初期在日本译出的大量的经济西书中的汉语译词以及其传入中国的过程等课题还有待今后继续研究。

早期域外汉学家对汉语方言分区及方言语法的认识*

魏兆惠

（北京语言大学北京文献语言与文化传承研究基地）

摘　要： 十六至二十世纪以来，由于宗教等因素，域外汉学家开始对汉学、汉语展开深入的研究，其中对于汉语的官话和方言的特点也有了较多的论述，在汉语方言的分区、不同方言的语法特征等方面也有了一定的认识。虽然存在零散、科学性不够等不足，但是这些研究对于国内外研究汉语方言有一定的借鉴意义，也是汉语方言学史不可忽视的一段。

关键词： 汉学家　方言分区　语法

一、早期域外汉学家论汉语方言

我国自古以来是一个多方言的国家，秦以前"文字异形、言语异声"。秦始皇统一中国后，实行"书同文，车同轨"的政策，使文字统一起来了，但"言语异声"的状态仍一直延续了下来。早期域外传教士或汉学家也很早就已经觉察到了汉语官话和方言的区别及各方言的复杂性，如马礼逊（Robert Morrison，1782—1834）1822 年用 dialect、speech（话）、dialect peculiar to a place（土谈）、the dialect which he speaks is Peking（北京话）、the northern dialect（北音）等，江沙维（Joaquim Afonso Gonçálves，1781—1841）1831 年用 Dialecto 土话、乡谈等词语来称说汉语的方言。

其实早在元朝，在元政府供职十七年之久的马可·波罗（Marco Polo，1254—1324）在《马可波罗游记》第 2 卷第 82 章中就说：

---

　* 本文系北京语言大学梧桐平台项目"文献语言学学科的建设与发展创新平台"（项目编号：19PT05）的阶段性成果。

蛮子省（注：指中国南部）流行一种普遍通用的语言，一种统一的书法。但是在不同地区，仍然有自己不同的方言。[①]

1569年，第一部专门介绍中国的欧洲书籍，曾在东南亚和中国广州活动过的葡萄牙多明我会士克鲁兹（G. da Cruz，1520—1570）的《中国志》记载：

中国有许多方言，因而一个人不明白另一个人在说什么，但如果用书面文字，彼此间就能沟通。例如"天"字，写法一样，读音却各异。

出版于1615年的《利玛窦中国札记》（利玛窦，Matteo Ricci，1552—1610）经比利时耶稣会教士金尼阁（Nicolas Trigault，1577—1628）整理、翻译为拉丁文著作 *About Christian Expeditions to China Undertaken by the Society of Jesus*。此书介绍说：

在中国，各省各地所讲的方言区别也很大，很少有共同之点，但是大家都读同样的书，写同样的字，于是就能相互交际。除了各省自己的本地话，整个帝国还有一种通用的语言，叫作"官话"（Quonhoa），在正式场合及法庭上使用……有教养的人相互之间是不说方言的，不过，在自己的家乡，有教养的人为表示亲热，会改说方言；或者，因为乡情所系，也会说起方言来。[②]

西班牙奥斯定会会士拉达（Martin de Rada，1533—1578）于1572年被委任为马尼拉教区主教，1575年、1576年曾两次出使福建，搜集了不少资料，完成了一份关于中国的报告，评价中国语言文字是"最不开化和最难的"。拉达发现：

各省有不同的方言，但都很相似——犹如葡萄牙的方言，瓦伦西亚语（Valencia）和卡斯特勒语（Castile）彼此相似。中国文书有这样一个特点，因所用不是文字而是字体，所以用中国各种方言都能阅读同一份文件，尽管我看到用官话和用福建话写的文件有所不同。不管怎样，用这两种话都能读一种文体和另一种文体。[③]

---

①　马可·波罗口述，鲁思梯谦笔录《马可波罗游记》，陈开俊等译，福州：福建科学技术出版社，1981年，第193页。

②　利玛窦、金尼阁《利玛窦中国札记》，何高济、王遵仲、李申译，何兆武校，北京：中华书局，2010年，第30页。

③　拉达《出使福建记》，载伯来拉（Galeote Pereira）《海外中国报告：南明行纪》，何高济译，北京：中国工人出版社，2000年，第283页。

德国汉学家甲柏连孜（Georg von der Gabelentz，1840—1893）《汉文经纬》（*Chinesische Grammatik*，1881）说：

> 汉语分作许多方言和土话，而究竟有多少种，目前还不清楚。在这些方言和土话当中，只有一部分得到科学的考察。它们之间的差异有时很大；相隔不过一天路程的居民，说的话常常互相听不懂。不但词的发音不同，而且表达的构造有别，甚至语法形式也会有差异。方言词在通用的书面语里经常写不出来，在有些方言里，这样的词非常之多。①

早期西方汉学家深深体会到，虽然"言语异声"给外国人学习汉语带来了不便，但是好在已经"文字同形"，并且在中国还有通行的语言——官话。他们对汉语方言的分区和方言语法的特点比较敏感，并有较多独到的描述。游汝杰对此曾有过介绍。②

十六至二十世纪初域外汉学家对汉语的论述涉及语音、词汇、语法等各个方面。涉及方言及方言语法的如：

南京官话：西班牙瓦罗（Francisco Varo，1627—1687）《华语官话语法》（1703），美国狄考文（Calvin Wilson Mateer，1836—1908）《官话类编》（1892）（注：南京官话、北京官话对照），奥地利屈耐特（Franz Kühnert，1852—1918）《南京字汇》（1898），德国何美龄（K.Hemelino，1878—1925）《南京官话》（1907），等等。

北京官话：英国艾约瑟（Joseph Edkins，1823—1905）《官话口语语法》（1857）、威妥玛（Thomas Francis Wade，1818—1895）《语言自迩集》（1886），美国麦尔文（Mc Ilvaine，1844—1881）《北方口语语法》、富善（Goodrich，Chauncey，1836—1925）《华英袖珍字典》（1907）、狄考文《官话类编》（1892）（注：南京官话、北京官话对照）、高第丕（Tarlton Perry Crawford，1821—1902）和中国张儒珍合写的《文学书官话》，瑞典高本汉（Karlgren，Klas Bernhard Johannes，1889—1978）《北京方言发音读本》（1918），日本大槻文彦（1847—1928）《支那文典》（1877），等等。

其他地区官话：汉口话——英国庄延龄（Edward Harper Parker，1849—1926）《汉口方言》（1875），扬州话——英国庄延龄《扬州方言》（1883），四川话——英国庄延龄《川东方言》（1893）、钟秀芝（Adam Grainger，？—1921）《西蜀方言》（1900），法国无名氏《西部官话词典》（1893），等等。

① 甲柏连孜《汉文经纬》，蔡剑峰等编，姚小平译，北京：外语教学与研究出版社，2015 年，第 16—17 页。
② 游汝杰《西洋传教士的汉语方言学著作书目考述》，哈尔滨：黑龙江教育出版社，2002 年。

吴语：英国艾约瑟《上海方言口语语法》（1853）、《上海方言词汇》（1869），美国睦礼逊宁波话《宁波方言字语汇解》（1876），等等。

闽语：意大利罗明坚（Michele Ruggier，1543—1607）和利玛窦《葡汉辞典》（1583—1588），西班牙齐瑞诺（Petrus Chirino，1507—1630）《汉西字典》（1604）、无名氏《漳州话语法》（1620）、英国麦都思（Walter Henry Medhurst，1796—1857）《福建方言字典》（1832）、杜嘉德（Cartairs Douglas，1830—1877）《厦门话词典》（1873），荷兰施古德（Gustave Schlegel，1840—1903）《荷华文语类参》（1886—1890），等等。

粤语：英国马礼逊《通用汉言之法》（后半部分）（1811—1815）、《粤语词汇》（1827），美国裨治文（Bridgman，Elijah Coleman，1801—1861）《广东方言中国文摘》（1841），等等。

客家话：德国郭实腊（Karl Friedrich August Gützlaff，1803—1851）等《马太福音：客家华人通俗方言本》（1865），英国庄延龄《客家话音节表》（1880），等等。

二、早期域外汉学家的汉语方言分区

域外汉学家也试图对汉语的官话和方言进行分区，其标准主要是语音，也参考词汇和语法特征。有的将汉语三分，如艾约瑟《上海方言口语语法》（*A Grammar of Colloquial Chinese as Exhibited in the Shanghai Dialect*，1853）：（1）北方官话，是宫廷内的发音，也是整个京城政府官员的公开读音……也是扬子江以北相当广的地区的发音，北方官话遍及几个省份，如四川、贵州、云南及广西、湖南的部分地区。（2）南方语音，南音，存在于江苏部分地区，也就是扬子江以南，浙江及江西部分地区。这是官话以外的主要语音，这可以从《康熙字典》上溯到汉代的字典，其中都有所记载。（3）其余的几个省份（如福建、广东、安徽、江西等）。[①]

有的将汉语四分。庄延龄为翟理斯的汉英词典所写的序言、穆麟德（Möllendorff，1848—1901）1896 年在《中国传教事工年报》所发表的文章，都把汉语方言分为四大类：（1）粤语（广东话、客家话）；（2）闽语（漳州话、潮州话、福州话）；（3）吴语（温州话、宁波话、苏州及上海话）；（4）官话。[②]

传教士们还曾绘制过一张汉语方言分布图，见于《中华归主——中国基督教事业统

---

① 艾约瑟《上海方言口语语法》，蔡剑锋等编，钱乃荣、田佳佳译，北京：外语教学与研究出版社，2011 年，第 6 页。

② 游汝杰《汉语方言学教程》，上海：上海教育出版社，2004 年，第 232—233 页。

计（1901—1920）》一书。此书有《中国的语言和方言》一节，分省说明方言分布，述及各方言使用人数，并附方言地理分布图。图上今湘语、赣语归官话区，吴语区包括皖南及赣东，闽语包括浙南一带，较《中华民国新地图：语言区域图》为准确。这是中国第一张汉语方言区域图。文字说明部分将汉语方言分为四大类，即：（1）官话——官话本身、客家话、杭州话、海南官话、其他变种；（2）吴语——苏州话、上海话、宁波话、台州话、金华话、温州话、其他；（3）闽语——建阳话、建宁话、邵武话、福州话、汀州话、兴化话、厦门话、海南话等；（4）粤语——汕头话、客家话、三江话、广州话、其他。值得注意的是作者将客家话和杭州话归入官话。客家话又在粤语一类中出现，可见作者举棋不定。

再如日本广部精（1854—1909）《亚细亚言语集》（1879）在"凡例"中将汉语方言分为四部：（1）官话；（2）南边话；（3）满洲话；（4）岭南话。

归纳起来，早期汉学家对于汉语官话和方言的论述有鲜明的特点：

特点一：对官话语音、语法、词汇的特点表现出高度的敏感。

"官话"一词首见于明朝时期的域外文献——朝鲜《李朝实录·成宗四十一年九月》（1483 年，明宪宗成化十九年），明廷的使者与朝鲜官员在对话中有：

> （葛）贵启曰："俺南方人，字韵不正，恐有差误。"……头目葛贵见《直解小学》曰："反译甚好，而间有古语不合时用，且不是官话，无人认听。右《小学》一件，送副使处，令我改正，则我当赍还燕京，质问以送。"

明人张位（1538—1605）《问奇集·各地乡音》记载：

> 大约江北入声多作平声，常有音无字，不能具载；江南多患齿音不清，然此亦官话中乡音耳。若其各处土语更未易通也。

明何良俊（松江人）《四友斋丛说·史十一》："王雅宜不喜作乡语，每发口必官话。"从上下文来看，这里的"官话"应该是和"南方音、江南音"对应的"北京音"。

明谢榛《四溟诗话》卷三：

> 《古诗十九首》，平平道出，且无用工字面，若秀才对朋友说家常话，略不作意。如"客从远方来，寄我双鲤鱼。呼童烹鲤鱼，中有尺素书"是也。及登甲科，学说官话，便作腔子，昂然非复在家之时。若陈思王"游鱼潜绿水，翔鸟薄天飞。始出严霜结，今来白露晞"是也。此作平仄妥帖，声调铿锵，诵之不免腔子出焉。魏晋诗家常话与

官话相半，迫齐梁开口，俱是官话。官话使力，家常话省力；官话勉然，家常话自然。夫学古不及，则流于浅俗矣。今之工于近体者，惟恐官话不专，腔子不大，此所以泥乎盛唐，卒不能超越魏、晋而追两汉也。嗟夫！

这里的"官话"当与"家常话"对应，当作书面语解。可见"官话"的内涵不是唯一的。

明清以后，"官话"作为标准语的意义最为普遍。

明朝末年，意大利传教士罗明坚、利玛窦编的第一本汉外双语词典《葡汉辞典》（*Portuguese-Chinese Dictionary*，1598）里也有"官话"：Falla Mādarin cuō cua cin yin 官话正音。Falla 指语言，Mādarin 义为指挥和命令，葡语 Falla Mādarin 指官员的语言，葡萄牙人用以指中国官员所使用的语言。《利玛窦中国札记》中说："除了不同省份的各种方言，也就是乡音之外，还有一种整个帝国通用的口语，被称为官话……官话现在在受过教育的阶级当中很流行，并且在外省人和他们所要访问的那个省份的居民之间使用。懂得这种通用的语言，我们耶稣会的会友就的确没有必要再去学习他们工作所在的那个省份的方言了。"[1] 书中还说：罗明坚于 1579 年 7 月到达澳门，马上按视察员的规划做准备工作，"他第一件必须做的事就是学习中国语言，像人们所称呼的那样，学习这种语言的官话，即在全国通行的特殊语"[2]。曾德昭（Alvaro Semedo，1585—1658）《大中国志》说：

> 中国今天只通用一种语言，即他们称呼的官话（Quonhoa），也即曼达林语。当他们在认真、慎重地把他们的政体介绍到别国时，也把他们的语言传去，所以至今官话已传遍全国，有如拉丁语之传遍欧洲，但一般说来，每省仍保留自己的方言，它是一种有限度的语言，字体之多超过其他语言，但使用的词汇不多，因此并不丰富，总的说不超过 328 个词，语汇则有 1 228 个。[3]

"官话"即使指标准语，其"标准"在历史上也是有变化的，有个从南京官话向北京官话转变的过程。

由于政治的原因，明及清朝的一段时间，作为学习和教授对象的"官话"一般特指南京官话。曾德昭在《大中国志》中提到的"官话"即指南京官话。

———————————

①　利玛窦、金尼阁《利玛窦中国札记》，第 30 页。

②　张美兰《美国传教士狄考文对十九世纪末汉语官话研究的贡献：〈官话类编〉专题研究》，LEWI Working Paper Series（香港：林思齐东西学术交流研究所研究报告系列），2006，No.54。

③　曾德昭《大中国志》，何高济译，李申校，上海：上海古籍出版社，1998 年，第 39 页。

　　它（指汉语——笔者注）比拉丁语容易学，因为仅拉丁语法就得花费孩子的全部时间。它的简短使它充满多义词，所以是简明的。这对有些人会是困难的，但使中国人满意。他们都是发言简明的特别爱好者，或者模仿者。有如莱撒德蒙尼人（Lacedemonians）之善于模仿。它柔和而不生硬，如果说得完美（如主要在南京地区）是极悦耳的。①

　　万济国《华语官话语法》（*Arte De La Lengua Mandarina*，1703）英译版"前言"中说："我们有把握说，《语法》中称为'官话'的那种语言实际上是南京话。"一般认为，至少从十六到十八世纪，这种基于南京方言的官话曾流行于中国。所以万济国的"官话"绝不是任一时期的北京方言或"北京官话"。十六世纪后期，利玛窦及其同事和门生曾经为这种南京官话试创过一套标音符号。几十年后，他们的拉丁化转写大抵是金尼阁系统，只作了少数修改。②

　　万济国在谈到发音时指出：

　　我们一定要懂得中国人读这些词的发音方法。但也并非任何一个中国人就能把音发好。只有那些资质好的说官话的人，例如南京地区的居民，以及来自其他操官话的省份的人，才能做到这一点。有些地区比如福建，那里的人们发音就很不准确，把 h 和 f 混淆在一起。其他省份也各有自己的语音毛病。一个中国人即使知识广博或学历很高，也并不意味着他就能说好官话；实际上有许多人官话说得很糟。因此我们应该集中精力，只学那些以南京话或北京话为基础编纂的 cabeçillas 或词汇表。③

　　艾约瑟在其《汉语官话口语语法》（*A Grammar of the Chinese Colloquial Language Commonly Called the Mandarin Dialect*，1857）中不仅对汉语有分区，也进一步对"官话"进行细分：

　　中国人在宫廷里以及政府机关中使用的发音叫作官话，或者称 Mandarin。这种发音实质上是长江以北各省、四川、云南、贵州，以及湖南、广西部分地区所使用的共同语言。至少，在如此广袤，差不多占到中国国土三分之二的地域上，人们所

---

①　曾德昭《大中国志》，第 39 页。
②　《华语官话语法》英译版"前言"。参阅弗朗西斯科·瓦罗（万济国）《华语官话语法》，姚小平、马又清译，北京：外语教学与研究出版社，2003 年。
③　同②，第 18 页。

使用的语言发音相似度很高，足以保证它们可以被称作同一种语言。①

他在书中进一步将官话的语音体系分为以下几种：

（1）南京官话：发音分成五类，每类有一个声调值。第四声是入声。第五声中，如果没有送气音的话，就不能使用 k、t、p、ch、ts 作为声母。另外，他还指出南京官话 n、ng 不分，n、l 不分的发音特点。

（2）北京官话：有四个声调，n、ng 清楚区分，声母 h 和 k 用在 i 和 ü 之前要变成 s 和 ts（或者 ch）。

（3）北方各省（临近北京的省份）：入声转为其他声调时表现出不规则。

（4）西部官话（以成都音为标准）：以四川首府成都府的发音为标准，四个声调。②

马礼逊《通用汉言之法》（*A Grammar of the Chinese Language*, 1815）"导言"部分说：朝廷的官员及文人所用的语言称为"官话"（Mandarine Tongue）。官话通行全国，与各省的方言不一样，而各省之间的方言又有差异，如澳门与广州的方言各异，而南京官话又不同于北京官话。

何九盈解释了南京官话受到传教士重视的原因：

因为那个时候的传教士其活动地点主要在南方；其活动内容主要在传教，或者为公司担任译员，或者编写英汉字典、翻译《圣经》等，他们没有机会与"帝国政府主要官员"接触，甚至根本进不了北京，更谈不上有什么外交谈判、签订条约之类的活动，他们并不感到北京官话有多么重要，故他们跟南方文人们一样看不起北京官话。③

日本汉学者牛岛德次（Ushijima Tokuji，1918—1999）也介绍了汉语学习的重点从南京官话向北京官话的转变：

---

① 艾约瑟《汉语官话口语语法》，董方峰、杨洋译，北京：外语教学与研究出版社，2014 年，第 9—10 页。
② 同①。
③ 何九盈《中国现代化进程中的语文转向》，北京：语文出版社，2015 年，第 180 页。

　　明治维新（1868）以后，日本的新政府迫于政治、外交、通商，以至军事上与清朝往来急速扩大的需要，逐步地强化了中国语学习、教育的体制。这时使用的名称，最初幕府末期长崎通事用"唐话"，接着与和语、洋语相对叫"汉语"，后又以对方政府叫"清语"，1876年（明治九年）把以往的学习对象"南京语"改为"北京语"。以后，又以"北京官话"为代表性的称呼——单纯用"官话"指"北京官话"是"日俄战争"前后（1904，明治三十七年）的事。这"官话"即"官吏说的话"，清朝末期是指"汉语"，特别是"北京语"。①

　　以日本官话教材《汉语跬步》和《华语跬步》为例，日本近代汉语教育的主要特征是现代汉语（主要为口语）教学。《汉语跬步》到《华语跬步》的内容，是随着国际形势的变化、随着教学目的变化而变化的。"内容从古典文言转变到以白话为中心，口语从南京话转变到北京官话；价值取向从文化意义转变到主要追求实用。汉语从向中国学习的媒介变成了向中国扩张的工具。"②

　　特点二：对汉语方言的分区嫌粗疏、不够科学，甚至标准模糊或"举棋不定"。

　　传教士编辑的英文期刊《中国评论》（*The China Review*，1878）第七卷第三期的文章曾提出了这样的系列问题：

　　（1）中国究竟存在多少种口说的方言，除了所在地区以外，其他地方的人听不懂？

　　（2）这些方言地区的地理位置何在？每一种方言的主要城镇或据点在哪里？

　　（3）这些方言分别在哪些地方？各有多少人使用？

　　（4）每一种方言可以下分为哪些 sub-dialects（次方言）（指的是这样一种情形，在同一些方言区内，方言之间的差异只是导致相邻的人们在一定程度上不能互通）？

　　这些问题也是中国的方言研究学者一直致力解决的。早在汉代扬雄《方言》就有分区意识，二十世纪初林语堂依据四条通则，把《方言》五十多个地名分成二十六类，概括汉代方言为十四个方言区，如下：

　　（1）秦晋；（2）梁及楚之西部；（3）赵魏自河以北（燕代之南并入此系）；（4）

---

①　牛岛德次《日本汉语语法研究史》，甄岳刚编译，北京：北京语言学院出版社，1993年，第63—64页。

②　六角恒广《日本近代汉语名师传》，王顺洪编译，北京：北京大学出版社，2002年，第1页。

宋卫及魏；（5）郑韩周；（6）齐鲁；（7）燕代；（8）燕代北鄙朝鲜洌水；（9）东齐海岱之间淮泗（亦名青徐）；（10）陈汝颍江淮（楚）；（11）南楚；（12）吴扬越；（13）西秦；（14）秦晋北鄙。①

二十世纪初，国人对汉语方言的分区也有不少争议，如章太炎《检论》中提出汉语方言分区"九类说"；②黎锦熙《国语运动史纲》提出"十二系说"。③分区意见有：七区（1934，赵元任等《中华民国新地图》第五图乙《语言区域图》）；八区（1937，李方桂《中国的语言和方言》）；九区（1939，中央研究院历史语言研究所《中国分省新图》第四版《语言区域图》）；五大支系（1940年代，王力《中国语文讲话》）；十一区（1948，中央研究院历史语言研究所《中国分省新图》第五版《语言区域图》）；八区（1955，丁声树、李荣《汉语方言调查》）；七区（1960、1980，袁家骅等《汉语方言概要》；1981，詹伯慧《现代汉语方言》）。

1985年，李荣《官话方言的分区》《汉语方言分区的几点意见》和《中国语言地图集》的发表、出版及其"十大方言区"分区的提出，④实现了汉语方言分区的新飞跃，使汉语方言分区进入更加成熟的新阶段。

特点三：善于通过对比等揭示官话、吴语、粤语、闽语的语法差异。

域外人士对汉语的量词比较敏感，如《上海方言口语语法》就指出："福建人当听到用'只'tsaʔ来形容手和脚而不用'枝'tsʅ时，都会感到好笑。官话中以'尾'vi'来修饰鱼，而上海话中却用'个'ku'。"⑤《中国文法》中的名量结构"一乘轿、一棵米、一枚墨、一枚药、一管笔"等具有明显南方语言系统色彩的词汇、用法也是一个值得注意的现象。

再以副词为例，清代北京话中的"忒"和"太"相比，在语义上则更倾向于指程度过分，如美国狄考文（Calvin Wilson Mateer，1836—1908）《官话类编》（*A Course of Mandarin Lessons*）第二十四课就指出北京话中"你的衣服忒肮脏（癞歺）"："忒，too，excessive; an exaggeration of 太；-mostly used of things that are in some way displeasing."（大部分用于不开心的事情。）

《官话类编》第十二课有如下例子：

---

① 华学诚《周秦汉晋方言研究史》（修订本），上海：复旦大学出版社，2007年，第109页。
② 章太炎《章氏丛书·检论》，杭州：浙江图书馆，1919年。
③ 黎锦熙《国语运动史纲》，上海：商务印书馆，1934年。
④ 李荣《汉语方言的分区》，《方言》1989年第4期。
⑤ 艾约瑟《上海方言口语语法》，第94页。

我看你净 / 尽拿不是当理说。

狄考文指出两个词意义相同，但前者用副词"净"，是北京官话；后者用"尽"，是南京官话。

三、早期域外汉学家论方言语法特征

域外汉学家对汉语词中的功能词、句式等在各方言的表现着墨颇多。韵律与语法密切相关，讨论方言语法时，他们也关注到方言在韵律方面表现的差异。

（一）认识到某些方言句式结构的不同

马礼逊在《通用汉言之法》的《各省方言》这一章中讲完词类问题之后，安排了一个章节讲述汉语的方言（The Provincial Dialect）中的广东话（The Canton Dialect）：他认为广东话的发音不同于官话。在广东话中，有些音没有对应的汉字，有些音当地人创立了汉字，但是不允许进入字典。书中即使在讨论官话语法的时候，也不自觉地举到广东方言的例子，判断句用系词"係（係唔係）"、比较句"A 过"等，如"这个或係大过或係小过于那个""这个箱比别的箱小过""这个房更凉过对面房""今晚尊驾饮茶更早，食饭迟过昨晚"。除了反映句式的特点，也间接地指出广东话在表达比较句时与北京话的语序差异。艾约瑟《上海方言口语语法》不仅将汉语的被动句与英语的被动句进行比较，指出汉语表被动的句子中也有被动标记，同英语一样需要在谓语动词之前加助动词。同时，他还指出上海方言词被动标记有"被、叫、捱、受、吃、见、拨"，而北京话的被动标记是"给"，如上海话"明被人欺、我叫他闹乏了、吃亏不小、拨别人打"，最后一句北京话就是"给别人打"。这些描写对于研究上海话和北京话被动句的历史是有参考意义的。不过艾约瑟是在动词章节之下对其被动义进行论述的，不是专门对汉语被动句展开研究的。

（二）对功能词的方言差异非常敏感

功能词是指在句子中只起语法作用而无实际意义的词，包括代词、量词等实词和副词、介词、语气词等虚词。

以量词为例。早在 1653 年，卫匡国在《中国文法》中就将汉语的量词单独列成一类，形成"名词、动词、代词、副词、介词、罕用连词、叹词、量词、数词"的词类系统。1880 年麦尔文的《中国北方口语语法》提出"名词、动词、形容词、代词、副词、介词、连词、叹词、量词、词尾、指示词、方位词"十二类。在 1869 年高第丕等《文学书官话》"名头、替名、指名、形容言、数目言、分品言、加重言、靠托言、帮助言、随从言、折服言、接连言、示处、问语言、语助言"这十五类词中,"分品言"就相当于现代汉语的量词。在 1886 年威妥玛《语言自迩集》"名词、动词、形容词、代词、副词、介词、连词、叹词、量词"九大词类中也明确列出量词。这比中国学者对量词有明确认识的时间要早得多。汉语有丰富的量词,各方言的量词也常常富有特点。《中国言法》将汉语的词分名词、动词、形容词、代词、副词、前置词、后置词、连词、叹词、类属虚词、附属虚词等十一类,类属虚词(generic particle)即量词。马士曼也把量词独立出来,认为量词是很多东方语言的特点,如印地语、汉语。他列举了"餐、盏、层、节、座、牸、张、帐、只、枝、炷、乘、双"等八十三个类属虚词,并一一列举与之搭配的名词,有些例子是比较罕见的,如"牸",译作 cow,用于雌性家畜,例子为"一牸马"。汉语史上"牸"一般是名词,可泛指雌性牲畜或兽类,作为量词的用法罕见。艾约瑟《上海方言口语语法》则指出:"福建人当听到用'只'tsaʔ来形容手和脚而不用'枝'tsɿ时,都会感到好笑。官话中以'尾'vi'来修饰鱼,而上海话中却用'个'ku'。"《汉语官话口语语法》指出四川地区"一张嘴、一条羊"两种说法不同于北方。《中国文法》的名量结构"一乘轿、一棵米、一枚墨、一枚药、一管笔"等具有明显南方语言系统色彩。汉学家将汉语量词独立归类,这在学术史上意义非凡。不足在于对量词的论述多以举例为主,描写多于分析。如《语言自迩集》《中国言法》《通用汉言之法》等对量词的性质未深入讨论,只列举了与名词搭配的若干量词。可以说,这只是对当时语言状态的记录,是一种语言资料。

再以代词为例。马礼逊归纳了广东话代词的数:单数人称代词"我、你、他",有的方言中"她或它"用"渠","我"用"侬",广东话中"他"用"佢"kue[12];复数人称代词"我们、你们、他们",有的方言中用"咱们",广东话中用"佢"kue[3]。除此以外,还有定冠词(指示代词)"佢、个(这)、个个(那个)",疑问词"乜、乜野、乜野人、边个人、乜谁、边个野"。除了马礼逊这种单独描写某一方言的代词系统的,更有拿方言与官话进行比较的,如艾约瑟的《汉语官话口语语法》指出:第一人称代词"我""咱"(山东和直隶念 tsan,北京念 tsan 和 tsa 均可),"俺"(用于山东和直隶)。在北京,用"我们、你们、他们"来表示单数意义很常见,就跟"咱"或者"咱们"经常用于单数一样。"我"(读作 'ngo 和 'wo)是新近出现的代词。"我"在徽州读作 nga,在福建读作 ngwa。[①]《北方官话口语》的作者麦尔文在北京停留了三年,在山东停留了十年,所以他根据自己的经验指出山东和北京等地代词的对比关系:

---

① 艾约瑟《汉语官话口语语法》,第 169 页。

官话	方言
我们	俺们（山东）
甚么	嘎（山东，湖南）/ 麽（山东）（宾格）
这里，哪里	这儿，那儿（北京）
自己	自家，己个儿（山东），自己个儿（北京）

有些域外汉学家比附印欧语，甚至认为汉语代词也有性和数。如马礼逊就指出汉语代词有"格"，如相当于属格的 mine 的"我的"ngò tǐk，这显然是直接套用的结果。

（三）意识到韵律在方言语法中的作用和不同特征

讨论韵律在语法中的作用，可以艾约瑟为代表。他在讨论上海方言口语的词缀时指出，上海方言名词有后缀"子、头、法、处、个、场"和前缀"阿"等，他认为这些词缀在构词时有补足音节的作用："这些后接语缀在古典文献中从未使用过；它们形成了汉语口语的主要特征。'子'和'头'给予它们所限定的名词个性和限定性。'子'和'头'的本来意思分别是'儿子'和'脑袋'，但在现在这种情况下，本义就失落了。它们也有助于凑足句子的韵律节奏，某些词在附加上它们之后，就可与那些在语音上相似于它们的词区分开来了。"同时，他还指出："阿"这个前缀，可加在亲属和专门的人名称呼上，只不过表示声音和谐。

他还将英语的轻重音概念和音步理论运用于汉语构词的韵律分析中，指出北京话中小词（particle，如"的"）和附属词（enclitic words，如"－子"）都不读重音。在三字字组（如"蜡烛香、银子钱"）中，次重音 [1] 在第一个字上，四字字组、五字字组（如"礼义廉耻、古经古典、金木水火土"）中，次重音在第二个字上；三字字组、四字字组、五字字组中主重音都在最后一个字上（附属词和小词除外）。这样汉语跟英语重音的差异被艾约瑟揭示出来了。他认为上海方言和北京话不一样，"在有些方言中，比如上海附近的松江话里，重音落在二字字组的第一个音节上" [2]，北京话与上海话重音的差异也被揭示出来了。除了北京话、上海话以外，他还提到在厦门方言中，"很特别的是在倒数第二个音节（笔者注：二字字组、三字字组、四字字组中）上，第二和第七声调分别变为高急上升声调和高急下降声调"。可以说在十九世纪的中外学者中，对于汉语的韵律问题，艾约瑟

---

① 在英语中，每个单字只会有一个主重音节（stress），如 'apple, 'article, be'lieve；较长的英文单字会有次重音节，又称起音节，顾名思义是字中第二重的音节，令较长的单字读起来较有节奏感，如 pr'onunci'ation。

② 艾约瑟《上海方言口语语法》，第 31 页。

的认识是最为深入、论述是最为全面的，为二十世纪以来的汉语韵律研究提供了重要的基础。可惜的是，至今人们并没有认识到这一点。

结　语

总的来讲，早期域外汉学家的方言文献记录了早期汉语方言和官话的宝贵资料，对于汉语史和方言研究有重要价值。如《汉语跬步》《华语跬步》两部分别记录南京官话和北京官话的教材，所反映方言色彩不同。如表示程度的动补结构"形容词＋得＋紧"，在《汉语跬步》中多处可见：

> 窄得紧、多得紧（第四卷营造部：数量多少长短厚薄类）
>
> 暖得紧、冷得紧、热得紧、凉得紧（第一卷天部：天文时令类）
>
> 狭得紧、大得紧（第四卷营造部：数量多少长短厚薄类）

在早期南京话中这种说法是存在的，如生于江苏如皋、居于南京的李渔在《怜香伴》中就有：

> （净）那是个脱肛痔漏，疼得紧，动不得的。（第二十九出）

再如《汉语跬步》中提到的"日头、怪风"等说法，在现代南京方言中还存在。（参见《南京方言词典》）

《华语跬步》则是代表了北京官话的语言面貌的。以语音来看，作者本人在增补版"凡例"中说："该音谱系专选京音。"吴迪根据该书的音系特征考察，发现它反映了北京官话的音系特点，包括了十九个声母，三十五个韵母，阴平、阳平、上声、去声四个调类。与现代北京话的语音面貌基本一致。[1]

《通用汉言之法》中的量词大多是来源于生活的常用语，还有些反映当时生活状态的量词语料，如"一口茶、作一局棋消闷、一领衫、一成数、一棱角、一刀纸、此一款事办的妥当"等。"领"表示衣服数量，"成"则表示弹奏的音乐数或是整十或整百的集合数，"棱"表示角的数量，"款"是特指违法犯罪等不正当事件，这些词在现代汉语中大多已不再用作量词，有的使用频率减少。书中大量的例句都是对当时的中国官话以及广东方

---

① 吴迪《清末汉语教材〈华语跬步〉及其所反映的北京官话音系》，清华大学硕士学位论文，2009年。

言状况的反映，虽然可能会受到马礼逊英文母语的负迁移影响，但是总体来说还是可以作为当时的语料保存下来，对汉语史研究具有重要价值。

《上海方言口语语法》有量词"圆"：

> 圆：一圆肉饼 / 药丸。

《明清吴语词典》引用《缀白裘》2 集 1 卷：

> 圆，〈量词〉块，可用于肥皂。小正，热点个面汤拿介一盆，肥皂拿子三四圆到书房里来。

但现代上海话就鲜见量词"圆"，钱乃荣、许宝华、汤珍珠等《上海话大辞典》"量词"词表中未见。

西方汉学家及传教士对汉语方言的认识往往是零星的，甚至是不科学的，但这是可以理解的，无论如何这些研究于二十世纪以后为方言分区逐渐走向科学化奠定了基础。

正如游汝杰所说：这些研究成果为"研究 19 世纪后半期至 20 世纪初期的汉语方言自然口语的最有价值的资料"；"它们所提供的自然口语的准确度是同时代其他文献资料不可比拟的"，特别是由于清廷对传教士入京的限制，很多传教士生活在南方，学习和研究粤语、闽语和吴语，记录了非常宝贵的清代南方方言口语资料，因此，"传教士的方言学著作是方言史和方言学史研究不可或缺的文献"。[1]

---

① 游汝杰《汉语方言学导论》（修订本），上海：上海教育出版社，2018 年，第 226—227、231 页。

论法国实用汉学理念的历史实践

——以童文献《西汉同文法》为例

范　鑫　卢梦雅

（山东大学外国语学院）

摘　要：十九世纪中后期，为培养中法交流中的实用型人才，兴起了以外交官、翻译家等为主体的实用汉学教育，与之相关的汉语教材也随之登上历史舞台。《西汉同文法》是巴黎外方传教士童文献为教会和普通群众编写的初级汉语教材，作者在中国西南地区传教长达二十二年，返回法国之后致力于为法国培养更多的能讲汉语的实用型人才。通过梳理该书的编写内容、成书的历史语境和作者的个人经历，我们可以在其中发现实用汉学在法国汉语教育史中的发展痕迹。

关键词：童文献　《西汉同文法》　实用汉学　法国汉语教育史

1840 年，随着汉语在中法交流中的地位日益提高，以培养实用型人才著称的东方语言学校设立了汉语教席，由巴赞（Antoine Bazin，1799—1863）担当第一任教授，随后以外交官、翻译家等为主体的实用汉学家登上历史的舞台。与培养高层次汉学研究人才的学术汉学不同，实用汉学的目标是培养中法政治、经济和文化交流中的实用型人才，由此爆发了一场实用汉学与学术汉学之间的激烈争论。《西汉同文法》（*Grammaire de la Langue Chinoise Orale et Écrite*，1873—1876）问世之时，"实用"与"学术"的争论愈演愈烈，而作者童文献（Paul Hubert Perny，1818—1907）是实用汉学坚定的拥趸。学界对该教材和作者的已有研究重在阐释书中的汉语观点、呈现教材中的语音特点[1]或讲述作者的个人经历。[2]本文旨在通过梳理《西汉同文法》的编写动机和具体内容，剖窥实用汉学

---

[1]　李冉《法国汉学家童文献的汉学观点》，山东师范大学硕士学位论文，2019 年；陈伟《童文献所记官话音系及其性质》，《语言研究》2018 年第 2 期，第 58—64 页。

[2]　郭丽娜、郑莹《晚清贵州教区教务长童文献考》，《澳门研究》2017 年第 2 期，第 114—116 页；Clément Fabre, "La sinologie est un sport de combat," *Genèse*, 110.1(2018), pp.12–31。

在十九世纪中后期的实际发展情况，为法国汉语教育史提供新的研究材料和视角。

一、实用汉学的倡导者童文献

巴黎外方传教士童文献，又名童保禄，1818 年出生在法国蓬塔尔利耶（Pontarlier），1846 年加入巴黎外方传教会（Missions Étrangères de Paris），1847 年 7 月奔赴贵州府（今贵州省）一带传教。1853 年，贵州宗座代牧区主理去世后，童文献代理主持该教区，直到 1860 年任命新的主教。[①]1869 年，童文献结束了在中国的传教生活，搭船回国。回到法国之后，他凭借在中国二十二年间所积累的丰富的语言文化，积极发表对汉语和汉字的看法，有意为法国、教会培养更多的人才，出版了一系列的教材：《西语译汉入门》（*Dictionnaire Français-Latin-Chinois de la Langue Mandarine Parlée*，1869）、《中国俗语》（*Proverbes Chinois*，1869）、《西语译汉入门附录》（*Appendice de Dictionnaire Français-Latin-Chinois de la Langue Mandarine Parlée*，1872）、《中拉对话》（*Dialogues Chinois-Latins*，1872）、《西汉同文法》（*Grammaire de la Langue Chinoise Orale et Écrite*，1873、1876），一度活跃在法国的汉学界，备受瞩目。1871 年，童文献在巴黎居住期间不幸被巴黎公社运动波及，被扣押了将近两个月，随后退出巴黎外方传教会，仅作为一名天主教会士在学术界活动。1907 年 3 月 2 日在法国去世。

1873 年，法兰西公学院（Collège de France）汉语教席因儒莲（Stanislas Julien，1797—1873）病逝而空缺，童文献加入了竞选，但在最终投票时仅获得一票，败给了儒莲属意的学生德理文（Le Marquis d'Hervey-Saint-Denys，1822—1892）。不甘失败的童文献将满心的委屈投注到了实际的控诉当中，发表了《揭露文学界招摇撞骗》（*Le Charlatanisme littéraire dévoilé, ou la vérité sur quelques professeurs de langues étrangères à Paris, dédiée à MM. les Professeurs du Collège de France*，1874），猛烈抨击德理文"完全不能开口讲汉语，不能用汉语写文章，更不能翻译中国的典籍"，"纯粹是为了丰富的薪水才学习汉语，水平勉强能到业余"[②]。虽然童文献以笔名贝尔坦进行控诉，但并非无迹可寻，警

---

① 荣振华、方立中、拉热尔·穆赛、布里吉特·阿帕马《16—20 世纪入华天主教传教士列传》，耿昇译，桂林：广西师范大学出版社，2010 年，第 960 页。

② Paul Perny (signé Léon Bertin), *Le Charlatanisme littéraire dévoilé, ou la vérité sur quelques professeurs de langues étrangères à Paris, dédiée à MM. les Professeurs du Collège de France*. Versailles : G. Beaugrand et Tax, 1874, pp. 16-17.

方很快就在他的居所找到证据并实行了抓捕，最终被判处六个月的监禁和赔偿五百法郎，[①]其名声也因此受损。[②]无论如何，童文献在实用汉语教材的编写上投入了大量心血，在归国短短几年的时间里出版了五部汉语著作，包括了字典、中国的综合介绍、语法教材等类型，展现了极高的汉语修养，即使德理文在后来回应童文献的抨击时也丝毫没有质疑他的汉语水平。

实际上，在法兰西公学院汉语教席的争夺中，童文献并不是第一次败给德理文。1869年在他刚刚返回法国时，儒莲因为生病无法继续教授东方语言学校（École des langues orientales）的课程，童文献就曾去信，有意寻求代课的职位。但是，不论是东方语言学校代课的职位，还是法兰西公学院的汉语教席，儒莲选定的都是他的学生德理文。而童文献在前后两次的职位竞争中都以失败告终，铩羽而归并不是因为他不具备足够的汉语水平，而是当时的法国汉学界正在经历着学术与实用两个发展方向的争论：以学院派为首的学术汉学家主要研究中国古代典籍当中的古文，轻视口语教学；而以归国外交官和翻译家为首的实用汉学家则坚持在汉语教学中口语的优先地位，指责学术汉学的研究无法致用。无论在法国本土汉学还是在十九世纪下半期再次来华的天主教士中，童文献都算得上法国实用汉语教学的开拓者。

在童文献落选以前，哥士耆（Michel Alexandre Kleczkozski，1818—1886）也曾与他有相同的经历。哥士耆以外交官、翻译家的身份在中国生活了十五年左右，先后在上海领事馆和北京公使馆工作，积累了丰富的翻译经验，于1863年被法国外交部召回接替外交部汉语翻译一职。返回法国之后，哥士耆曾参与竞选东方语言学校现代汉语教席的继任者，但是败给了儒莲。作为法兰西公学院汉学席位的第二任执掌人、学术汉学的代表儒莲，为了顺利获得东方语言学校的施教权，曾致信哥士耆，"希望这样说不会冒犯，您根本没有出版过专业的书籍"，并在他的职位申请信中表示"不管是在欧洲还是中国，没有一个人像我这样翻译出版过如此大量的现代风格文本"。[①]自此，不论是以学术汉学著称的法兰西公学院还是以实用汉学为发展方向的东方语言学校均掌握在汉学家儒莲的手中。但是，由于儒莲从始至终并没有到过中国，不会讲通俗汉语口语，因此仍然在这个"现代汉语"课程上教授中国经典古籍入门，使东方语言学校"如同法兰西公学院教学的

---

① Hervey de Saint-Denys, *Examen des faits mensongers contenus dans un libelle publié sous le faux nom de Léon Bertin avec le jugement du tribunal correctionnel de Versailles du 30 septembre 1874, confirmé par arrêts de la Cour de Paris des 16 décembre 1874 et 29 janvier suivant. Note adressée à MM. les Professeurs du Collège de France*. Saint-Germain : Imprimerie Eugène Heutte et Cie, 1875, pp. 15-16.

② Henri Cordier, "Nécrologie de Paul Perny," *T'oung Pao*, 8.1(1907), pp.125-127.

① Marie-Claire Bergère et Angel Pino, *Un Siècle D'Enseignement du Chinois à L'école des Langues Orientales 1840—1945*. Paris : L'Asiathèque, 1995, p. 6.

预科班"①。童文献返回法国时,这种状况并没有得到改善。相反,由于儒莲设置的课程偏离了培养翻译人才的目的,在他执教二十多年后,能够为国家利益服务的实用汉语人才仍处于匮乏的状态。

1847 年童文献进入中国传教时,鸦片战争已经打开了清朝的大门,他目睹了由战争带来的巨大的人才需求,因此在返回法国之后,他坚持"普及汉语"来弥补人才空缺。童氏的主张符合实用汉学的发展方向。但是,在法国学院派汉学家眼里,这无疑是一种"挑衅",再加上自学术汉学建立之初就视传教士汉学家为竞争对手,在这样的背景下,童文献想进入法兰西公学院执教无疑是很困难的。在《揭露文学界的招摇撞骗》发表之前,他曾致信法国公共教育部和法兰西公学院评委,试图反对不公平的竞争,没有得到肯定的回复,因此在 1874 年,不甘失败的童文献迫于无奈,采用了新闻报纸的方式来反抗学术汉学的垄断,被德理文撰文回击,称童氏"人品恶劣",是"显而易见的嫉妒"。②

事实上,在实用汉学家登上历史舞台之前,法国的新闻报纸就已经开始质疑学术汉学家的汉语口语水平。1829 年 5 月 12 日,雷慕沙在法国王家图书馆会见四名中国人,同行的还有雷慕沙的学生。在这场见面中,雷慕沙并不能听懂汉语,也未开口讲过一句话,全程靠书写与中国人交流。会面之后,《费加罗报》(Le Figaro)撰文嘲讽他不能理解汉语以及口语能力缺乏的事实。③ 儒莲也有同样的遭遇,皮埃尔·维龙(Pierre Véron,1831—1900)在《图解世界报》(Le Monde Illustré)发文称"他绝对没有能力用汉语对话"④。从雷慕沙到儒莲遭受的质疑来看,童文献对于德理文的控诉并非无迹可寻,无中生有。虽然新闻报纸具有一定的夸大性,但也侧面反映了学术汉学对通俗汉语的忽略。对学术汉学口语缺失的控诉在以外交官、翻译家为主体的实用汉学家登上历史舞台后愈演愈烈。东方语言学校汉语教席的第四任教授冉默德(Maurice Jametel,1856—1889)从不避讳他对学术汉学的蔑视。⑤ 他曾谈及在北京工作时学习《金瓶梅》的例子,在一开始就被书中的对话表达困住了,为此查阅了学术汉学家出版的各种书籍,但无一例外都没有

① 耿昇《学术汉学与实用汉学之争》,载周武编《世界的中国·海外中国学研究回望与前瞻》,上海:上海社会科学院出版社,2019 年,第 21 页。

② Hervey de Saint-Denys, *Examen des faits mensongers contenus dans un libelle publié sous le faux nom de Léon Bertin avec le jugement du tribunal correctionnel de Versailles du 30 septembre 1874, confirmé par arrêts de la Cour de Paris des 16 décembre 1874 et 29 janvier suivant. Note adressée à MM. les Professeurs du Collège de France.* p. 17.

③ Anonyme, Bigarrures, *Le Figaro*, 19-20 avril 1829.

④ Pierre Véron, Courrier de Paris, *Le Monde Illustré*, 22 février 1873.

⑤ Clément Fabre, "La sinologie : la langue chinoise créée par les sinologues ?", *Revue D'Histoire des Sciences Humaines*, 34(2019), pp. 97-123.

实质性的帮助。[①] 而 1874 年童文献的控诉无疑将这场争论推向一个高潮。

　　围绕在实用汉学与学术汉学之间的争论，本质上是法国的汉语教育方向问题。在法国教育史的演变中，"实用"的倾向由来已久：文艺复兴之后，资本主义的蓬勃发展促进了社会分工进一步细化，法国教育逐渐开始转变，考虑从实用的角度满足社会功能需求。[②] 十九世纪中期的实用汉学延续了这一倾向，旨在为国家培养实用汉语人才，面向鸦片战争后来华的传教士、商人、外交官、翻译家、旅行家等，满足他们学习汉语的需求，以便为法国在东亚的扩张提供服务。以实用为导向的汉语教学着重培养学习者的"听、说、读、写"能力，尤其是"说汉语"的能力，传递中国基本的文化、风俗、经济等社会常识，满足学习者在中国的交际需求，方便法国人在华工作。

图 1　《西汉同文法》上册封面

①　Maurice Jametel, "L'argot pékinois et le Kin-ping-meï," *Mémoires de la Société Sinico-Japonaise et Océanienne*, t. VII. Paris : Maisonneuve et Charles Leclerc, 1888, pp. 67–68.

②　Émile Durkheim, *L'évolution pédagogique en France*. Paris : Presse Universitaire de France, 2014, p.264.

二、《西汉同文法》对实用汉学理念的实践

（一）教材概况

《西汉同文法》共841页，分上下两册，分别于1873、1876年出版。上册内容除"对通俗汉语的错误观点""汉语学习建议"和"口语中的礼貌用语"等章节外，实为汉语口语语法教程；下册内容除汉字的演变和文言的句法介绍以外，还编有"从使用的角度看文言""中国文学的特殊性""文言中的固定短语"等内容。教材编写的目的是"引导年轻的汉学家学习研究，使人在短时间内能听说读写，掌握中文"[1]。哥士耆也在自己的教材《汉语渐进教程》(*Cours Graduel et Complet de Chinois Parlé et Écrit*,1876)中推荐此书。[2]全书具体内容如下：

表1　《西汉同文法》目录

告读者知		I	
绪论			
第一章：汉语总览	1	第四章：语调的变化或汉语的五声调和喉部发音	24
第二章：对通俗汉语的错误观点	11	第五章：汉字偏旁	33
第三章：汉语学习建议	15		
第一部分：口语			
第一章：汉语口语的基本概念：官话	49	第八章：副词	175
第二章：名词	54	第九章：前介词和后介词	191
第三章：形容词	74	第十章：连词	202
第四章：数字形容词或数词	97	第十一章：感叹词	207
第五章：专有名词	113	第十二章：汉语俚语	211
第六章：代词	129	第十三章：口语中的礼貌用语	218
第七章：动词	138		
第二部分：文言			
第一章：文言总览	1	第七章：小品词的作用	158
第二章：汉字构字方式：六书	11	第八章：中国文学概览及主要作品	241
第三章：汉字的历史演变和传统字体	31	第九章：中国文学的特殊性	371
第四章：从使用的角度看文言	83	第十章：文言中的固定短语	446
第五章：汉字在字典中的顺序以及偏旁部首系统	104	第十一章：中国的诗歌	493
第六章：文言句法的基本规则	131		

---

[1]　Paul Perny, *Dictionnaire Français-latin-Chinois de la Langues Mandarine Parlée*. Paris : Librairie de Firmin Didot Frère, 1869, avis de la lecture.

[2]　Michel Kleczkowski, *le Cours Graduel et Complet de Chinois Parlé et Écrit*. Paris : Librairie de Maisonneuve, p.92.

上册口语部分所采用的汉语示例，均配有逐字的注音和法语翻译，部分带有拉丁语翻译。例如解释动词"把"有四种用法：（1）作量词；（2）具象地表达动作；（3）"看作，当作"；（4）在大量俗语中起到和谐或暂停作用。在这些用法后，给出一定数量的例句，如用法（3）的一个例子为"把人看的轻贱"，标有注音"Pà jên kán tě kīn tsién"，以及法语翻译"Faire peu de cas de quelqu'un"；① 值得注意的是，童文献在书中将西方语法的概念翻译为中文，例如将名词翻译为"自立之名或体名"，动词翻译为"言变法或参言"，数词翻译为"数名"，代词翻译为"指名或替名"，副词翻译为"壮辞或近言"等，这一处理在法国汉语教材中是非常罕见的。下册书面语部分内容庞杂，其编写不仅体现出童文献卓越的汉语水平，也展现了他对中国古代典籍字里行间流淌的中国智慧的熟知程度。一直以来，对中国古代文化典籍的介绍多以专著、论文的形式展开，在汉语教材中的介绍较为零散，童文献则首次从思想特点、代表作品和代表人物出发，全面而系统地将儒家思想和道家思想带入汉语教材当中，单一的语言教学与中国典籍、经济、文化等相融合在一起，为后世汉语教材的编写提供了一个极佳的示范。正如在该书封面镌刻的孔子话语"述而不作，信而好古""君子博学于文，约之以礼，亦可以弗畔矣夫"，作者希望通过对古代典籍的客观介绍，将中国文化的精髓传达到法国。

为了方便汉学家、商人、翻译家等学习汉语，童文献创造性地在书中开辟章节介绍学习汉语口语和文言的方法，由于原文篇幅较长，笔者仅以口语的学习方法为例，尝试整理如下：（1）着重练习汉语语调及发音习惯，在汉语语境中练习听力；（2）对比同一发音的不同声调，提高对声调（童文献遵循的是五声调）的感知能力；（3）学习使用中式思维，避免法国式汉语；（4）学习初期避免使用奴化的逐字翻译；（5）采用学习母语的方式来学习汉语；（6）练习掌握口语中只发音的小品词（particule），积累口语中的通俗谚语、格言；（7）在掌握"字"的基础上熟练"词"，口语和文言齐头并进。

（二）重视口语教学

鸦片战争后，法国汉语教学和研究体制的缺点逐渐暴露出来：当时的法国急需一批熟练掌握汉语的翻译人才，来满足日益频繁的中法交流，然而在学术汉学培养体系下成长起来的汉学家，缺乏与中国人直接进行口头交流的能力，无法满足这一需求。1843 年，法国派出拉萼尼（Lagrené，1800—1862）使团赴中国与清政府签订《黄埔条约》（1844年签订），雇用的翻译是一位神父。可见，虽然学术汉学在法国乃至欧洲发展如火如荼，却无法为法国提供必要的翻译人才。于是，法国于 1840 年在东方语言学校开始教授汉语

---

① Paul Perny, *Grammaire de la Langue Chinoise Orale et Écrite*, volume I. Paris：Ernest Leroux, 1873, p.154.

课程，培养实用型翻译人才，这在法国汉语教学史中具有里程碑式的意义。

出于同种目的，童文献为前往中国的法国人编写了一套含字典、教材、中国百科介绍的丛书，《西汉同文法》是其中的关键部分。针对中国方言、土谈、乡谈等复杂的语言状况，童文献选择了教授官话，在他看来，"官话是中国的通用语言……用之前一位博学的传教士的话来说，它（官话）最大的优点就是如水一般，可以有各种形状和颜色。事实上，官话可以延伸到所有的主题，适合所有的情况"①，并且"一旦掌握了官话，学习一门方言并不困难"②。十九世纪中后期，各国均掀起了研究汉语口语的潮流，大量教材在中国和西方出版，如美国汉学家卫三畏（Samuel Wells Williams，1812—1884）的《拾级大成》（*Easy Lessons in Chinese*，1842）、英国汉学家艾约瑟（Joseph Edkins，1823—1905）的《汉语对话》（*Chinese Conversation*，1852）、日本汉学家御幡雅文（1859—1912）的《华语跬步》（1886）等，不胜枚举。

对西方人来讲，发音是学习汉语口语尤为重要的一步。在《西汉同文法》出版之前，法国的汉语教材对发音的研究鲜少涉及，仅有表面的介绍，如巴赞在《官话语法》（*Grammaire Mandarine, ou Principes Généraux de la Langue Chinoise Parlée*，1856）中对汉语发音的问题，仅有两页的篇幅。为了更好地帮助法国人学习汉语发音，童文献延续了法国传教士的"五声调"发音习惯，并在教材中设计了五声对照发音表，在汉字发音后标注了与其发音相近的法语单词，以便初学者掌握正确的汉语发音。童文献还根据《康熙字典》整理了九种适合法国人发音的方式，并标注了发音的部位与方法，如图 2 所示。

实用汉学在法国的兴起与重视口语教学并驾齐驱。随着实用汉学在法国的不断发展，汉语教育的语料也在不断更新与贴近实际。法兰西公学院的学术汉学家雷慕沙、儒莲等，虽然意识到汉语口语的重要性，但由于一生都没有踏足过中国，无法获得一手语言材料，只能依赖早期传教士带回法国的书籍进行研究。例如雷慕沙在《汉文启蒙》中使用了来自《玉娇梨》《好逑传》等明末清初风俗小说的示例，虽然在一定程度上反映了汉语的口语，但并不能反映中国当时的语言状况，反而桎梏了后来人的口语学习。1840 年巴赞任教东方语言学校之后，注意到学术汉学家在汉语教学语料上的滞后，从风俗小说过渡到了清朝中期的《圣谕广训》，在他看来，这是一部"口语的丰碑，是一本专门用来高声朗读的书"③，而到了十九世纪中期，随着中法交流的日益频繁，来自典籍中的汉语已经无法满足翻译人才的实际需要。在童文献看来，法兰西公学院的大学者们"对于汉语的

---

① Paul Perny, *Grammaire de la Langue Chinoise Orale et écrite*, volume I, pp. 49-50.

② 同①，第 53 页。

③ Antoine Bazin, *Mémoire sur les Principes Généraux du Chinois Vulgaire*. Paris : Imprimerie royale, 1845, p. 66.

	FORTES.	ASPIRÉES.	TÉNUES.	Nasales correspondantes.
1° DENTO-GUTTURALES.	K- Kién 見。	K- Ký 溪。	K- Kiún 郡。	Ng- Y ngý 疑。
2° DENTALES . . .	T- Touān 端。	T- Teōu 透。	T- Tín 定。	N- Ný 泥。
3° PALATALES . . .	Tch- Tchē 知。	Tch- Tchĕ 徹。	Tch- Tchén 澄。	Ng-n Niâng 娘。
4° LABIALES FORTES.	P- Pāng 帮。	P- Pāng 滂。	P- Pín 並。	M- Mín 明。
5° LABIALES LÉGÈRES.	F-Feý 非。	F- Foū 敷。	F- Fóng 奉。	O- Oúy 微。
6° SIFFLANTES . . .	Ts- Tsīn 精。	Ts- Tsín 清。	Ts- Tsŏng 從。	S- Sín 心。
7° CHUINTANTES.	Tch- Tcháo 照。	Tch- Tchouān 穿。	Tch Tchouáng 牀。	Ch- Chèn 審。
8° GUTTURALES . .	Y- Ỳn 影。	H- Hiaò 曉。	Y- Yú 諭。	Hy- Hiä 匣。
9° SEMI-VOYELLES .	L- Laý 來。	J- Jĕ 日。		

NASALES FINALES. { Ang- ong- yn- en. / An- Ay- en- yn. }

VOYELLES FINALES. { Simples : A. A- Y- y- o- e. e. / Composées : Ay- Ay- ei- en- ou. }

1° Sons prononcés en appuyant la langue contre les dents inférieures, ou consonnes dento-gutturales, en chinois yâ yn 牙音。

2° Sons prononcés du bout de la langue contre les dents, ou consonnes dentales, en chinois chĕ teōu yn. 舌頭音。

3° Sons prononcés en appuyant la partie supérieure de la langue contre le palais, ou consonnes palatales, en chinois 舌上音。

4° Sons prononcés par les lèvres fortement serrées, ou consonnes labiales fortes 重唇音。

5° Sons prononcés par les lèvres légèrement fermées, ou consonnes labiales légères, kūn chuén yn 輕唇音。

6° Sons prononcés de la langue contre les dents supérieures, ou consonnes sifflantes, yâ tchĕ teōu 牙齒頭。

7° Sons prononcés de la langue placée contre les dents de côté, ou consonnes chuin-tantes, chân tchén teōu 牴正頭。

8° Sons prononcés du gosier, ou consonnes gutturales, heôu yn 喉音。

9° Sons prononcés partie avec la langue, partie avec les dents, ou semi-voyelles, pân chĕ pán tchĕ yn 半舌半齒音。

图2　《西汉同文法》发音图

理解都仅仅是出于理论的层面，换言之就是'死的语言'。他们都不曾真正涉及读写和运用汉语创作的内容，因为他们没有到过中国，没有在中国生活过。虽然他们在汉语教学方面作出了巨大的贡献，但有些方面的缺陷我们也不能忽视"[1]。为了更贴近当时中国的语言实际，反映时人的口语状态，童文献在《西汉同文法》中选用的语体，不仅有"雅语"，如"年兄之言最是""可见有真才者，处处见赏""你我既乐看花饮酒，自当隐居山中""不患莫己知，求为可知也"；还有民间群众的"俗语"，如"嘴上太光，没有胡子""巴不得我发财""说人的是非""说别人的长短""打把市""看我打你耳刮子不打""不是你寻我，便是我访你""爱戴高帽子""他吃饭时候官来了""拿架子""我要你知道我的厉害""他莫有用刀子，用了一根棍"等。"通俗"和"高雅"共同组成了中国当时的语言实际，这也满足了翻译人才与普通民众和官府文人打交道的实际需求。与前人相比，《西汉同文法》中辑录的通俗口语取材于民间田野，从普通民众的角度出发，客观描写了中国的口语生态，不仅跳出了典籍小说的束缚，也摆脱了官方文书的限制，推动了十九世纪法国汉语教材中语料的更新。在童文献之后，汉语教材的语料也在不断更新。外交官于雅乐（Camille Imbault-Huart，1857—1897）1887年出版的《京话指南》（*Cours Éclectique Graduel et Pratique de Langue Chinoise Parlé*，1887）敏锐地捕捉到北京官话的重要性，耶稣会士戴遂良（Léon Wieger，1856—1933）在其著作《汉语入门》（*Rudiments de Parler Chinois: Dialecte Du 河間府*，1895）中收集了大量的民间话语，将方言以文字的形式呈现在教材之中。[2]

　　十九世纪中后期，随着实用汉学对汉语口语的关注，词语的研究也随之兴起。童文献在《西汉同文法》中构建了"由字到词，再由词到句"的汉语学习路径，尤其重视词语或词组在口语教学中的重要性。他认为，"只研究汉字无法学好口语"，"一味只学习词语则很快就会对汉语失去耐心"，"词的奥秘在于对字的拆分和重组"。[3]在《西汉同文法》之前，字与词的教学关系一直没有达到一致而明确的统一。雷慕沙在《汉文启蒙》中，以"字"和"位置原则"（principe de position）为切入点阐释汉语语法，德理文在其著作《中华文集》（*Recueil des Textes Faciles et Gradués en Chinois Moderne*，1869）中同样也是以"字"为基本单位开展教学。以"字"为重心的汉语教学促进了法国对文言的研究，但也限制了通俗汉语在法国的发展。巴赞在东方语言学校执教五年之后，根据授课讲义出版了《论通俗汉语的基本原则》（*Mémoire sur les Principes Généraux du Chinois*

　　① Paul Perny, *Dictionnaire Français-Latin-Chinois de la Langues Mandarine Parlée*, pp. 3-4.
　　② 卢梦雅《近代河北方言的文字化尝试——晚清方言民俗教材〈汉语入门〉底本考论》，《民俗研究》2021年第1期，第145页。
　　③ Paul Perny, *Grammaire de la Langue Chinoise Orale et Écrite*, volume I, pp. 16-17.

Vulgaire，1845）。在这本著作中，巴赞指出了词语之于汉语口语的重要性，并首次从构词法的角度研究汉语的内在规律。《西汉同文法》继承了实用汉学对词语的关注，书中的示例展现形式首选是词语或简单的句子，如解释"打"的本义时，举例"打人""打三百毛板""你打我，我也打你""重打""轻打""打倒人""一拳打倒人""打破""打碎"。童文献的示例中既有词组又有单句，能够帮助学生定位实际使用的语言场景，并且为每一个字单独注音，充分体现对汉字灵活性的把握。"字—词—句"学习路径的构建，代表十九世纪中后期法国汉语教育逐渐走向成熟。

（三）辅以社会文化知识

不同于学术汉学培养从事汉学深度研究的高层次人才，实用汉学想要培养的人才是能够与中国进行政治、经济和文化交流的实用型人才。因此，熟练掌握汉语口语的同时还需要掌握与中国相关的基本政治、经济常识，了解中国的整体文化面貌。于1871年至1886年任教东方语言学校的哥士耆同样也指出了掌握中国基本状况的重要性，"要想取得中国事务的成功，我们不仅要熟知他们（中国）的语言，同时还要或多或少地了解他们的大作家、他们的经典文本、他们的谚语、他们的传统、他们的法律制度，最重要的是熟知他们的思想，掌握他们的倾向和判断方式，只有这样才能取得（在中国事务上的）成功"[1]；法国大学首个汉语专业的教授古恒（Maurice Courant，1865—1935）也有相同的观点，"在中国生活的法国人和翻译与当地人打交道时，要想深入了解中国的思维方式，除了要掌握语言知识，还要系统地了解（中国人的）习惯、传统和社会状况……单纯的语法和词汇远远不够，必须要有综合性的教育"[2]。与早期传教士和学术汉学家不同，实用汉学家对中国文化的关注仅限于"表面"，其目的在于理解中国的思维方式，向学生传递中国，甚至亚洲的基本文化面貌。西方汉学家很早就关注到中国周边国家在语言和文化上的汉化，如法国汉学家鲍狄埃（Guillaume Pauthier，1801—1873）翻译《三字经》用于在越南的殖民教育，英国汉学家在马六甲开设英华学院教授中文，都证明了中国在东亚文化圈的影响力。

文学是反映一个国家思想、文化和社会状态的精华，更是了解他者文明面貌的公器。童文献在《西汉同文法》的下册中，除了对文言语法和句法的剖析，还对中国的文学进行了全景式的扫描。童氏根据语体不同，将中国文学分为"古文""文昌""世文""官话""半文半俗""小说"和"信法"。随后又以中国文学主体的形式，介绍了中国三大哲学文化流派——儒家、道家和佛家，以及戏剧、诡话（小说）、喻言和诗词。作为中国文化的精髓，

---

①　Kleczkowski, *le Cours Graduel et Complet de Chinois Parlé et écrit*. p. 25.

②　Maurice Courant, *De l'Utilité des études Chinoises*. Paris : A. Chevalier-Marescq et Cie, 1899, p.6.

儒释道塑造了中国人的思想内核。童文献介绍了"儒释道"三家思想的主要内容、代表人物以及它们在中国人生活当中的地位，其中重要的典籍还附有内容选录，如《论语》《道德经》等。与学院派汉学家的研究不同，童氏主张实用，并不力求深度解析文化经典，其目的仅是通过简单的介绍勾勒中国文化的雏形，传递中国的文化面貌，以便初学者能快速地了解中国和培养中式思维。相比当时英美来华新教传教士编写的各种方言语法教材，童文献从文化角度介绍中国古典文籍可以说是对外汉语教材编写史上的一大进步。十年后，江南教区的耶稣会士晁德莅（Zottoli Angelo，1826—1902）也将通俗口语和传统典籍一并纳入了教材中，其五卷本作品《中国文化教程》（*Cursus Literature Sinicae*，1879—1883）收录了大量的传统经学内容，并在 1884 年获得了汉学界的最高奖项儒莲奖。

除了对文化的介绍，童文献在书中穿插记录了中国的民间社会。与 1698 年搭乘安菲特丽号来华的"国王数学家"传教士不同，随着清朝权威的衰落，鸦片战争后进入中国的传教士逐渐从宫廷走向民间。原本以北京为驻地的耶稣会，转向河间府和徐家汇活动，远离了上层阶级；巴黎外方传教会则深入西南边境，在平民百姓之间传教。除此之外，还有大批的商人、旅行家深入民间探索中国，留下大量的游记文学。因此，与学术汉学家编纂的汉语教材相比，在此时期的实用汉语教材中多了对中国民间社会的介绍，满足了来华商人、传教士、翻译等在中国社会工作生活的需求，如童文献在介绍中国专有名词时，着重介绍了中国的"姓""氏族""小名""字辈""字号"等独有的社会文化现象，并且专门开辟章节讲解中国的礼仪：从日常生活出发，包括了"称呼""第一人称""第一人称物主代词""打招呼的方式""感谢用语""拜会""礼物""节日""日常联络"等内容。礼仪在中国社会中至关重要，童文献认为，"欧洲人在中国生活，要想不被当成'夷人''番鬼'，就要好好体会中国的礼仪"[1]。《西汉同文法》对中国社交礼仪的描写十分细致实用，堪称在华法国人的社交生活指南，如在酒桌上的劝酒词"三杯通大道""见饭三杯"和拒酒词"提壶人手软"；在与人交往时如何写全帖："拜帖根据要拜访的人的尊贵程度，选择合适大小的红纸，像屏风一样折叠起来。在拜帖的第一褶上写自己的名字，第二褶上按照优雅简洁的风格，写一些亲切的客套话，比如'眷弟顿首百拜'。"[2] 在实用原则的指导下，童文献所作的《西语译汉入门附录》实为了解中国的百科全书。书中罗列了有关中国历史、地理、学术、动植物、矿物、政府系统、音乐、货币、星象等内容，覆盖中国社会的方方面面。

十九世纪中后期，大量英美国家的贸易公司涌入中国，法国与之相比则稍显落后。买办阶级和洋泾浜英语的出现更是垄断了部分地区的中外交流：由于缺乏了解中国概况的

---

① Paul Perny, *Grammaire de la Langue Chinoise Orale et Écrite*, volume I, p.219.

② 同上，第 235 页。

翻译人才，法国人在中国经商需要支付给买办一笔不菲的中介费，通过英语与中国本土商会做生意。因此，除汉语口语之外，童文献对中国社会、文化仍然十分关注，目的在于追赶英美国家，培养更多的实用人才，为法国在中国的政治、经济利益服务。在通俗口语教学的基础上，实用汉学家关注学生在中国社会、文化的综合培养，这不仅满足了法国在华战略的实用需求，同时也促进汉语教育在法国从单一的汉学专业向基础学科的转变。学习汉语不单单是为了成为汉学家，也可以在其他领域从事中法交流。例如童文献除了在汉语领域作出的贡献，在中法动植物交流中也起到了一定的作用。在《西语译汉入门附录》中，童文献记录了中国 2 375 种自然植物、104 种哺乳动物、170 种鸟类、30 种爬行动物、409 种鱼类、93 种甲壳动物、102 种昆虫，数量之丰、种类之全令人叹为观止。1849 年至 1855 年间，童文献曾多次从贵州往里昂寄出蚕蛹，并成功在法国孵化培育，拯救了十九世纪六十年代法国赛文山派的养蚕业。[1]

结 语

虽然实用汉学与学术汉学在十九世纪中期爆发了激烈的争论，但二者并非水火不容。二者更多的是对于汉语教育以及汉学发展方向的争论，如童文献等实用汉学家，倡导革新汉语教育方向，从传统的文言教育过渡到符合中国语言实际的现代汉语教育，并不否认经院派汉学家在汉学领域中取得的卓越成就。事实上，实用汉语教学的开展离不开专业汉学的积累。童文献在《西汉同文法》中融入的文化教育思想，是在既有学术汉学资源上的整合利用。

由于早期传教士的汉学成果以耶稣会士最为丰硕，而耶稣会神父一入华便设法接近皇帝和王公大臣，因此耶稣会士往往更加重视文言的翻译与研究，策略和实践上不同于在民众之间传教的新教牧师，他们来华的首要任务是翻译官话和方言版《圣经》以及编写方言口语教材和字典。而法国本土的学院派汉学家更加没有学习汉语口语的动机，因而口语语法研究和教学在法国汉学史上比较薄弱和晚近。童文献的身份不同，首先作为巴黎外方会士，身处贫穷落后的贵州，主要向平民百姓传教，必然会重视方言口语和民间文化知识，因此能够在天主教传教士中间较早地意识到实用汉语教学的重要性；由于打算全身心投入汉学事业中，他回到法国后，用几年时间编写了几部优秀的汉语口语语法和教程，尽管学术之路并不顺利，但是他的《西汉同文法》在法国汉学史上是一项突破性成果，以之为代表的法国实用汉语教学用书也有待学界进一步发掘和深入研究。

---

[1] 郭丽娜、郑莹《晚清贵州教区教务长童文献考》，第 119 页。

1961—1964 年教育部出国汉语储备师资访谈（六）*

受访人：姜明宝
访谈人：施正宇　赵　美　彭乐梅　刘佳蕾

　　本文是教育部出国汉语储备师资系列访谈之一。与前几届师资不同，1964 届汉语师资因为赶上了"文革"而未能完成学业，他们走上工作岗位的最初几年充满了动荡与不安，姜明宝先生亦不例外。初入师资殿堂，姜先生对汉语教学这份工作十分抵触；随着到非洲执教和北语复校，他正式步入了汉语教师的行列。他既当老师，又做行政，国外和国内、教学和管理，经过多方历练，不仅成长为一名合格的汉语教师，而且还成为一名优秀的教学管理者。二十世纪九十年代，正是中国对外汉语教学事业大发展的时期，姜先生身在国家汉办（教育部语合中心前身）——国家对外汉语教学管理的中枢机构，为汉语教材编写的组织与实施、汉语教学大纲的制定、汉语教师的面试选拔与资格考试等诸多国际中文教育事业的规范化、标准化工作贡献了自己的心血。

　　姜明宝简介： 姜明宝，男，生于 1941 年 12 月 4 日，江苏金坛人，教授。1964 年毕业于南京大学中文系，同年入选教育部第四届出国汉语储备师资，在北京语言学院学习法语，后因"文革"而中断学业，先后储备在中国人民大学和北京师范学院。1974 年起任教于北京语言学院，曾任国家对外汉语教学领导小组办公室副主任、国家汉办/孔子学院总部顾问、世界汉语教学学会顾问等职。

图 1 姜明宝（姜明宝提供）

　　* 本文系教育部中外语言文化合作中心、世界汉语教学学会 2021 年国际中文教育研究课题重点项目"建国初期汉语教育史研究（1950—1966）"（项目编号：Z1YH01B）的阶段性成果。
　　对姜明宝教授的访谈分两次进行：第一次访谈于 2020 年 12 月 7 日下午 14:00—17:00 进行，访谈地点是北京语言大学家属院王绍新教授家，施正宇、赵美、彭乐梅参与；第二次访谈于 2021 年 7 月 6 日下午 15:00—18:00 进行，访谈地点是北京语言大学家属院姜明宝教授家，施正宇、赵美、刘佳蕾参与。

外派经历

时间	国别、院校	从事工作
1972.9—1974.9	马里阿斯基亚中学	汉语教学
1981.9—1983.9	加拿大蒙特利尔大学	汉语教学
1987.10—1990.1	法国艾克斯—马赛大学	汉语教学
2004.9—2006.9	法国巴黎东方语言学院	汉语教学
2006.9—2007.10	法国巴黎综合理工学院	汉语教学

施正宇（以下简称"施"）：姜先生，您好！感谢您接受我们的访谈。

姜明宝（以下简称"姜"）：你好！不客气！

施：我们还是从家庭出身说起吧，请问您家里是做什么的呢？

姜：我家里应该算中农？搞不清楚，总之不全是种地。我爸爸是很有名的中医，很早就去世了。他的老师是颜亦鲁①，当时好像是江苏中医学院的院长，丹阳人，我爸爸就在丹阳跟着他学习。后来我在南京上大学，颜先生见到我说，我爸爸是他最赏识的学生。

施：金坛历史上出了两位名人，段玉裁②和华罗庚③，一个是文字训诂学家，一个是数学家，这样的氛围对您的学习有影响吗？

姜：有影响。我上小学时还不可能知道段玉裁，但金坛几乎人人都知道华罗庚。那时候已经有很多故事了，其中印象最深的一个是，华罗庚问他的小伙伴们人的脑袋有多重，所有的孩子都说这怎么知道，把脑袋割下来人不就死了吗？华罗庚说我能知道，还不死。有个水缸，你把头放进去，多出来的水有多重头就有多重。虽然这个办法是不对的，但是说明他从小就很聪明。后来我进入金坛县中学，现在叫华罗庚中学，我们的老师也是华罗庚的老师，跟我们讲，你们不要迷信专家，天才在于勤奋。华罗庚中学时数学并不好，考试考过不及格；后来好好学，就成了世界著名的数学家。在金坛县，所有人都以华罗庚为榜样，都想走他的路。我们老家是很重视教育的，家里即使再困难，哪怕没吃没喝，只要孩子能念书，家里砸锅卖铁也会支持。

金坛县人人都知道华罗庚，却没有人提及段玉裁，段玉裁我是到了大学才知道的，

---

① 颜亦鲁（1897—1989），江苏丹阳人，中医名家，从医六十余年，著有《餐芝轩医集》。

② 段玉裁（1735—1815），江苏金坛人，字若膺，号懋堂，清代经学家、文字训诂学家，著有《说文解字注》等。

③ 华罗庚（1910—1985），江苏金坛人，数学家，清华大学数学系教授，中国科学院院士。曾任中国科学技术大学副校长、中国科学院副院长、全国政协副主席等职。

久而久之形成了重理轻文的风气。高中毕业时学校鼓励我们考理科，不考文科。毕业那年我曾经报考过飞行员，并且被录取了，按理说我不用参加高考了，就不再做作业了。但后来发现弄错了，说我有色盲，这样就还得参加高考。当时还剩三四个月了，按照我们中学的标准，学生要做五万道题还是六万道题才能参加理科的高考，班主任怕我考不上，就说你不要考了，再读一年，第二年再考。如果当年考就考文科，虽然学校更希望我复读一年考理科，但也不能强制，就这样我考上了南京大学中文系。

施：1962 年 9 月召开的八届十中全会上，毛泽东提出了"千万不要忘记阶级斗争"的口号。这之后选拔出国师资，家庭出身就成了一个重要的参数。

姜：别的学校我不知道，南京大学不是那么"左"。我绝对不能算贫下中农、革命家庭出身。当时南京大学的校长，后来在中国人民大学当校长的郭影秋[①]说要"一手拿宝剑，一手建宝塔"，只要你能拿着宝剑建造宝塔，就是好学生，说白了就是一边革命一边读书、做学问。所以，我们好像从来没考虑家庭的问题，当然我这个出身就更不是什么问题了。有些同学可能是所谓不好的家庭出身，但他们好像也没有什么压力。

施：您入选的时候是党员还是团员？

姜：团员。

施：那您觉得是如何入选出国汉语储备师资的呢？

姜：我也不知道为什么会选到我。我在班上不是最差的学生，也不是一个很出色的学生，但是班里最小的。我想继续念书，所以毕业那一年，就报了吕叔湘先生的研究生。我寒假就回家了，家在农村，考试那天突然下大雪，根本没办法赶到南京，结果就耽误了考试。我的班主任是一个女老师，她开导我说机会多的是，想念书还不好办，先找个工作，明年再考，她那个时候应该还不知道出国师资的事情。但是没能考上吕叔湘先生的研究生令我十分沮丧，直到现在都觉得遗憾。

施：您读书的时候也这么纠结考研的问题吗？

姜：跟现在年轻人不同，我刚入学的时候赶上"大跃进"，南京大学准备建立机器翻译专业。当时中科院语言研究所的刘涌泉[②]在做这个研究，他还到我们系里做了很多讲座，

---

① 郭影秋（1909—1985），江苏铜山人，教育家。1928 年肄业于无锡国学专修科，1932 年毕业于江苏教育学院。历任江苏省沛县中学教务主任、云南省省长兼省委书记、南京大学校长兼党委书记、中国人民大学党委书记兼副校长、北京市政协副主席等职。

② 刘涌泉（1929—　），男，河北交河县（今泊头市）人，中国社会科学院语言研究所研究员。1951 年毕业于南开大学外文系，主要从事机器翻译和自然语言处理相关研究。曾任中国社会科学院语言研究所副所长兼机器翻译和应用语言学研究室主任、中国中文信息研究会副理事长、全国自然科学名词审定委员会委员、北京语言学会顾问等职。著有《机器翻译浅说》（合著）、《中国的机器翻译》（合著）、《多语对照语言学词汇 英、法、德、俄、汉对照》（主编）等著作。

机器翻译这个概念我就是从他的讲座里听到的。还有搞语音的吴宗济[1]，也去南大讲课，我对这个也比较感兴趣。

施：刘涌泉先生是中国自然语言处理开山一代的功臣，吴宗济先生也是语音研究，特别是实验语音学研究的翘楚，您能在学生时代就得到二位先生的指导点拨，真是令人羡慕。除了"大跃进"的因素，南京大学为什么会不远万里从北京请专家做机器翻译研究呢？

姜：第一，他们觉得中文系语言专门化（也即后来所说的"专业"）有方光焘、黄景欣、施文涛等知名学者，有语言学的基础；第二，更重要的是南京大学的声学非常好，还有天文系的数理逻辑，所以南京大学认为自己有足够的学术力量，可以支撑一个文理兼顾的专业。这个想法当时虽然没有公开，但确实开始做了。

施：从具体步骤来看，南大那时有着很强的学科建设的意识。

姜：一年级的下半年，中文系分了文学专门化和语言专门化，所以就在语言专门化的学生里选了四个人，准备搞机器翻译，我有幸被选上了。当时系里给我们减掉了一部分文学的课，语言学的课全部要上，除此以外我们还要到物理系去听声学专业的课，去天文系听数理逻辑的课。

施：文科学生去听理科的专业课，一定很难吧？

姜：我们完全没有基础，根本听不懂。我们就这样学了大概一两年，不是专门学，是旁听性质，但我渐渐对这个专业有了兴趣。我们学了如何使用电子计算机，那个时候计算机还是电子管的，好几间屋子那么大。我们还真成功翻译了一个句子，我记得好像是"在三面红旗的指引下……"。现在想起来完全是用最笨的办法，也完全是利用电子计算机检索速度快的优势。比如说，汉语中的"我"在俄语里面的格形式有六种，我们就标记"我$_1$、我$_2$、我$_3$、我$_4$、我$_5$、我$_6$"，这几个分别对应俄语的哪个词，就按照这种方法来对比两种语言的语法关系，最后在词义上进行对比。实际上是人为设置好了，不是随机的。当然后来还是成功了。

施：说到机器翻译，美国乔治敦大学（Georgetown University）早在 1954 年，就在 IBM 公司协同下，首次完成了英俄机器翻译试验，这是人类成功进行机器翻译的肇始。此后不久的 1956 年，中国也把这项研究列入了全国科学工作发展规划。1957 年，中国科学院语言研究所与计算技术研究所合作，开展了俄汉机器翻译试验，并成功翻译出了九种不同类型的较为复杂的句子。从时间上看，南京大学在五十年代末就有了建立机器翻

---

① 吴宗济（1909—2010），浙江吴兴人，语言学家。1909 年毕业于清华大学中文系。主要从事实验语言学研究及汉语方言调查和研究。中国社会科学院语言研究所研究员兼语音研究室主任、国际语音协会常设理事会理事、中国语言学会理事兼学术委员会委员等。著有《湖北方言调查报告》（合著）、《普通话发音图谱》（合著）、《实验语音学概要》（合著）、《现代汉语语音概要》（独著）等。

译专业的设想，应该是很前卫的了。

姜：是的，好像还给哪一年的国庆献过礼。

施：您如果沿着这条路走下去，很可能会成为中国自然语言处理领域的前辈了。

姜：遗憾的是，一年多以后，这个计划就下马了，我们又变回到纯粹的中文系学生。

施：说起来有点儿可惜，不过学术研究的种子可能也因此在您心中扎下了根。

姜：我自己觉得这个专业真好，想继续学习。临近毕业，我就报考了吕叔湘先生的研究生。

施：那您怎么又成了出国汉语储备师资了呢？

姜：有一天，班主任老师突然跟我说，姜明宝你不是喜欢念书吗？给你个机会念书去。我问到哪儿，她说到哪儿我不知道，反正去念书就是了，你到办公室去找一下书记。那时说要见书记还是挺紧张的，我去了之后，书记讲了很多国家使命、民族重任的道理，我听了之后就更紧张了，不知道到底要做什么。

施：呵呵，是不是有一种天将降大任的感觉？

姜：最后书记才说我被分配去当出国师资。

施：您之前听说过出国汉语师资吗？

姜：没有。当时我一门心思想搞机器翻译，绝对没想到做这个工作。宣布分配的时候也没讲清楚，就说到北京去，到了之后才听说是去国外教汉语。教汉语？！汉语还要教？！

施：哈哈！是不是有一种上当的感觉？

姜：唉！我们班还为此集体闹过一次情绪。我们读了五年大学，都有自己的专业，去教谁都会的汉语，太大材小用了，觉得这个工作根本不需要一个大学毕业生来做。

施：您这一批师资，都是大学本科毕业生中的佼佼者，入选教育部的出国汉语师资，相当于古代的中举，是"举人老爷"了。请举人老爷当私塾先生，从零起点开始教"人手足刀尺"，足见当时决策者的决策高度。

姜：后来，教育部外事司的吴塘来给我们做工作，大家才慢慢安下心来了。其实，那个时候不可能有任何改变，你必须服从组织分配，大家也就是闹闹情绪而已。家里人还有村子里的人都觉得我有出息了，要到国外去了。

施：1962 年，外国留学生高等预备学校成立，1964 年更名为北京语言学院，所以，与往届不同，您这一届的师资是在北语学习的。

姜：是的，从我们这届开始，各个语种的出国师资都在北语进修，北语为此还专门成立了"出国师资系"。除了我们这些进修生外，还招了两届大学生，他们跟我们的培养目标是一样的。

施：您还记得是怎么去的北语吗？

姜：1964年8月中旬我们就到北京了，在火车站接我们的是唐传寅老师，上课后才知道他是出国师资系党总支书记。为我们具体办入学手续的是系里的白林老师。那时教育部管理我们出国教师的叫吴塘，具体什么职务不清楚。

施：您当时在北语上课时法语老师是谁呢？

姜：我们有一位老师是法国外教，叫 Luoshilin（音）①，但大家都叫她 Mademoiselle，法语"小姐"的意思。她是法国巴黎东方语言学院的老师，专业是法语作为第二语言教学，上课很有经验，负责我们的口语和听力。她是中国政府请来的，那时国内也不可能随便请外教的。我们的主讲老师是孔昭宇，助教是马河清。孔老师是我很尊敬的法语老师，教了我三年，他的法语非常好，教学的方法也很实用。他那时就强调听说领先，不要学哑巴法语。他强调我们（师资）不是研究法语的而是用法语教汉语，法语只是教学工具，应该能听明白法语学生对汉语的学习需求和意见，在他们学汉语的开始阶段，如果必要的话，可以用法语讲明白汉语的规律和特点，中高级阶段能用法语讲解学生的疑难问题。

施：用法语解释汉语的规律和特点，不仅对老师的外语水平提出了很高的要求，而且还要求老师对汉语的内在规律了然于心，这倒是够上了"举人老爷"的标准了。

姜：听孔老师上课是一种享受，课堂活跃，讲解生动，我非常喜欢上他的课，每次都觉得下课太快了。

施：这样的课真令人向往。你们都有什么课呢？

姜：我们只有外语课，几位老师各自分工。

施：您大学毕业了再去学法语，有没有觉得吃力？其他同学呢？

姜：我本科学的是俄语，学了法语之后倒没有特别吃力的感觉。我们当时有一种使命感，教汉语就教汉语吧。这是党交给我的任务，既然接受了，各种困难就自己想办法克服。同学里还是有学得比较困难的。杜修善学不下去，去做行政工作了，后来当了北语人事处长。还有阎纯德，他比我们高一级，我们大家都知道他是作家。

施：你们那时有政治课吗？

姜：我们没有老师专门上政治课，但有政治学习，一个礼拜一次，一次一个下午。每班同学在一起讨论，主要内容是时事政治、国家形势。记得每次讨论前我都发愁，情况和道理都懂，但不会"口若悬河"地说，因为南大对学生没有这种发言的训练。

施：这会不会觉得很枯燥？

姜：也不全是这些内容。政治学习更多的都是讲外事纪律，学校还带我们参加了很多

----

① 经咨询白乐桑先生，他认为 Luoshilin 很可能是法国名字 Jocelyne 音译过来的，不是姓。

外事活动，比如说到北京饭店参加国庆招待会，还有一次是到人民大会堂去参加外国元首来访的欢迎大会。那个时候给了我们很多机会，我们见过周恩来总理、刘少奇，还见了好几次。

施：这可真是一种外事礼仪的实景教学了。

姜：学校还安排我们和外国留学生同住，一方面为留学生营造汉语的语言环境，另一方面也培养了我们和外国人接触交流的感性认识。记得我当时的同屋是一个学电影的阿尔及利亚人，隔壁是一个波兰人，对面是法国人。当时也有个别人不愿意跟外国人合住，也不勉强。政治学习的时候，来华部负责人胡守鑫老师也会讲跟外国人相处应该掌握哪些原则，有什么注意事项。那时候每天下午四点我们都要到留学生管理办公室向各自的主管老师汇报，过去 24 小时跟留学生谈了什么，我们怎么回答的，他们怎么反应的。我的主管老师是孙慧双①，他给予了我一些具体的外事纪律和礼仪的指导。这是很重要的一个学习内容，之后我们在国外工作基本上没有碰到什么难以应付的事情，与这一时期的外事训练有很大关系。

施：您此后赴外任教，有没有遇到过外事或礼仪上的冲突？

姜：这个我印象不深了。可能是读书时的外事教育起了作用，很多场合都变成了自然的反应，可以比较自如应对。反正我们要掌握两个原则，一个就是内紧外松；另一个就是周总理所说的外事无小事，不要随便承诺，要讲究谈话的艺术，遇到问题首先考虑的是怎么样把它暂时对付过去，回来以后赶快请示，得到指示以后再去回应。我们到国外去以后没有因为这些事情被人家觉得很土，有一种好像什么都见过的感觉。其实我们之前没出过国，没见过什么世面。不过因为怕这些留学生是所谓的间谍，我们每天还要在孙老师那里填小表格，雷打不动。

施：您这一届是从1964年开始学习的，按常规应该在1967年结束学习，但1966年"文革"开始，这对你们学习有影响吗？

姜：肯定有影响。北大聂元梓的大字报出现后，几乎一夜之间所有的学校都不上课了，我们都不知道发生了什么事。北语离北大也近，我们都去看过大字报，看看北大发生了什么情况。尽管如此，我们还是坚持上课，因为陈毅外长、教育部、国务院都明确地指示我们这批师资要安心学习，不要参与任何运动。这样断断续续过了好几个月，后来实在是乱套了。学校外边常见到一些红卫兵挥着皮鞭乱舞，活脱脱一副流氓地痞相，他们

① 孙慧双（1938.7—2006.1.10），男，辽宁沈阳人，北京语言学院副教授，歌剧翻译家。自幼喜爱音乐，1963年毕业于北京外国语学院法语系，同年分配至北京语言学院来华部从事留学生管理与翻译教学工作。1987年赴法国巴黎高等翻译学校进修，从事法国歌剧翻译与研究，荣获法国总统授予的"艺术与文学骑士勋章"。中国音乐家协会会员、中国翻译家协会会员。

的口头禅"我们是伟大领袖的红卫兵"张口就来。

施：这种情况下，你们还能上课吗？

姜：不是我们不想上课，而是红卫兵，"联动"的红卫兵，得知北语还有一批修正主义苗子，还在上课不革命，就闯到学校里来造反。他们还带来了两句口号，是那个时候流行的对联，"老子英雄儿好汉，老子反动儿混蛋"，横批"绝对如此"。我们跟他们辩论，"绝对如此"这个横批我们不能同意，要改成"基本如此"。现在想起来很可笑了，但当时谁敢管他们？在这样的情况下我们就没法再上课了。而且从管理层来说，当时出国师资系的书记唐传寅、系主任张倬也无法工作了。再后来到了新学期，没有说我们放不放假，也没有说我们解散不解散，也没有明确地叫我们参加运动。

施：感觉学校已经瘫痪了。

姜：是的。那时候一有政治运动，大家就都很重视，尽管现在看来有点儿奇怪。运动来了就运动，没有想得更多。我个人对这个运动有想法是从一个现象开始的，就是红卫兵到处打人、抢人、打砸抢，拿着皮带见谁抽谁。这就是革命？革命能这样吗？幸好可以当"逍遥派"，不参与。赵金铭曾经抄过大字报，因为他字写得不错。

施：呵呵！启功先生也抄过，还说自己的书法得益于抄大字报，是大字报体。停课之后您还是留在北语吗？

姜：一开始是的。因为"文革"的冲击，北语就乱了。我们不是北语的人，是国家培养的出国师资，所以不能把我们随便遣散了。可是我们又没毕业，所以还是留在了北语。

施：那你们怎么办呢？

姜：据说是周总理亲自作了批示：这些人不能让他们流散了，要把他们储备起来。当然还包括前面几届的师资。北语眼看就没有了，所以领导就让我们根据自己的家庭情况、个人意愿等，在北京大学、中国人民大学、北京师范大学、南京大学、复旦大学、华东师范大学等十几所大学里选择，然后去这些学校储备起来。

施：这个待遇足以羡煞无数学子。

姜：当时我已经成家了，就选择了北京，去了中国人民大学。1968 年武斗很厉害的时候，我和（1963 届英语师资）李更新、（1963 届法语师资）李德义和我的师资同学徐斌一起去中国人民大学报到。一进校门只听得喇叭里喊声震天，我们找不到地方，也找不到人，茫然无措。问了教育部，他们说那就算了，你们先等等再说。等到 1968 年 7 月底，工宣队、军宣队进校，学校相对安稳了，我们才去报到。我当时肝不好，就留在人民大学参加运动，他们三人则去了河北宣化的部队锻炼。

施：那您在人民大学做什么呢？

姜：那时人民大学抓了一个喀麦隆留学生，说他有间谍嫌疑。公安部成立了一个专案组，他们知道我是学法语的，就让我参与办案了。最后查出来他果真是法国间谍，就把他驱逐出境了。1969 年一号通令①后我从人民大学直接去了江西余江干校，好像在刘家村，师资里好像就我一个人去了。走之前军代表说你们从此就死了回城里的心，到农村改造大自然去吧。

施：那您在干校都做什么呢？

姜：我的劳动还比较轻松，做小炉匠，拉风箱，开石头。一起劳动的有个许世友②的部下，叫夏加（音），从头到尾跟我讲许世友的故事。每天都讲，而且还故弄玄虚，讲到关键就说"且听下回分解"，讲得我都上瘾了。

施：看来您的干校生活不太寂寞。

姜：干校规定两个礼拜还是一个月可以休息一次，我们就去了庐山、龙虎山，还有余江县的周边地区。

施：这是我听到的最惬意的干校生活了。

姜：实际上我到干校时间很短，大概不到半年。

施：不是说让您死了回城的心吗？

姜：所以觉得不可思议！我们的组织关系还有点儿复杂，开始是在教育部，后来教育部撤销了，就转到对外经济联络部。外经部想起来周总理说过的话，一查发现我们这批人都到了干校，觉得大事不好，就又把我们从干校调回北京了，这时已经是 1970 年了。回到北京后，中国人民大学没有了，北京语言学院也没有了，就把我放到北京师范学院去了。因为我之前有参加专案组的经历，师院又让我参加清查"5·16 分子"的专案组。不久我就被派出国，到马里去了。

施：您外派之前参加过集训吗？

姜：我参加过一次培训，实际上就是参观，印象深刻。我们到了大寨，还见到了陈永贵③，跟他握了手。他看起来就是一个很朴实的农民，手粗拉拉的。康克清④也刚好在那儿，也接见了我们。这次培训首先是个爱国主义教育，除了大寨，我们还去了延安、西安、黄帝陵等地方，各地都在战天斗地，让我们感觉自己的国家真的是非常好。整个参观过

①　1969 年 10 月 17 日，"珍宝岛事件"后，林彪发布《关于加强战备，防止敌人突然袭击的紧急指示》。18 日，中国人民解放军总参谋长黄永胜等将此作为"第一号令"下达，解放军陆海空三军进入紧急战备状态。

②　许世友（1906—1985），湖北麻城县许家洼（今河南新县许洼）人。1955 年被授予上将军衔，先后担任中国人民解放军副总参谋长、南京军区司令员、广州军区司令员、国防部副部长，中共中央军委常委等职。第一、二、三届国防委员会委员，第九、十、十一届中央政治局委员，中央顾问委员会常务委员、副主任。

③　陈永贵（1914—1986），山西昔阳人。山西省昔阳县大寨村支部书记，大寨农业生产合作社主任，全国农业劳动模范，1975—1980 年任国务院副总理。

④　康克清（1911—1992），朱德的夫人。

程中，我们的身份保密，所以每个地方都不知道我们的真实身份。这更让我们感到责任重大，国家这么重视我们，我们出去一定要好好干，不能够给国家丢脸。

施：这种培训跟现在完全不同啊！

姜：我不大同意现在这种培训办法，有点儿不伦不类。你到底要培训什么？以前是培养爱国主义情操，提升业务能力。现在不明确，教他们怎么剪纸、做菜、跳中国舞，我觉得这些不是中华文化的精髓。

施：集训的时候有没有教学方面的内容？

姜：我们在整个集训期间根本不谈业务，怎么上课、怎么教、教材是什么都没有。

施：那您学法语期间有没有教学观摩的活动呢？

姜：完全没有。当时从组织到个人根本没有意识到这是个问题。我不知道别人第一节课是怎么上的，我到了马里第一次上课的时候非常狼狈，这是后话。

施：出国前需要做什么准备吗？

姜：临出国前，我们要去做中山装。王府井那儿有个出国人员服务部，我们自己挑布料，他们给我们量尺寸，过几天拿衣服。马里是非洲国家，热，所以我挑了"的确良"料子，做了两身单衣。那时候规定，去不同国家，置装费也是不一样的，不过具体多少钱我也不记得了。

施：您是怎么去的马里呢？

姜：我们是十几个人一起坐飞机过去的，有赵永丰、程棠、王钟华（去刚果）等汉语老师，还有一些数理化老师。我们从北京坐飞机到巴黎，休息三四天，再转到非洲。我国驻法国使馆接待了我们，开着车带我们游览了巴黎公社拉雪兹公墓、巴黎圣母院、埃菲尔铁塔等。使馆特别交代我们法国是资本主义国家，要注意安全。

施：发生过什么问题吗？

姜：我们还真遇到过问题！我们在街上游览时，遇到了几个法国人，他们见我们有人戴着毛主席像章，非要让摘下来，于是就发生了争执。我们回头发现后赶紧跑过去解围，那些人就跑了。

施：这是些什么人呢？

姜：应该是些右翼分子。

施：看来国内的局势对外派人员也是会有影响的，大家都应该小心才是。从现有资料看，中国是在 1960 年 10 月 25 日同马里建交的。建交之后，周恩来总理、陈毅外长先后访问马里，中国还援建了马里很多项目，包括纺织厂、糖厂、制药厂、医院、桥梁、体育场等项目，签署了文化交流协议，中国外派汉语教师应该就是在这样一个背景下进行的。能请您谈谈外派马里的经历吗？

姜：我 1972 年 9 月到 1974 年 9 月被外派到了马里教汉语。当时应该是中央负责派出，外经部归口管理。部长是方毅 ①，具体管我们的是三局的陈慕华 ②，我们集训的时候曾在外经部大楼里见过她。

马里过去曾是法国殖民地，法语是官方语言，是知识分子和官员才说的语言；老百姓还是说他们的民族语。班巴拉（Bambara）族是马里人口最多的民族，所以班巴拉语也是马里除了法语以外最主要的语言；另外还有其他少数民族的语言。马里学生除了法语以外，一般都会说好几个民族的语言，这样他们才能畅通无阻地相互交流。非洲学生学汉语时之所以发音没有奇怪的语调，大约跟他们从小就会说好几种语言有关。我自己学法语时发音不觉得困难，可能跟我小时候会说家乡方言和下江官话不无关系，无形中练就了不同的发音。我不会说班巴拉语，那些援助马里的中国工人用不了多久就可以用班巴拉语跟当地人交流了。

施：这些工人真是语言天才！

姜：我去的阿斯基亚中学在马里首都巴马科，是当地最好的中学。老师以法国人为主，还有部分在法国受过教育的马里人，课堂语言是法语。我之前没有任何教学训练，完全不知道应该怎么上课。第一次上课时，我走进教室，只见学生们黑压压一片坐在那里，一双双大眼睛望着我，我的脑子里顿时一片空白！我的法语本来就半瓶子醋，这时也全忘了，半天才想起来法语的"你好"，就说 Bonjour；学生听了，一边说 Bonjour，一边"哗"地站起来行礼又坐下去，着实吓着我了。我愣怔着，不知该如何开始，只是下意识地说"跟我念"。但是两个小时不能只是念啊，我又说"跟我念，看我写"，诸如"你好""请坐""谢谢"……唉，完全不知道该怎么讲课，尴尬得不得了。马里一节课两个小时，我觉得像两天一样漫长。我的第一节课就这样结束了，此番情景到现在都记忆犹新。

施：学生看出您的尴尬了吗？

姜：马里学生心地善良，非常理解年轻老师的处境，没有一个起哄的，就坐在那里非常安静、耐心地听着，老师怎么说，他们就怎么做。可这样不行啊！下课后我就琢磨怎么教、怎么学。当时有个法国女老师，她主动来辅导我怎么上课。我叫她"比亚（Piyya）小姐"，是法籍意大利人，天主教徒，年龄比较大，未婚。她的专业是"第二法语教学"，工作就是由法国政府派往国外教法语。

施：她分明也是出国师资，是您的法国同行啊！

姜：哈哈，是的！她常常给我介绍非洲学生的学习习惯和特点，告诉我应该怎么理解他们，对我特别有用，我至今都非常感谢她。她后来跟我说，看我一个中国小伙子，整天发愁怎么上课，就主动来找我。

施：比亚小姐真善良，她也一定觉得您非常可爱！

姜：程棠是1961届的法语师资，在北语教过非洲人汉语，他也给我介绍经验，可惜我们不在一个学校。还有其他在马里的理科师资，也都给了我悉心指导。一个学期之后，我就慢慢地找到了一些感觉，课就上得稍微好些了。当时一共三个年级，高年级基本一个班两三个人，中低年级多一些，不到三十个人。学生大多是官员的孩子，或者部落酋长的子女。我天天上课，一节或者两节，教材用的是"黄皮书"《基础汉语课本》。

施：对一个新老师来说，这个工作量可不轻啊！

姜：那个时候年轻不觉得累。

施：教师组还有其他老师吗？

姜：教师组一共十来个人，除了程棠、赵永丰和我三位汉语教师以外，还有一些理科的教师。程棠在首都巴达拉布古中学任教，也是设备最好的学校。赵永丰则在塞古市最好的中学。

施：姜老师您看这张合影，除了您三位汉语师资外，还有张树昌老师，他是1962届法语师资，应该是您的师兄了。

图2   马里教师组成员与中国驻马里大使夫妇及政务参赞合影，
前排右一张树昌、右二赵永丰，后排右二姜明宝、右三程棠（姜明宝提供）

姜：你不说我都忘了，他是第二年到的，他在西加索中学里教汉语，不在巴马科。

施：那你们吃住都在哪里呢？

姜：马里给了我们一座小楼，但使馆要求所有教师都住在使馆的专家大院里，每人一个房间，吃饭也是使馆提供的。为了不让外方发现，我们每天还得去他们提供的小楼里比划比划。除了上课，教师组成员吃住都在一起，大家团结友好，是一个非常值得怀念的集体。生活中唯一谈得来的是新华社的记者，所以我们老是跟他聊天儿。除此以外，我们也要跟非洲人民搞好关系，不过不知道为什么，马里当地的老师跟我们总是有一定距离，接触更多的是法国教师。学校里还有教俄语的苏联老师，他们老是想跟我们说话。但是我们当时觉得他们是修正主义分子，集训时也提过，所以都不理他们。

施：哈哈！

姜：那时我们的政治观念很强，所以要保持距离。

施：除了教学，你们还做什么呢？

姜：教学之余，驻马里的大使会让我们去做社会调查，比如调研马里的阶级构成，因为我们身份比较方便。但是马里直到现在仍然是世界上最不发达的国家之一，是个原始社会，哪有什么阶级构成啊？不过既然是任务，就不能不做。我就在学生里面找了一个调查对象，计划到他家里去看看。去了以后，身为酋长的男性家长接待了我们，女性则不能出来见我们。我觉得他们真的非常淳朴，他们没有外国专家的概念，就是孩子的老师来了，要好好接待。

施：他们是怎么接待的呢？

姜：接待很隆重，但是我们接受不了。

施：嗯？

姜：我们到了之后，他们就一人端上一杯喝的，好像是蜂蜜，里面还有小虫子。

施：啊？

姜：去之前，大使叮嘱要把马里人民当作阶级兄弟，所以他们给什么，我们就吃什么。他们请我们喝的牛奶，是直接从奶牛身上挤出来的，根本没消毒。

施：天哪！

姜：马里人信仰伊斯兰教和拜物教，实行一夫多妻制，一个男人最多可以有四个妻子。在家里，丈夫住中间的房子，妻子和孩子住周围的房间。我印象很深的是，与中国古代正庶有别不同，马里丈夫的所有妻子都是平等的。一个丈夫的所有妻子都是所有孩子的妈妈；反过来不管是谁生的，丈夫的所有孩子也是每个妻子的孩子。如果丈夫去世了，这个女人就只能嫁给丈夫的兄弟，不能嫁给其他人。如果不同意也可以，但必须穿一件特别的衣服，让别人知道你的丈夫去世了。他们很民主的，嫁与不嫁都不会受到任何歧视。

他们也没有什么财富、财产的概念，一切都是公有制。有一次我们在路上遇到一群人在挖地，我想去看看，就叫马里司机停下来，司机说这有什么好看的。下车后我问他们在干什么，他们说在挖井；我问你们是给自己挖的还是给村里面挖的，他们完全听不懂我在说什么，不明白什么是给谁挖的，挖好大家一起用就是了。

施：看来他们还是一种原始公有制的状态。您还到过马里别的地方吗？

姜：放假的时候我们就会去首都以外的其他专家组看看，比如水稻组、茶叶组、烟草组、糖厂什么的。我们有司机，比较方便。马里国土的相当一部分在撒哈拉大沙漠里，风景非常美。

施：高年级学生的汉语能达到什么水平？

姜：我觉得学生根本不能够跟我们自由对话，因为汉语是他们第二外语的选修课，学完了在当地没什么用，也不见得能来中国，所以他们学习没啥动力，只是为了修学分而已。我教的学生后来只有一个来北语留学了，是我所有学生里学得比较一般的一个，在北语怎么样我就不知道了。

施：那您这两年最大的收获是什么？

姜：我真的不去考虑我个人有多大的成就，我唯一的问题是不知道怎么教，只能是自学。后来慢慢就悟出来了，算是有了初步的教学积累。我们外派就是完成党和国家的任务，国家要我做什么就做什么。当时国家派我们去教汉语应该是出于外交关系的考虑。仔细想来，我一没有叛国投敌，二没有给国家带来麻烦，三没有伤害非洲兄弟，也算是圆满完成任务了。

施：这可真是一项国家任务！记得您是从北京师范学院派出的，1974年回来时为什么没有回师院呢？

姜：我还在马里的时候，就得知周总理要求北语复校了。当时也没有征求个人意见，组织上就把我们这些师资的档案关系全部调到北语来了。1974年我回国，到科教组（即"教育部"）报到，他们问我能不能留下来，我说不愿意，因为我在马里教得越来越顺手，也渐渐明白了汉语教学的真谛，所以还想继续教书。他们也没有勉强，我就去北语报到了。

施：您能谈谈在北语的教学经历吗？

姜：我回北语后教了四年书，主要教非洲学生，在来华部二系，教的是基础汉语。系主任是刘君桓，我和李德义、吕文华在一个教研室。后来刘君桓把我调到系里当兼职的教学秘书，再后来又从二系调到了外事处。我一直都是管非洲学生，因为他们觉得我有非洲教学的经验。

施：听说非洲学生不太好管哦。

姜：非洲学生很可爱，而且也好管。

施：是吗？我还是头一次听说。

姜：有一次学校组织他们从北京坐汽车去天津，再坐船去大连参观。这些学生在国内生活都挺困难的，到这儿之后被我们当成了外宾，宠坏了。到了船上，他们一进房间就挑毛病，这不好那不好，要抗议。其实他们是想坐头等舱，但是怎么可能呢？我说：你们闹什么？我在非洲工作过，知道在你们国家连床都没有。但他们还是不回去、不吃饭。船长有些为难，我说由他们去好了，他们就这样在甲板上站着。不一会儿下起了雨，他们这才主动跟我说，姜老师我们要吃饭，我说你们去吃好了，他们说饭是凉的，我说炊事员已经下班了，凉的就凉的吧，他们只好乖乖地去吃饭了。

施：哈哈，这哪儿是好管呀！

姜：返回的时候，在天津到北京的大巴上，他们提出要停车，又说不出理由。我说不能停，有个学生就想抢司机的方向盘。

施：这太危险了！

姜：我连忙制止了他，要求他道歉。学生不道歉，我就说你先赶紧坐回去，等下我去找公安局。其实我根本不知道公安局在哪儿，也不知道公安局会不会管这种事，但气势上先压住了他们。等到了一个村子前面，我就让司机停下，下车假装去找公安局。回来后，我说公安局念在你们是初犯，暂不处理，但不准再有第二次。

施：哈哈，您太机智了！

姜：其实当时我们也不太赞同这种比较强硬的处理方式的。回校之后，非洲学生看到我还有点儿害怕呢。有时候我们对他们太纵容了，一味地照顾，才把他们惯成这样。相比之下，我们对资本主义国家的学生更严厉，比如法国、比利时学生，意识里总觉得他们会不会有特殊任务。我现在才感觉到当初对他们的管理太严格了，甚至有点儿不近人情。放假时我们带学生去旅游，这本来是好事，但规定他们不能自由活动，除非是中国老师带着，否则只能待在旅馆里。他们当然不能接受，但也不敢违抗。那些学生都是孩子，不服管理就闹嘛，把一只脚踏出门口，我们见状就说"回去"，他不回去，我们就吓唬他，说要开除他，让他回北京去。还有一次我们从重庆坐船到武汉，坐的时间长了很难受，德国学生就站在桌子上跳舞。我们觉得这还得了，让他们下来，不然就送他们走。几十年之后这些学生都已经很有成就了，他们来看我，回忆起当时的情景觉得很可笑、很好玩儿。

施：虽然不是什么"恩仇"，但也是相逢一笑了。1978 年，中国的国门刚刚打开，您就受教育部委派前往加拿大巡回讲学三个月，能谈谈这次讲学的经历吗？

姜：这是我第一次去加拿大，那时中国改革开放刚起步，加拿大邀请我们去做汉语讲座。我跟南京大学历史系陈得芝[①]老师,还有一位南京大学的翻译三个人一同去的。这位翻译 1964 年毕业于南大英语系,当时在南大霍普金斯中心工作,可惜我一时想不起他的名字来了。陈老师讲元史,我主要讲两个内容:汉语语法和文字改革。汉语语法问题不大,讲得好坏看自己对知识的领会,但是文字改革在那个时代具有很强的政治色彩。加拿大华裔比较多,也有一些台湾同胞,他们对我们的文字改革颇有微词。

施:文字改革从本质上来说,是提高识字率、普及文化的教育问题。

姜:我们从东部城市哈利法克斯一直到温哥华,去了十几所大学,每一次讲到这个问题都碰到责难。有些人是对文字改革政策、简化方式有误解,有一些就纯属挑衅。他们把我们已经废弃不用的第二批简化方案拿出来嘲笑我们,实际上就是故意刁难。

施:“二简”方案很不成熟,匆忙公布又收回,这是我们在文字政策上要吸取的教训。

姜:我们出去之前,部里面也交代过,遇事表明态度但不纠缠,一纠缠讲座就不能进行了。我们自己也不是第一次出国,能估计到这些情况,所以处理得还是比较好的。加拿大的听众和组织方出于礼貌和友好,也主动地抨击这种无理的、别有用心的挑衅。

在加拿大三个月我收获很大,一个是让加拿大教育界看到了中国高校教师的精神面貌,展现了谦逊、和善、团结的形象。同时也见到了一些从事汉语教学的学者、教授,向他们学到了很多。当时国内还没有第二语言教学的概念,觉得就是单纯地教汉语,但是那边把它当作一个专业和学科,我是从那时候开始才慢慢地有学科意识的。另外,我觉得比较可贵的是见到了著名语言学家李方桂先生[②]。

施:李方桂先生晚年好像一直生活在美国。

姜:我们在温哥华的时候,他正好来看女儿,一听说是中国内地的人来做讲座,就主动提出来说希望见见我们。他的女儿也做和汉语有关的工作,说请我们去她家里聊聊。我当时对李方桂不怎么了解,但知道是专家。见面之后,他比较热情,但我们当时还是很警惕的,所以只是礼节性的接触。这次见面不久,李方桂就去世了。陪我们比较多的是叶嘉莹[③]。张国焘[④]也在加拿大,使馆特别告诉我们,让我们警惕,要准备好他可能的刁难,好在他并没有出现。

---

① 陈得芝(1933—),福建霞浦人,历史学家,南京大学历史系教授。

② 李方桂(1902—1987),山西昔阳人,著名语言学家、音韵学家。曾任中央研究院历史语言研究所研究员、中研院第一届院士、华盛顿大学教授、夏威夷大学教授、美国语言学会副会长等职。

③ 叶嘉莹(1924—),女,出生于北京,满族。1945 年毕业于辅仁大学,加拿大不列颠哥伦比亚大学终身教授,加拿大皇家学会院士。先后受聘于中国多所大学客座教授及中国社会科学院文学所名誉研究员、中央文史研究馆馆员。现为南开大学中华古典文化研究所所长。

④ 张国焘(1897—1979),江西萍乡人,曾就读于北京大学。中国共产党创始人之一,中共早期领导人之一。1938 年 4 月被开除党籍,晚年移居加拿大。

图 3　在加拿大讲学期间的合影，左一为叶嘉莹，左三为姜明宝，左二和左四为

不列颠哥伦比亚大学教授，左五为陈得芝，左六为南大翻译（姜明宝提供）

施：1978 年是中国改革开放的元年，这一年中国人走出国门看世界，西方人则从中国人的身上看中国，您和陈老师此去加拿大，在当地应该也算是新闻了吧？

姜：是的，我们每到一个地方都上了报纸。我们此次讲学被当作两国交往中的一个重要事件，所到之处都引起了加方的极大重视。你想我们几个普通教师，到渥太华的时候，参议院议长专门在参议院请我们吃饭，这显然不是我们个人的魅力。陪同我们去参议院的是驻加使馆的一位参赞，我们以为他会跟我们一起进去，但他把我们送到地方就走了。我们说你怎么走了呢，他说没有邀请他，连王栋大使也没有被邀请。他转述王栋大使的话，说我们的规格比他还高。

施：参议院议长请汉语教师吃饭，这种超大使级的待遇也只有那个年代才会有。

姜：从我个人的感觉来说，那个时候国外对我们中国派出去的教师，无论是长期任教的，还是短期讲学的，重视程度要比现在高一些。

施：您此后又多次到访加拿大，能请您谈谈在加拿大任教的经历吗？

姜：加拿大我去过好几次。1981 年 9 月到 1983 年 9 月，我在加拿大蒙特利尔大学任教。可能是我 1978 年讲学的时候留下的印象，1979 年的下半年，加拿大维多利亚市皮尔森学院的一位华人教授写信请我到他们学校任教。那个年代我们是不能自己接受邀请的，所以我回复说很抱歉，我的工作要通过官方安排。这样他就给国务院副总理方毅写信，点名说要请我去任教。方毅见信后作了一个批示，说应该满足他们的要求。我的同学当时在国务院工作，他给我打电话开玩笑说我现在名扬海外。没几天任务批件就下来了，但我当时家里有事去不了。后来部里也找我说领导已经有了批示，希望我能赴任，但当时家里实在有些困难，我还是推辞了，教育部就派另一位老师去了。

这位老师可能是 1979 年去的，在皮尔森学院工作了一年，工作期满没再续聘。当时加拿大蒙特利尔大学也向中国发出邀请，希望派教师去任教。部里就叫这位老师直接到蒙特利尔去。一年以后，这位老师到期回国，部里就派我到了加拿大蒙特利尔大学，算是给对方一个交代。

施：您从加拿大回来，就到了（北语）语文系。当时语文组建的契机是什么？

姜：我 1978 年到加拿大去巡回讲学，回来以后过了一两年又去加拿大教书，出国密度较大。进入八十年代，我们这批师资都已人到中年，外派时不能带家属，也就无法兼顾家庭。于是我们多次向教育部提出，培养年轻的出国汉语教师，完善梯队建设。教育部采纳了我们的建议，要求北京语言学院、北京外国语学院、华东师范大学和上海外国语学院这四所学校建立一个新的专业，就是对外汉语教学专业。组织上让我和 1963 届的英语师资万惠洲来筹建对外汉语教学系，当时叫语文系，可能看重的就是我们的师资身份，以及多年的外派经历。1983 年到 1987 年，我就在这个系工作。

施：您前面说在跟国外同行的接触中，开始有了汉语教学的学科意识。这对您参与组建语文系有什么影响吗？

姜：组建语文系时，我并没有十分明确的学科建设意识，仅仅是从自己教学实践中体会到，不能把学生培养成"教书匠"，应该让他们有些语言学理论的基础知识，因此一年级时就给他们开了"语言学概论"课，可惜没教完学校就让停了。

施：为什么？

姜：可能是为了减轻学生"负担"，后来语言学理论方面的课不再开了。

施：可见当时，无论是北语校方，抑或是整个对外汉语教学界，都没有十分强烈的学科建设的意识，学术准备明显不足。

姜：1987 年我到法国去教书，后面的情况就不了解了。

施：您 1990 年从法国回来以后，就到教育部去了。您在教育部主要负责哪些工作呢？

姜：从法国回来以后教育部又要留我，尤其教育部有几个司长都是师资，李顺兴、李海绩、王钟华，还有学英语的理工师资于富增，他是教育部的外事司司长，非常干练。他们一开始说只借六个月，我就同意了。我在外事司，一方面负责常规的事务，另一方面主管对外汉语教学这一块，就是派出教师、联系国家汉办、教师资格审查、汉语水平考试等。六个月过去了，他们一直不提回去的事，大概到了 1993 年，我说我的关系在北语，就自己回去了。回去以后我担任了校长助理。没过多久，国家汉办从北语独立，赵永魁[①]担任主任，我在教育部的时候他是外事司副司长，跟他很熟，他就把我调去了。

施：回到北语之后不久您又去了新西兰，主要是做什么呢？

姜：1994 年新西兰教育部邀请中方帮他们制定一个小学汉语教学大纲。我在那儿待了三四个月，新西兰教育部派人开车陪着我，一周去一两个小学参观，观摩了他们的汉语课堂，考察他们的生源及需求，包括教材、教学内容、教学方法等。回到国内后，我再根据具体情况给出一个方案，后来新西兰方面落没落实我不清楚。

施：请母语专家制定教学大纲，看来他们在开课之初就试图进行规范化管理。

姜：我觉得他们应该首先解决师资问题，然后再制定汉语教学大纲。我在那儿听了很多小学汉语课，发现他们的师资严重短缺，汉语老师都不懂汉语。

施：啊？

姜：有一次我到一个很远的小学，在教室外面听到里面在唱《两只老虎》，唱得挺好听的，可走进去交谈之后才发现这是个英语老师，根本不懂汉语。我说那你怎么来教汉语了呢？他说我们这儿没有汉语老师，但政府要他们赶快开汉语课，所以就让他来上。我说那你怎么教呢？他说你不是看到了吗？

施：新西兰为什么这么急促地开设汉语课程呢？

姜：尽管从族群、传统和语言上看，新西兰以及澳大利亚是西方国家，但从区域战略的角度看，他们更希望自己是亚洲国家，因此，他们很希望和中国建立良好关系，所以才会这么急切地在小学就开汉语课。除此以外，我还跟新西兰远程教育部门的负责人交谈过。新西兰地广人稀，远程教育搞得不错，学生注册后，可以不到学校，在家里通过电视上课，这里面也包括汉语课，非常先进。

施：这种因地制宜地开展远程教育的方式对当时的中国人来说应该是很超前的了。那他们这么缺老师，怎么解决教学问题呢？

姜：他们非常缺老师，所以去了不少香港人、台湾人。

施：您多次任教于法国，特别是巴黎东方语言学院，这是法国汉语教学的发祥地之一，您到了这里以后都做了哪些工作？有什么切身的体会吗？

姜：我到法国教书的时候就比较有信心了，特别是相对于马里来说。其实，到现在为止在这些学校教书的中国老师都是助教，没有教学权力。工资低，水平高。

施：用现在的话说，性价比高。

---

① 赵永魁（1937—2004），男，湖北松滋人，1963 年毕业于北京大学中文系，同年入选教育部出国汉语储备师资，在北京外国语学院进修法语。1969 年 4 月至 1973 年 7 月任教于法国巴黎东方语言学院，回国后任职于国务院科教组。1979 年 8 月至 1985 年先后任中国常驻联合国教科文组织代表团二秘、一秘；1992 年 11 月至 1995 年 12 月任驻法国大使馆教育参赞。1996 年 3 月任国家汉办常务副主任，1999 年 12 月退休。

姜：对的！我各个年级都教，使用的是他们给的教材，一周不超过十课时。这个学校学汉语的学生很多，一两千人。老师也很多，除了大陆和台湾的老师，还有法国的老师，法国老师的汉语也很好。我自己对中国台湾地区的老师还是戒备的，我在教育部的时候就知道中国台湾地区也在争取这块阵地。有一次，白乐桑请我去开会，我提前说明不能有中国台湾地区的代表。去了之后，中国台湾地区的代表居然出现了，我问白乐桑怎么回事。他说他没有请他们来，但法国是自由的国家。我们是真正地在教学，他们就是为了搞政治。

施：这期间您去过其他学校吗？

姜：我去巴黎综合理工学院（École Polytechnique de Paris）办过几次讲座。

施：从我们查到的资料看，这是一所创建于 1794 年法国大革命时期的精英学校，是法国最负盛名的工程师大学，也是法国常年排名第一的高等教育与研究机构。1804 年，拿破仑一世将其变成一所军事学院，所以直到现在这所学校仍然隶属于法国国防部，学生也都穿着军装。

姜：这的确是法国顶尖的理工院校，相当于我们的清华。这个学校希望我结束东方语言学院的工作后能去他们那边，但我已经退休了，就跟学校说我要回国，我也把情况告诉了部里。部领导说，我们求之不得，想进都进不去，你再坚持一年吧。就这样，2006—2007 年我在巴黎综合理工学院任教。一年之后学校还想留我，我说我要回去看奥运会。学校说，那你回去看就是了，我们等你再回来。我说我不留了，就回国了。

图 4　2007 年国庆阅兵前与法国高等理工大学参加阅兵方队的学生合影（姜明宝提供）

施：能在法国的清华教书，一定是一种很不错的体验吧？

姜：我教了三十多年书，最欣赏的就是理工学院这一批学生，他们简直聪明绝顶，一点拨就触类旁通，教课是一种享受。而且他们有时候提出的问题对教师也有启发，所谓教学相长，他们的想法会触动我思考汉语中的一些问题。他们周一到周五上课，有一天下午是专门的社团活动。学校在一个小山坡上，学生们六点多起床，上下学都是爬山，非常自律。这些学生入学后，第一学年要去法国的野战部队当一年兵，先当战士，尽到士兵义务；后当班长，承担军官责任。如果发生战争，他们会立即奔赴战场，不会因为他们是精英而有所照顾，所以有时候也会有学生牺牲在战场，但是学生们都以此为光荣，这种精神难能可贵。不过，如今该学校的军事化色彩正在逐渐变淡，仅有不到百分之二十的学生毕业后进入了军队体系。

施：这种精英教育同时也是一种爱国主义教育。

姜：法国国庆阅兵第一个方队就是这个学校，2005 年 12 月温家宝总理到法国访问时也去这所学校作过演讲。我曾介绍该校学生到北语实习，他们来了之后并不去找所谓的"对口单位"，有的直接就在北语食堂帮厨。礼拜天我叫学生到家里来坐坐，他们说老师我还没下班呢，我一看学生趴在地上用布擦地，我从没见食堂职工这么干过。还有一个学生，在一个工厂还是研究所做采购员，经常蹬着三轮车去买菜。他们本来可以走遍世界，选择更舒适的实习方式，但学校建议他们体验多元文化。这种培养方式值得我们学习。

施：看来我们与世界一流大学的距离不仅仅是教学水平和科研成果，还在于一块抹布和一辆三轮车。1995 年您到了国家汉办，这期间汉语教师资格证书制度的确立等一系列工作都是您负责的，您能具体谈一谈吗？

姜：谈不上负责，我只是做了些具体事情。当时部里提出外派汉语教师规范化管理，我非常赞成，愿意为这个事情去努力。提出这一主张的时代背景有三个方面，一是当时对外汉语教育事业的整体形势发展非常好，国外需求较大，国内教师不够，光靠我们这批国家储备师资，已经应付不过来了，所以我们强烈要求尽快培养后继人才。二是我们这批师资人到中年，精力体力都有些力不从心；一些人不再学习吃老本，知识储备明显不够。三是直到八十年代，国家外派汉语教师的主体还是我们这批师资，从某种意义上说已经形成了一种"垄断"。随着改革开放，外派机会越来越多，一些人诘问凭什么只有你们这些人才可以出国教书，应该机会均等。甚至还有些人认为这些师资出去挣钱回来做官，呵呵，这也不是什么官，但他们就是这样想的，心理很不平衡。并不是说除了师资以外其他人不够资格，但出去教书的人应该有业务上的考核，并不是说你现在教外国人，国家就可以派你到国外去教书。口说无凭，得有一个尺度来衡量。所以我非常同意教育部提出的制定汉语出国教师标准的要求，我也庆幸能为此做一些具体工作。

赵永魁担任主任时我同时兼任教学处和师资处两个处的处长，后来赵永魁退休了，李桂苓接替他的工作，时间不长，部里面就把我提为副主任，但主持工作的还是李桂苓，我主要是负责业务这一块，包括编写教材、教师资格考试与选拔、汉语水平考试等。也就是从这个时候起，我的头脑里开始有了较为强烈的学科建设的意识，我们汉语国际教育或者说对外汉语教学，实践虽然很重要，但要得到外界的认可，必须要有理论的高度。从这个意义上说，我们这个学科直到今天还是不完善的：谁能说得出我们汉语国际教育学的基本理论是什么？哪几本书是我们学科里所谓的大家公认的经典？我们学科的基本理论、基本方法论是什么？谁是被国内甚至世界承认的一言九鼎的顶尖专家？没有这样的人！我们好多东西都是从别的语种借过来的，没有贴合汉语实际的理论。一些同志过多地强调汉语国际教育的涉外性质，过度强调中央的重视。中央重视是政治考虑，不代表学科的成熟。

施：我非常同意您的看法。五十年代初，建政伊始，中央政府，从周恩来、陈毅等中央领导，到外交部、教育部等具体职能部门，都非常重视对外汉语教学，虽然那个时候还没有"对外汉语教学"这个说法，但这与学科建设完全是两码事。

姜：配合国家的政治需要是完全必要的，也是应该的，但是孰轻孰重，主次是不能变的。从学科发展的角度来说，还不能非常硬气地说汉语国际教育已经是很完善的学科了。

施：是的，我们非但没能很好地发展自己的第二语言教学理论，而且还在借鉴国外第二语言教学理论的同时，吃了不少夹生饭，消化不良是现在学科发展的一大弊端。

姜：相反，现在一些其他相关学科的人，觉得国际中文教育这个学科好像有发展前途，就想拼命往里面挤。

施：我们这个学科门槛低，想往里面挤的人太多了。

姜：借国家发展的大势来发展自己可以理解，但不具备教学的基本技能，没有学术研究的基本素养，没有学科发展的长久眼光和全局意识，我们这个学科怎么能发展得好呢？基于这种想法，我从开始到国家汉办工作，一直到后来在一定的岗位上做管理工作，都坚持了一条原则：要发展学科。

施：作为学科发展的亲历者，您对对外汉语教学曾经的荣耀也好，遭受的争议或者是批评也好，都是怎么看？

姜：前面说过，我开始读师资的时候是非常抵触的，认为教汉语屈才了。现在我的认识已经完全不同，我也非常热爱这个专业，但是这个职业本身并没有什么神秘和特别，我们要做的就是传播汉语，传播中华文化。我担任国家汉办副主任，只有一个体会：千万不要把自己当成所谓的"主任"或"领导"，我们都是从三尺讲台上下来的，现在当主任是暂时的。没有永远的主任，只有一辈子的老师。只有这样你才能放下身段，广开言路，掌握教学一线的真实情况，了解学科发展的动态需求，这对你的决策或者工作是非常有好处的。

施：真希望所有从事汉语国际教育的人，不论是从事课堂教学还是学术研究，抑或是管理工作，都能如您所愿，把教师看成自己的终身职业，以传播汉语为自己一生的事业，不因经年的辛劳而有所懈怠，不因利益的诱惑而放弃梦想；不为一时的功名而忘乎所以，不假暂时的权力而恣意妄为。您一辈子投身其中，这份事业一定带给您很多美好的记忆。

姜：别人问过我，我自己也想过。当年的很多学生，他们成长了，然后变成了同事和朋友。无论中国学生还是外国学生，他们来看我，谈天说地，天马行空，无拘无束。说起当年，大家都会流露出发自内心的怀恋。这份情感真挚而醇厚，令人难忘。我的法国学生白林[①]回国后考上了外交部，从基层的职员做到领事，再做到法国驻中国大使。回国后，她每年都会和我联系。被派到中国后，她又在第一时间就告诉了我。我们见面聊天儿也很有分寸，一杯清茶，抑或一杯浓浓的咖啡，装满了对过去时光的美好回忆，也承载着对未来的无限憧憬。这份师生情谊非常真实，有时候人与人之间最难得的就是这份真实。

图 5　姜明宝与昔日学生白林的合影（姜明宝提供）

---

①　白林（Sylvie Bermann，1953—　），女，毕业于巴黎政治学院、巴黎东方语言文化学院，1976—1977 年赴北语学习中文。曾任法国驻香港总领事馆副领事、驻华使馆二秘等职，2011—2019 年任法国驻华特命全权大使。

图书在版编目(CIP)数据

国际汉语教育史研究. 第6辑/张西平主编.—北京：
商务印书馆，2022
ISBN 978-7-100-21608-1

Ⅰ.①国… Ⅱ.①张… Ⅲ.①汉语—语言教学—
教育史—文集 Ⅳ.①H19-53

中国版本图书馆 CIP 数据核字(2022)第153923号

国际汉语教育史研究

第 6 辑

张西平 主编

商 务 印 书 馆 出 版
(北京王府井大街36号 邮政编码100710)
商 务 印 书 馆 发 行
北京虎彩文化传播有限公司印刷
ISBN 978-7-100-21608-1

2022年11月第1版 开本787×1092 1/16
2022年11月北京第1次印刷 印张12

定价：78.00元